现代农业产业技术体系北京市果类蔬菜产业创新团队项目
公益性行业 (农业) 科研专项 (201103001)
高等学校博士学科点专项科研基金项目 (20120008110032)
中国农业大学 985/211 建设项目

北京市蔬菜产业经济研究

穆月英　著

中国农业出版社

前 言
Foreword

在产业的描述上，最初有第一、二、三产业的概念。随着社会分工的不断细化，后来有了对三次产业的进一步细分。近年来，IT产业、大豆产业等新的产业描述在涌现，而在一定历史阶段这些仅仅分别被看作是产业中的产品。在"产品"时代，人们更多关注的是如何生产、生产的投入和产出，而到了"产业"时代，则是对生产、流通、加工乃至消费各环节进行整合，由多个环节构成新的产业。作为产业，则不仅要关注其产品数量、产值规模，还要关注其技术创新、经济效益、就业结构、生态环境、产业内结构等。本书正是基于"产业"视角，对北京市蔬菜生产、流通、消费和政策进行研究的总结。

近年来，我国蔬菜价格起伏波动频繁。蔬菜是我国居民消费必不可少的产品；蔬菜产业作为北京市农村的重要产业，是农民收入的重要来源。如果蔬菜价格过度上涨，会导致居民消费者特别是中低收入者的利益受损，即"菜贵伤民"；而当蔬菜价格过分下跌，又会损害农民的切身利益，即"菜贱伤农"。蔬菜价格乃至整个"菜篮子"问题已引起我国各界高度关注。本研究基于对北京、上海、香港以及日本、韩国等地区和国家蔬菜生产和供应的调研和比较分析可以看出，北京市蔬菜生产和流通面临着以下问题：首先，具有传统城郊优势的城市蔬菜生产，近年来却出现萎缩现象。蔬菜播种面积和产量，在2002年之前呈逐年增长态势，但从2003年开始，却出现下降趋势。如何遏制城市蔬菜生产的萎缩态势、保障对城市居民的安全供应，并实现北京市蔬菜产业的可持续发展，成为关系到首都居民生活质量提高及城郊农民收入增长的重要问题。其次，农村蔬菜生产仍以一家一户小规模分散经营为主，专业化程度低。我们通过对北京市6个蔬菜主产区县的203个蔬菜种植户进行的实地调研了解到，平均每户的蔬菜种植面积为0.35公顷，每户种植的蔬菜大棚一般为2~3个。农户在种植品种、种植面积的决策上也带有一定的盲目性，往往根据前一年或是前一季蔬菜的价格进行抉择，极易形成一哄而上、一哄而下的生产局面，从而导致蔬菜生产供应及价格的大起大落。第三，农民专业合作组织所覆盖的农户范围有限，合作组织的功能发挥不到位，蔬菜的销路和价格得不到保障。第四，未形成较规范的蔬菜流通体系，目前的主要销售渠道是通过地头商收购，这种流通渠道在蔬菜的流通中存在很大的随机性和偶然性，易造成蔬菜生产的不稳定性。因此，本研究对促进北京市蔬菜产业的持续发展具有重要的现实意义。

关于蔬菜产业发展研究，到目前为止主要集中于以下几个方面：第一，关于我国蔬菜生产的影响因素及地区比较研究。周应恒等（2012）运用结构方程模型对我国蔬菜主产地形成的影响因素进行了分析；吕美晔等（2008）基于理论和实证分析方法，分析了土地、水、资金、技术和劳动力如何影响菜农的种植方式和种植规模。第二，关于蔬菜流通体系的研究。李连英等（2011）依据市场整合原理，运用结构方程蔬菜流通中批发商与零售商之间的关系，明确了各因素如何对流通渠道整合发挥作用；杨顺等（2004）将世界上不同国家的蔬菜流通模式进行了比较分析，构建了我国的蔬菜流通模式；孙侠等（2008）对大连市的蔬菜流通渠道、成本和收益进行了调研分析。第三，关于蔬菜价格及其影响因素，李崇光等（2012）和董晓霞等（2011）进行了研究分析。第四，从整个产业链视角对蔬菜产业进行的研究。戴化勇等（2007）从产业链管理视角对蔬菜的质量安全管理及其效率进行了研究；Bongiwe 等（2013）从供应链视角分析了从生产者到消费者的蔬菜营销问题；Hara 等（2013）侧重于从城市的蔬菜供应来源分布进行了研究。此外，一些学者对我国的蔬菜出口贸易也进行了研究。从到目前为止的研究可以看出，有以下几个问题值得进一步研究：一是综合考虑蔬菜生产性因素、市场性因素、政策性因素来保障我国蔬菜价格的稳定性的研究。二是针对北京这一典型城市，进行蔬菜产业发展研究。总之，进行新时期都市农业框架下北京市蔬菜产业发展的研究，具有重要的学术意义。

基于上述考虑，本研究在对新时期北京市蔬菜产业的地位和面临的问题进行研究的基础上，对蔬菜产销及其结构进行比较分析，并从生产、市场、流通和政策等多视角，进行蔬菜产业发展研究。最后，针对北京市蔬菜产业发展提出相应的对策建议。

本项研究拟按以下顺序展开：

　　首先，从蔬菜产业整体角度，分析北京市蔬菜产业的地位和面临的问题、北京市自产蔬菜的应急供应力以及北京市蔬菜产业发展的 SWOT 战略。从中把握北京市蔬菜产业的地位、作用和未来发展战略和对策。这一类的问题在第 1 章、第 2 章和第 3 章即产业篇中进行探讨。

　　其次，从蔬菜生产角度，分析北京市蔬菜生产的优势区域布局，果类蔬菜生产的影响因素、蔬菜生产的效率、果类蔬菜高产高效示范点的作用、蔬菜的政策性保险以及北京蔬菜供应圈五省市蔬菜生产。从中把握北京蔬菜生产的优势区县布局以及各区县优势蔬菜生产品种，明确农户蔬菜种植的影响因素和多视角测算的蔬菜生产效率，并把握果类蔬菜高产高效示范点的作用、政策性保险的发展现状以及农户加入保险的需求状况。通过对北京蔬菜供应圈五省市的农户调研数据分析，明确北京市蔬菜生产的优势和劣势以及面临的问题。这一类的问题在第 4 章、第 5 章、第 6 章、第 7 章、第 8 章和第 9 章即生产篇中进行探讨。

　　第三，从蔬菜流通角度，分析北京市自产蔬菜流通模式和流通渠道、北京市蔬菜价格变动的特征及影响因素，以及北京市蔬菜价格及价格预测。从中把握蔬菜流通的主要模式，明确各种流通模式的主要特点，把握蔬菜价格的变动内容和变动特征，并探讨对蔬菜价格进行预测的方法。这一类的问题在第 10 章、第 11 章和第 12 章即流通篇中进行探讨。

　　第四，从蔬菜消费角度，依据对消费者的调研数据和北京市统计年鉴数据，运用描述性统计分析法和 ELES（扩展的线性支出系统模型），从不同侧面对北京市居民的蔬菜消费结构和蔬菜需求系统进行分析，把握北京市居民的蔬菜消费特点，明确居民对蔬菜消费需求的影响因素。这一类的问题在第 13 章即消费篇中进行探讨。

　　第五，以上蔬菜产业研究是针对北京市内部进行的，对北京市外部的研究，包括关于我国蔬菜生产补贴政策的研究、我国蔬菜产业一体化模式及其影响的研究、我国蔬菜价格的垂直传导关系研究、日本蔬菜流通体系的调研分析以及借鉴日本经验完善我国蔬菜市场信息服务体系的研究。这一类的问题在第 14 章、第 15 章、第 16 章、第 17 章和第 18 章即外部篇中进行探讨。

　　总之，按照以上的思路，本书对北京市蔬菜产业，包括蔬菜生产、流通和消费，以及全国乃至国外蔬菜产业相关问题进行分析。研究具有以下特点：一是宏观、中观与微观研究相结合。宏观领域针对北京与其他地区进行比较研究，针对蔬菜产业发展政策进行研究；中观领域针对县域蔬菜产业发展进行调研分析，对蔬菜产业政策在各区县的实施效果进行评价分析；微观领域针对农户和各类蔬菜市场进行研究。二是产业经济基础研究与政策研究相结合。运用系统的数量分析方法，对蔬菜产业进行基础性研究，并在此基础上，提出蔬菜产业发展的对策和政策建议。三是对蔬菜技术问题的经济分析。包括对蔬菜生产的技术经济效果评价、蔬菜生产的技术效率测算、农户的蔬菜种植技术采用行为分析、农业技术采用的补贴政策研究。

按照以上设定的研究顺序，对本书各章的内容概述如下：

第1章对北京市蔬菜产业的地位和面临的问题进行分析。把握北京市蔬菜产业的地位和蔬菜产业发展中面临的问题，是进行蔬菜产业经济研究的基础。本章从蔬菜产业在北京农业、农民收入、市场供应、居民消费等方面中的地位进行分析。此外，从蔬菜生产、蔬菜的市场竞争力、农业合作组织的现状、蔬菜流通体系、蔬菜的产业化经营水平等方面考察蔬菜产业的发展现状，并明确蔬菜产业发展中面临的问题。

第2章对北京市自产蔬菜的供给与需求的综合性分析。北京市是人口大都市，随着居民生活水平的提高，对蔬菜的消费需求会不断增加，因此有必要考察北京自产蔬菜的供应力。本章首先考察城市居民对蔬菜的消费需求，然后对北京市自产蔬菜的供应量进行测算分析，最后把握不同品种不同季节自产蔬菜的供应量占居民消费需求量的比重，揭示自产蔬菜的供应力。

第3章关于北京市蔬菜产业发展的SWOT分析。运用SWOT分析法，基于北京市蔬菜产业与外地蔬菜产业的比较，以及北京市内部蔬菜产业与其他产业的比较视角，对北京市蔬菜产业发展进行分析。主要内容包括：北京市蔬菜产业发展的内部条件因素，即优势因素（S）和劣势因素（W）；外部环境因素，即机会因素（O）和威胁因素（T）。在此基础上得出蔬菜产业发展的两种战略（SO主动进攻式战略和ST防御式战略）、两种对策（WO渐进式对策和WT防守式对策）。

第4章对北京市蔬菜生产的优势区域布局进行分析。北京市的蔬菜生产，从区域布局上是如何分布的；对于某一区县而言，优势的蔬菜品种是什么。本章主要研究这两个方面的问题。所运用的分析方式是能综合考虑蔬菜生产多种影响因素的灰色系统评估法和灰色局势决策法。依据的主要是区县一级的统计数据。本章的特点是以区县为单元对蔬菜生产进行研究。

第 5 章对北京市农户蔬菜种植的影响因素进行分析。农户是北京市农村蔬菜生产经营的基本单位，本章依据对 196 个蔬菜种植户的调研数据，通过描述性统计分析，对蔬菜种植户的经营特征和蔬菜种植的影响因素进行系统分析。本章的特点是以农户为单元对蔬菜生产进行研究。

第 6 章对北京市蔬菜生产效率进行分析。生产效率影响着农业生产的可持续发展。本章在对北京市和全国平均的蔬菜生产投入产出进行对比分析的基础上，基于农产品成本收益数据，运用 DEA（数据包络分析法）对北京市蔬菜生产效率进行分析。本章的特点是以全市为单元，对北京市蔬菜生产的相对效率进行分析。

第 7 章对北京市果类蔬菜高产高效示范户的作用进行分析。基于两个视角：一个是基于农民田间学校的示范户作用分析；另一个是基于农户调研的示范户作用分析。依据的是 2012 年现代农业产业技术体系果类蔬菜产业创新团队农民田间学校工作站站长上半年的工作总结数据资料以及本研究实施的对北京市果类蔬菜高产高效示范户和非示范户的调研数据资料。本章考察的是技术推广以及种植户素质对蔬菜生产的影响作用。

第 8 章对北京市蔬菜的政策性保险进行研究。农业保险对农业生产发展和农民收入保障的作用已经得到公认。目前北京市已经实施了针对蔬菜生产用设施（温室和大棚）以及露地蔬菜的政策性保险。本章在对北京市蔬菜保险现状进行分析的基础上，依据对农户的调研数据，对农户的保险购买意愿进行 Logit 模型分析。通过分析，主要是要明确农户购买保险的主要影响因素。

第 9 章对北京市与周边省市蔬菜生产进行比较分析。基于 2012 年实施的对北京蔬菜供应圈的北京、天津、山东、河北和辽宁的县（区、市）访谈调研数据、农户的问卷调研数据，侧重于北京市与其他省市以下几个方面的分析：一是对五省市蔬菜生产的基本情况的比较分析；二是对蔬菜种植户的基本特征分析；三是对四种果类蔬菜进行分品种分地区的成本收益比较分析；四是对蔬菜流通方式及农民专业合作社进行比较分析；五是基于五省市比较视角进行北京市蔬菜产业发展的 SWOT 分析。

第 10 章对北京市自产蔬菜流通体系进行研究。主要依据对农户、合作社、蔬菜生产园区、各级批发市场、零售市场等的实地调研和问卷调研数据，在对北京市自产蔬菜的流通模式和流通渠道进行分析的基础上，对典型蔬菜不同流通环节的利益分配和价格进行比较分析。最后依据蔬菜流通中存在的问题提出完善北京市蔬菜流通体系的对策建议。

第 11 章对蔬菜价格变动的特征、原因及影响因素进行分析。近年来全国蔬菜价格波动频繁，引起我国各界高度关注。本章在对北京市蔬菜价格变动的特征和变动原因进行研究的基础上，对北京市蔬菜价格变动的影响因素进行理论和实证分析。运用的分析方法是逐步回归分析法。

第 12 章对北京市蔬菜价格的时间序列进行分析。在对蔬菜价格的年度间变动以及年度内各季节间变动的时间序列进行分析的基础上，分析季节因素以及蔬菜上市量因素对蔬菜价格的影响，并根据其中对蔬菜时间序列的季节指数的测算，将季节因素剔除后的时间序列进行价格预测和分析。

第 13 章对北京市居民的蔬菜消费特点及消费需求系统进行分析。居民蔬菜消费特点的分析基于统计年鉴数据和本研究对居民的问卷调研数据进行；居民蔬菜消费需求系统的分析基于统计年鉴数据，运用 ELES 模型进行。居民消费需求系统的分析，目的在于把握影响北京市居民蔬菜消费的影响因素。

第 14 章对构建我国蔬菜生产政策体系进行研究。首先对我国蔬菜生产补贴政策实施的必要性进行分析，然后对日本蔬菜生产补贴政策进行较为系统的分析，在此基础上提出构建我国蔬菜生产补贴政策的建议。

第 15 章基于产业竞争力视角对蔬菜产业一体化模式进行研究。首先对蔬菜产业一体化模式进行理论分析，然后逐层分析我国蔬菜产业一体化现状及具体模式，并从产业竞争力角度进行理论与实证评价分析。

第 16 章对蔬菜产业链各环节的价格传导（垂直传导）关系进行研究。首先是基于市场整合理论构建蔬菜价格垂直传导关系分析模型，然后对蔬菜产业链的产前、产中和产后三种价格间传导关系进行研究，目的在于明确农业的生产资料价格、蔬菜生产者价格、蔬菜销售者价格之间的影响关系。

第 17 章对日本蔬菜流通体系进行研究。基于的数据资料来自笔者对日本农户和农产品流通的实地调研，并结合日本有关政策法规，对日本蔬菜批发市场进行分析，并对大城市的蔬菜来源进行分析，最后分析近年来日本蔬菜流通的新趋势进行分析。目的在于把握日本蔬菜流通对完善北京市蔬菜流通体系的可借鉴之处。

第 18 章对日本蔬菜市场信息服务体系进行研究。主要针对日本的蔬菜市场体系的特点、蔬菜市场信息来源、蔬菜市场信息的发布形式，以及政府对蔬菜市场进行信息服务的方式等内容进行分析。

第19章对本书的主要研究结论进行概括的基础上，对北京市蔬菜产业经济的研究进行展望。

本书是现代农业产业技术体系北京市果类蔬菜产业创新团队项目的阶段性成果。课题组成员赵霞、翟留栓、马骥、刘宏曼、曾玉珍、段碧华以及博士硕士研究生李想、范垄基、董莹、沈辰、赵亮、郭卫东、赵旭强、乔金杰、陈晓娟、宋博、赵双双、潘凤杰、孙倩、左飞龙、孟阳、吴舒、张荣驹、王欢、韩婷等参与了本书的调研或撰写的协助工作，详见相应章节中的标注。

目 录
Contents

外　部　篇

图 目 录

表 目 录

产业篇

CHANYE PIAN

第1章

北京市蔬菜产业的地位及面临的问题*

随着科技的进步、经济的发展，社会分工得到不断深化。对应人类的社会实践，在产业的描述上，对最初的产业往往是一、二、三产业的划分，后来有了对三次产业的进一步细分；到了现时代，IT 产业、大豆产业等新的产业描述在涌现，而在一定历史阶段这些分别被作为产业中的产品。在其"产品"时代，被更多关注的是其如何生产、生产的投入和产出；而到了"产业"时代，则是生产、流通、加工乃至消费的整合才构成了产业，并且作为产业既要关注其产品数量、产值规模，又要关注其技术创新、经济效益、就业结构、生态环境、产业内结构等。

基于上述考虑，本研究在对北京市果类蔬菜产业的地位进行分析的基础上，基于实地调研数据以及统计数据，从产业的市场竞争力、生产的组织化程度、产品的流通体系等角度对果类蔬菜产业发展所面临的问题进行分析。

1.1 北京市蔬菜产业的地位分析

众所周知，蔬菜是城郊农村经济中的传统优势产业。在国际国内新的环境和背景下，蔬菜在北京市农村中的地位如何，以下从四个角度分别进行考察。

1.1.1 蔬菜在农业生产中的重要地位

2011 年，北京市农作物总播种面积为 30.1 万公顷，其中蔬菜播种面积为 6.7 万公顷（图 1-1），从面积规模上仅次于粮食作物的 20.9 万公顷，而远高于其他经济作物。考虑到蔬菜的种植偏重于设施种植类型，有着较高的土地生产率，因此蔬菜生产在农业生产中的重要性更为突出。2011 年全市蔬菜产量为 296.9 万吨。

从图 1-1 可以看出，1996 年以来，蔬菜生产出现了一定的波动，面积和产量总体上都呈现出抛物线状的变化。其中可以分为两个阶段：第一阶段，

　　＊　本章基于"穆月英，赵霞，段碧华，马骥，乔娟.2010.北京市蔬菜产业的地位及面临的问题分析.中国蔬菜（21）"整理完成。

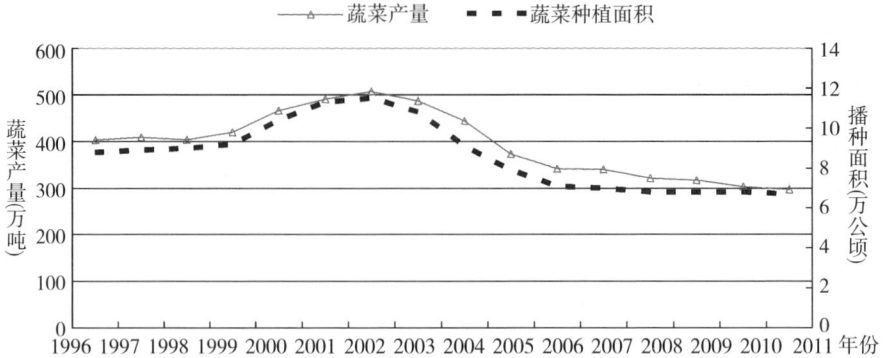

图 1-1　北京市蔬菜播种面积和蔬菜产量

资料来源：《北京统计年鉴》2012、内部资料《农村统计调查资料》2008。

1996—2002 年，面积和产量呈现持续上升的趋势；第二阶段：2002 年开始面积和产量呈现下降的势头，而同期，全国蔬菜播种面积和总产量却逐年上升。北京市的下降趋势一方面虽然与外埠蔬菜进入北京市场有关，但另一方面北京市蔬菜产业内部结构也经过逐步调整，从追求播种面积和产量扩大为主向提高蔬菜产品质量转变，从以露地栽培为主的粗放型种植向以设施蔬菜种植为主的精细型方向转变。从图 1-2 显示的多年来北京市蔬菜（含瓜类）总产值保持相对稳定的情况也说明了这一点。

从图 1-2 可以看出，2011 年北京市农业总产值为 363.1 亿元，其中种植业产值为 163.4 亿元，种植业中蔬菜（含瓜类）产值为 59.5 亿元，占前两者的比重分别为 16.4% 和 36.4%。从中可见，促进蔬菜产业的发展对北京市农业和农村发展具有重要意义。

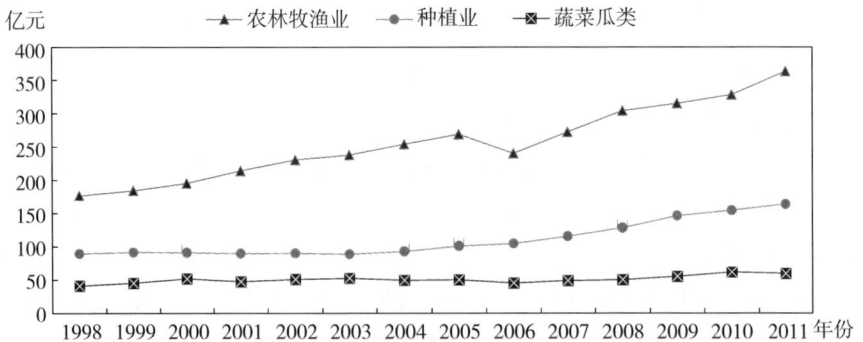

图 1-2　北京市农林牧渔业产值变化趋势

资料来源：《北京统计年鉴》1999—2012，其中 2006 年数据为与农业普查衔接的数据。

注：数据均折合为不变价。

1.1.2　蔬菜产业是都市型农业发展的内容，观光农业发展的要求

传统农业受自然条件的影响较大，基本上是靠天吃饭。发展都市型现代农业，一方面需要农业的结构调整，促使农业的多功能性（生产功能、生态功能、文化功能）得到发挥；另一方面要优化配置农业资源，提高农业的综合效益和现代化水平。通过发展设施蔬菜，既提高蔬菜的综合生产能力，又提高农民的收入水平，提高都市型农业的现代化水平。表 1-1 反映的是 2004—2008 年北京市设施蔬菜播种面积。

表 1-1　北京市 2004—2008 年设施蔬菜播种面积　　　　单位：亩

年份	2004	2005	2006	2007	2008
温室	45 015	40 619	48 208	107 250	124 353
大棚	51 541	48 008	58 894	141 115	172 650
中小棚	68 606	52 570	60 907	95 859	99 914

资料来源：《北京统计年鉴》2005—2009。

从表 1-1 可以看出，近年来全市设施蔬菜播种面积不断增加，2008 年，设施蔬菜总播种面积 39.7 万亩*，其中温室 12.4 万亩、大棚 17.2 万亩、中小棚 10.0 万亩。

蔬菜这一作物的特性决定了蔬菜产业有助于促进大城市郊区观光农业的发展。到 2011 年年底，北京市实际经营的农业观光园为 1 300 个，观光园总收入 21.72 亿元；民俗旅游接待户 8 396 户，民俗旅游总收入为 8.68 亿元（表 1-2）。可见，北京市农村观光休闲、采摘体验、旅游农业得到了发展。这种观光农业的发展又为蔬菜产业的进一步发展提供了契机。

表 1-2　2005—2008 年观光休闲农业发展情况

年份	观光休闲农业 总收入（亿元）	农业观光 园数（百个）	民俗旅游户 （百户）	总接待人数 （百万人次）
2005	11.02	10.12	72.68	16.51
2006	14.15	12.30	87.26	21.93
2007	18.10	13.02	103.23	27.04
2008	18.87	13.32	91.51	26.14
2009	21.33	12.94	87.05	29.91
2010	25.14	13.03	79.79	33.29
2011	30.40	13.00	83.96	35.12

资料来源：《北京统计年鉴》2006—2012。

---

* 亩为非法定计量单位，1 亩＝1/15 公顷。——编者注

1.1.3　蔬菜产业对稳定北京市市场的作用

近年来包括蔬菜在内的食品市场价格波动频繁，蔬菜的稳定供应是市场稳定的主要因素。蔬菜属于鲜活农产品，不耐储藏运输。因此北京市蔬菜产量的稳定乃至增长，对保障北京市蔬菜供应意义重大。当前，北京市农村生产蔬菜的流向大体可分为本市市场、外埠市场和国际市场。2006 年北京自产蔬菜在本地市场销售 379.3 万吨，销往外埠市场 58.6 万吨，销往外埠的主要是北京的名优特菜品种和错季节蔬菜。

1.1.4　在满足消费者质量安全性蔬菜的要求上发挥作用

消费者对质量安全性蔬菜的要求是世界性潮流。近年来市场上北京产有机蔬菜、无公害蔬菜的上市量在不断增加。北京市还强化食品安全性的制度建设，到 2007 年年底，全市参加蔬菜质量安全追溯试点工作的企业有 70 家，拥有蔬菜质量安全追溯系统触摸查询屏的超市达 40 家。无公害农产品、绿色食品、有机农产品的"三品"产量已占全市农产品生产总量的 30% 以上。优质、安全、多样的蔬菜供应，满足了城乡居民多层次的消费需求[①]。

总之，作为传统的具有城郊优势的蔬菜产业，在北京市农村仍居优势地位。蔬菜产业的发展，对提高农民收入、发展农村经济、保障市民的蔬菜安全供应，以及农业的可持续发展，发挥重要作用。

1.2　北京市蔬菜产业发展面临的问题

1.2.1　蔬菜产业的竞争力问题

市场经济条件下，产业竞争力是一个产业发展的基础和前提。以下从蔬菜的地区比较优势、果类蔬菜的生产成本及成本收益率进行分析。

1.2.1.1　蔬菜的地区比较优势

农业生产是自然再生产和经济再生产的结合，农产品的地区比较优势是构成其产业竞争力的主要方面。为了对北京市蔬菜产业的地区比较优势进行系统、综合、定量的分析，本研究采用灰色系统评估法进行模型构建、指标构建和运算评估。灰色系统评估法是对研究对象进行综合性比较并作出高、中、低等评判的一种数量经济分析方法。这一分析也是把比较优势理论、资源禀赋理

---

① 《北京统计年鉴》2009。

论加以量化表现。

　　根据灰色系统评估的原理以及数据资料的可得性，构建了评价指标体系（表1-3）。资料来源于《中国统计年鉴》和《中国农业年鉴》。分别评估了2001—2003年和2006—2008年的两个时段的全国31省份蔬菜的地区比较优势。依据评估结果绘制了图1-3的两个时期31省份的蔬菜地区比较优势。

表1-3　蔬菜产业地区比较优势评价指标

指标名称	单位
蔬菜播种面积占本省份的作物总播种面积比重	％
某一省份蔬菜播种面积占全国蔬菜播种面积比重	％
某一省份蔬菜产量占全国蔬菜总产量比重	％
各省份蔬菜的单产	千克/亩
各省份蔬菜产量年增长率	％
各省份乡村人口平均的蔬菜生产量	千克/人

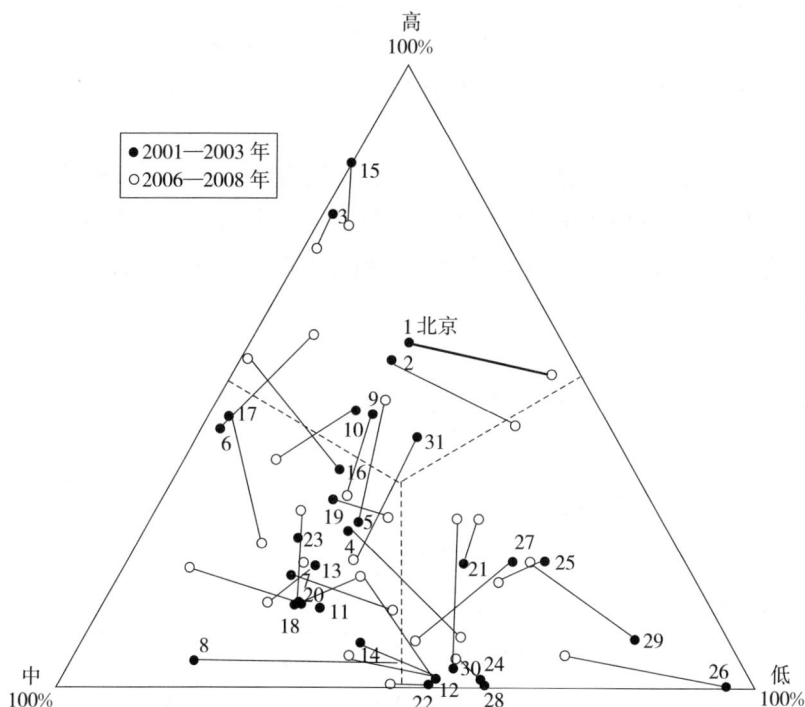

图1-3　各省份两个时期蔬菜产业比较优势灰色评估结果

注：数字代表的是按《中国统计年鉴》对31省份的编号，比如1代表北京、31代表新疆。

图 1-3 按每个时期分别来看，31 个省份位于三类区域，即高、中、低三个类型：图的上边的四边形为高，左下四边形为中，右下四边形为低。与全国其他地区相比，两个时期北京的蔬菜产业发展水平均属于高的类型。但是两个时期相比较，第 2 时期的空心圆圈比第 1 时期的实心圆圈呈右下方的走势，灰色评估结果显示，北京市蔬菜产业在全国的优势从 2001—2003 年的第 3 位下降到 2006—2008 年的第 7 位。若不及时采取对策措施，这种下降态势仍会持续。

1.2.1.2 四种果类蔬菜的生产成本和成本收益率

农户既是蔬菜的生产者又是蔬菜的经营者，作为经营者，首要目标是通过蔬菜生产获得盈利，提高收入水平，因此有必要分析蔬菜成本和成本收益率。成本和成本收益率又能够反映产业竞争力。以下通过北京市蔬菜产业与其他产业的比较以及北京市蔬菜产业与周边地区蔬菜产业的比较进行分析。

（1）北京市蔬菜与其他产业的比较

通过对图 1-4 北京市蔬菜与粮食的成本收益率的对比可以看出，2001 年以来，蔬菜的成本收益率在波动中有所下降，而玉米和小麦的成本收益率则没有太大变动。表明与其他产业相比较北京市的蔬菜比较利益出现下降趋势。

此外，从表 1-4 果类蔬菜的总成本和成本结构可以看出，四种果类蔬菜的总成本、人工成本和土地成本均不同程度地高于小麦和玉米，其中尤其人工成本明显高于小麦和玉米。可见，蔬菜生产相对于粮食作物生产而言，属于高投入农业。

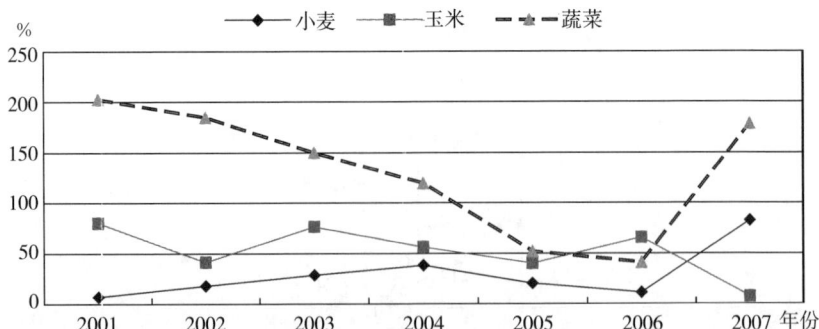

图 1-4　北京市蔬菜与粮食成本收益率的比较

资料来源：《全国农产品成本收益资料汇编》2008。

表 1-4　果类蔬菜与粮食的亩成本比较

单位：元

年份	亩成本	小麦	玉米	西红柿	茄子	黄瓜	青椒
2006	总成本	457.4	347.0	1 742.5	1 312.0	1 488.9	1 968.0
	人工成本	96.1	92.6	1 034.1	619.7	948.1	760.5
	土地成本	70.8	82.2	143.4	123.3	143.5	140.0
2007	总成本	523.8	374.9	1 997.6	1 647.0	1 833.4	1 883.0
	人工成本	100.6	80.9	1 062.7	663.3	859.1	511.3
	土地成本	114.3	101.6	116.7	117.1	123.9	105.7

资料来源：《全国农产品成本收益资料汇编》2008。

（2）北京市与周边地区蔬菜的比较

北京市与周边地区果类蔬菜成本收益率汇总于图 1-5，从中可以看出，北京市黄瓜的成本收益率除与郑州接近之外，远低于天津、石家庄、济南和沈阳的水平，其余三种果类蔬菜的成本收益率方面北京也没有表现出优势。表明与周边地区比较，北京果类蔬菜产业在收益方面不具有优势。

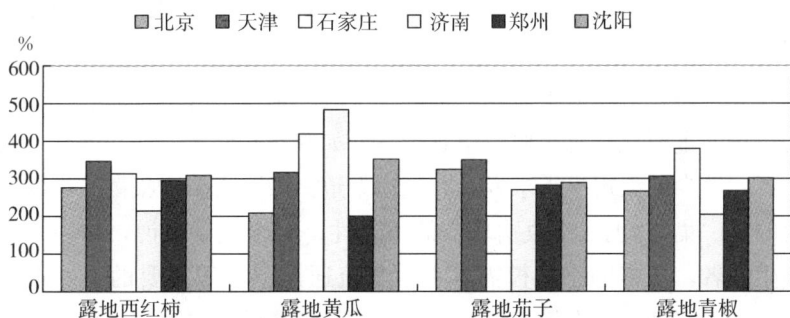

图 1-5　北京与周边地区蔬菜成本收益率比较

资料来源：《全国农产品成本收益资料汇编》2008。

注：《全国农产品成本收益资料汇编》中露地茄子缺乏石家庄的数据。

（3）北京市设施蔬菜与露地蔬菜的比较

发展设施蔬菜对于实现农业现代化的发展目标、不断提高蔬菜产量，具有极为重要的作用，为此，近年来各级政府出台并实施了相应的支持政策发展设施蔬菜。但是，对于生产者来说，根本目标是通过种植蔬菜获得收益。表 1-5 是大棚蔬菜和露地蔬菜在成本、利润及成本利润率方面的比较。可以看出，大棚西红柿，每亩成本高于露地的，净利润及成本利润率均低于露地西红柿，也就是从获利角度看大棚比露地没有优势；大棚黄瓜，总成本远远高于露地的，但净利润仅略高于露地黄瓜。如果对大棚西红柿和大棚黄瓜作一比较，西红柿的成本低，但净利润也低。综上所述，大棚西红柿需要增加利润、大棚黄瓜需要减少成本，才能够发挥设施蔬菜的优势。

表1-5　北京市设施蔬菜与露地蔬菜的比较

	每亩总成本（元）	每亩净利润（元）	成本利润率（%）
露地西红柿	2 012.6	4 215.4	209.5
大棚西红柿	2 703.7	3 389.4	125.4
露地黄瓜	1 615.4	2 620.5	162.2
大棚黄瓜	3 097.8	3 654.0	118.0

资料来源：《全国农产品成本收益资料汇编》2009。

　　总之，北京市蔬菜产业在地区比较优势、成本和成本收益率方面表现出的产业弱质性，是蔬菜产业发展的一大瓶颈。蔬菜竞争力不足的原因分析也是创新团队产业研究中今后深入研究的内容。

1.2.2　蔬菜的流通和市场化中面临的问题

　　理论上讲，产品的性质以及生产者、需求者的类型不同，产品的流通渠道也不同。对于非农产品而言，往往是较少的大规模的生产者、众多的小规模的需求者，其流通渠道一般不需要"集散"中的"集"，而需要的是"散"，也就是零售市场的重要性；对于原料型农产品（如棉花）而言，往往是众多的小规模生产者，较少的大规模需求者，其流通渠道一般不需要"集散"中的"散"，而需要的是"集"，也就收购环节的重要性；对于蔬菜来说，往往是众多的小规模生产者，众多的小规模需求者，其流通渠道一般需要的是"集散地"，先把蔬菜集中起来，再发散出去，也就是批发市场的重要性。东亚农业经营方面具有共同性，中国、日本和韩国等国家农产品的理论的流通渠道也具有相似之处。

　　笔者对日本的蔬菜水果流通及市场进行了调查研究。农产品与工业产品相比，一个较大的特征是，对农产品较为难以进行规格化，因此需要为农产品的买方与卖方提供一个场所以便于根据产品的实际大小、质量进行定价和交易。基于农产品的这一基本特点，日本农产品批发市场建立和发展起来。日本的蔬菜80%以上经由批发市场进入流通领域。批发市场在蔬菜市场价格的形成上发挥着举足轻重的作用。农户的蔬菜进入批发市场是由农业合作组织集中进行的。而从农业合作组织到批发市场是以委托销售的形式进行的，不是直接出售给批发商，也不允许批发商直接从生产者那里收购。批发商受农业合作组织的委托为农业生产者销售蔬菜，批发商挣的是手续费，手续费是按照批发市场上的蔬菜销售额的一定比例提取的，这样，批发商与农户在蔬菜价格的取向上是一致的，即蔬菜出售价格越高，批发商得到的手续费越高，当然以高价出售也是农户的利益取向。这种价格形成的场所和价格形成机制决定了批发市场既为农户提供了蔬菜销路，也保证了农户的蔬菜有一个比较合理的价格。而这一切，又都是在《批发市场法》的规范之下形成的，因此可以说其形成了规范的市场流通渠道和规范的市场。

关于北京市的蔬菜流通渠道及价格形成，"果类蔬菜产业技术体系创新团队产业经济岗位于 2009 年实施的需求调研"（以下简称"需求调研"）中进行了相关的研究。北京市的蔬菜市场流通存在较大的随机性和偶然性，未形成较规范的流通体系。目前，蔬菜的主要销售渠道是，通过中间商的销售，也就是蔬菜流通中还是以商贩和经纪人为主。在被调查农户中，有 52.7% 的农户回答了中间收购商这一销售渠道（图 1-6）。

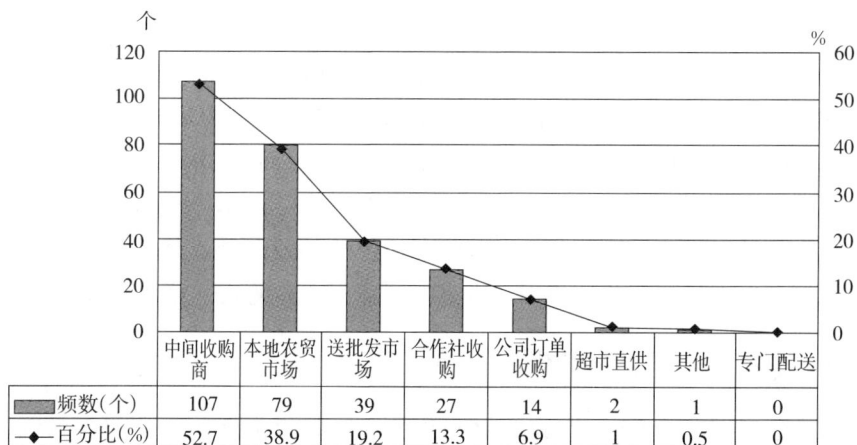

	中间收购商	本地农贸市场	送批发市场	合作社收购	公司订单收购	超市直供	其他	专门配送
频数(个)	107	79	39	27	14	2	1	0
百分比(%)	52.7	38.9	19.2	13.3	6.9	1	0.5	0

图 1-6　调查六区县农户回答的蔬菜销售渠道

资料来源：2009 年"需求调研"六区县农户问卷调查表数据整理而成。

注：①大兴区、房山区、密云县、延庆县、通州区、顺义区的 203 个农户；②由于有的农户回答的蔬菜流通渠道在两个以上，因此表中的总频数大于调查农户总数；百分比的计算依据是调查总户数。

依据 2009 年果类蔬菜产业经济研究需求调研结果，我们也尝试像国外的那样绘制北京市蔬菜流通渠道网络图。但是这种描绘是非常困难的，问题在于目前为止还没有形成规范的流通渠道。即使是中间批发商，其身份也是多种多样，有本地农民也有外地商人，外地商人占据多数。中间收购商的产品的销售路径也是多种多样，有的销售给北京市的批发市场，有的出售到外地。在北京市内的销售渠道的描绘见图 1-7。

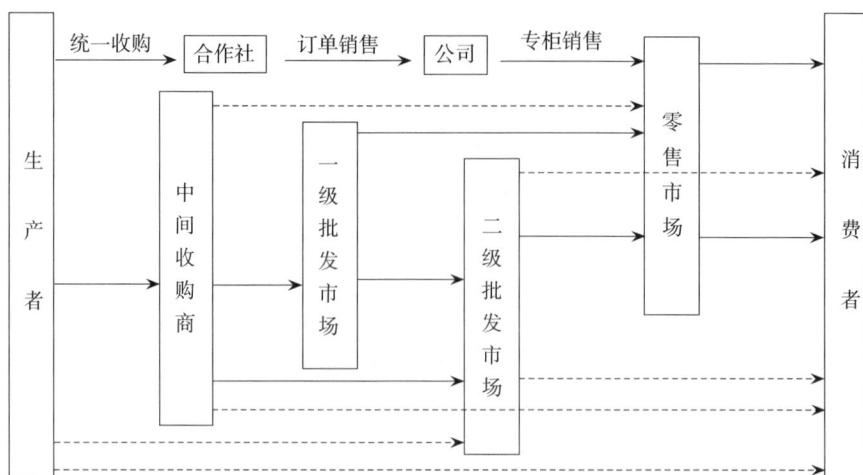

图 1-7　北京市生产蔬菜的流通渠道

　　这种不规范的蔬菜流通渠道，导致蔬菜的价格形成中很难让生产者的利益得到保证。若按照 1 千克蔬菜的平均水平进行考察，蔬菜从生产者手里的收购价为 2.04 元，扣除成本后菜农的获利是 0.32 元；而中间收购商的出售价是 3.40 元，扣除其中间成本 0.78 元之后的获利是 0.58 元，可见，经销商的获利达到农户的近两倍①。总之，北京市农户种植的蔬菜缺乏规范的流通渠道，造成蔬菜种植户经济利益的流失，也影响到蔬菜产业的长远发展。

1.2.3　蔬菜生产者的组织化程度不高

　　在本创新团队 2009 年实施的对北京市六区县果类蔬菜产业"需求调研"中可以看出，农户的蔬菜种植规模一般偏小。设施蔬菜生产也是以单家独户生产经营为主，小而散的一家一户的蔬菜产品很难进入市场，有必要通过建立农业合作组织将农户组织起来，也就是通过提高农民的组织化程度，使蔬菜顺利进入市场。与此同时，农民组织化程度的提高也有利于提高蔬菜的产业化水平。无论是英、法等欧美国家，还是韩、日等亚洲国家，一个共同点是农业生产者的组织化程度比较高，表现为农业合作组织的发展。农业合作组织在农产品销售、农业生产资料购买、农业技术指导乃至农业保险以及农业融资等方面发挥着重要作用。目前，北京市农村各种专业合作组织的数量不断增加，到 2008 年年底，全市已登记注册的农民专业合作组织达 2 266 个，带动农户数达

---

　　① 农业部网站：http://www.agri.gov.cn/jjps/t20080429_1026601.htm.

37万户。但是从事农业的农户加入合作组织的只占加入总农户的34.9％[①]，蔬菜生产者的组织化程度就更低。

在"需求调研"的资料中，从调查农户的组织化程度与蔬菜流通渠道看，北京市农村除个别地区外，多数调查区县蔬菜种植农户的组织化程度不高，表现在加入合作社的农户较少，如表1-6所示。在被调查的农户中，加入合作社的比例为58.6％，也就是仅一半左右的蔬菜生产者加入了合作社。值得一提的是，有的即使加入了合作社，也没有从合作社得到相应的服务。虽然有一半的农户是合作社的成员，而通过合作社收购的蔬菜所占比例仅为10％，由此可见，合作社的作用没有得到完全的发挥。

表1-6　调查的六区县农户加入合作社情况的统计

	频数（个）	百分比（％）
加入合作社	119	58.6
未加入合作社	82	40.4
合计	201	99.0
未回答	2	1.0
总计	203	100.0

注：①大兴区、房山区、密云县、延庆县、通州区、顺义区的203个农户；②由于有的农户回答的蔬菜流通渠道在两个以上，因此表中的总频数大于调查农户总数；百分比的计算依据是调查总户数。

资料来源：2009年的六区县农户访谈得到的数据整理而成。

1.2.4　蔬菜生产的产业化程度有待提高

蔬菜生产是蔬菜产业的重要组成部分，但是蔬菜生产不是蔬菜产业的全部。一种产品的产业化程度高，意味着形成了由多环节构成的产业链条；不过，蔬菜产区的相对集中，有利于产业化程度的提高。实现蔬菜的产业化经营，也是提高蔬菜附加价值、提高农户收益水平的途径。

北京市目前蔬菜的龙头企业数量偏少、规模偏小，很难带动蔬菜加工业后向产业，即蔬菜种植业的发展。北京市蔬菜产业化经营处于初始阶段，不利于蔬菜生产、流通、加工、消费各环节的系统化和一体化。蔬菜的商品质量、包装及营销手段处于初级阶段，新鲜蔬菜大部分目前尚无商品标准，无包装或包装简易，运输车辆不具备保鲜和远途运输条件。通过对北京市郊区生产蔬菜的农户的调研可以看出，目前生产的蔬菜基本上都是以初级产品的形式直接进入市场的，而以加工产品进入市场的很少。

---

① 《北京农村年鉴》2009。

从我们于 2009 年 10 月完成的《北京市果类蔬菜产业经济需求调研报告》中可以看出，大兴区的蔬菜年产量接近 100 万吨，顺义区和通州区都达到 60 多万吨。但是。在这些蔬菜的大区县，其内部的蔬菜生产基本分布在各个村落中，没有形成具有规模的主产区。目前一些比较大的蔬菜生产配送企业如天安公司等，虽然有外联蔬菜生产基地，但基地较分散，未能形成拳头产品和集约化生产，直接影响到蔬菜产业的持续稳定发展。

1.2.5 蔬菜产业的经营水平有待提高

产品层面上对应的是生产，而产业层面上对应的是经营。北京市蔬菜产业的经营水平有待提高。在本创新团队 2009 年实施的对北京市六区县的"需求调研"中可以看出，农户的蔬菜种植规模一般偏小。从种植蔬菜的品种来看，以村为单位看村内农户的蔬菜种植类型较为相近。设施蔬菜生产仍以单家独户生产经营为主，缺乏必要的技术标准和产品质量检查，各家各户的蔬菜产品进入市场，难以保证市场蔬菜商品的一致性，也难以创名牌产品。品牌产品的形成有利于提高农业生产者所获得的附加价值，也有利于产品顺利实现其价值。日本的京都市蔬菜生产和经营追求并实现了品牌化，"京菜"在日本是人所皆知的，指的是京都市农村生产的蔬菜，在全国市场上属于上等品。去京都旅游吃"京菜"也成了旅游者的必选项目。

蔬菜产业经营水平的提高，还有待促使形成蔬菜产业的合理布局，形成优势产业带。在"需求调研"中可以看出，所有调查区县都认为需要或者很需要对"果类蔬菜优势产业带（或者优势产业区）形成的影响因素与集聚效应"进行研究。然而目前为止，北京市蔬菜优势产业布局及其优势产业区还没有形成。

1.3 本章小结

本章对北京市果类蔬菜产业发展现状、存在问题进行了分析，主要研究结论可以概括如下：

首先，对北京市果类蔬菜产业的地位分析结果表明，果类蔬菜在北京农业、农民收入、市场供应、居民消费等方面均具有重要作用。

其次，对北京市果类蔬菜产业发展面临的问题的研究结果表明，蔬菜产业的发展，有待提升产业的市场竞争力、发挥农业合作组织的作用、完善蔬菜流通体系、提高蔬菜的产业化经营水平。

　　根据果类蔬菜产业的地位以及发展中所面临的问题，有必要探寻北京市果类蔬菜产业的发展战略和发展对策。

主要参考文献

穆月英，赵霞，段碧华，马骥，乔娟 . 2010. 北京市蔬菜产业的地位及面临的问题分析 [J]. 中国蔬菜 . (21)：7-12.

穆月英，笠原浩三 . 2006. 日本的蔬菜水果流通及其赢利率的调查研究 [J]，世界农业，(2)：31-34.

农业部调研组 . 2008. 农产品价格形成及利润分配调查 [OL] //农业部农产品价格形成专题调查总报告 . http：//www. agri. gov. cn/jjps/t20080429 _ 1026601. htm.

乔娟，穆月英，王可山，等 . 2010. 北京市果类蔬菜产业经济需求调研报告 [J]. 北京农业（增刊）：49-68.

吴先忠，刘瑞涵 . 2009. 北京都市型蔬菜产业发展之路的现实选择 [M] //北京新农村建设研究报告 2008. 北京：中国农业出版社：255-263.

第 2 章

北京市自产蔬菜供给与
需求的综合性分析 *

蔬菜是居民必不可少的消费品，随着北京市人口的数量增加以及居民消费水平的提高，对蔬菜的总需求量势必增加。但是，从蔬菜的供应看，具有生产周期长、供应季节性强，缺乏可替代产品，储存时间短、储存条件要求高，损耗率高、运输难度大等鲜明特点，与其他生活必需品相比，更需要强调供应的实效性和安全性。近年来，由于生产、流通以及自然灾害等多种因素，造成北京市蔬菜价格起伏波动频繁，城市蔬菜供应安全问题的重要性进一步凸显。2010 年 8 月 18 日国务院召开常务会议，研究部署进一步促进蔬菜生产、保障市场供应和价格基本稳定的政策措施。会议要求，全国各地要制定完善蔬菜市场的供应应急预案，建立蔬菜储备制度，确保重要的耐贮藏蔬菜品种 5～7 天消费量的动态安全。北京市作为首都、拥有近 2 000 万① 常住人口的特大型城市，保证蔬菜的供应安全就显得尤为重要。因此，本章对北京市自产蔬菜的应急供应力及供给和需求进行综合性分析。但是，由于存在着研究所需数据资料的可获得性限制等问题，会影响到测算结果的精确性，可以说本研究对蔬菜供应力的测算的意义更多地体现在对测算方法上的尝试。

2.1 北京市自产蔬菜的供给分析

近年来，由于受到北京地区土地资源稀缺的加剧、种植蔬菜的比较收益偏低以及外地蔬菜的冲击等诸多因素影响，北京市蔬菜的种植面积、产出及总产值占当年农业总产值占比等均呈现出下降趋势，自身的供给能力逐年下降。从

---

* 本章基于"赵霞，穆月英，潘凤杰，孙倩，李小林.2011. 2000 年以来北京市蔬菜产业发展趋势研究——基于产量、成本和收益等视角的分析.中国蔬菜（5）"整理完成。

① "根据最新的统计数据，本市实际常住人口中 1 972 万人，户籍人口 1 246 万人，登记流动人口 763.8 万人，其中在京居住半年以上的 726.4 万人。"http：//news.xinhuanet.com/local/2010－07/22/c_12359234.htm。

播种面积来看，北京市蔬菜播种面积从 2000 年的 10.4 万公顷下降至 2011 年的 6.7 万公顷，所占农作物总播种面积的比重由 2000 年的 22.9％跌至 2011 年的 22.1％（表 2-1）。从产量数据来看，尽管北京市蔬菜种植的单产水平获得了提升，但随着播种面积的减少，北京市蔬菜总产量仍然呈现出下跌态势，由 2000 年的 466.3 万吨跌至 2011 年的 296.9 万吨（图 2-1）。从总产值来看，尽管较其他类农作物所创造的总产值一直处于第一位，但蔬菜产业所创造的生产总值占到当年农业总产值的比重却呈现出明显的下降趋势，由 2000 年的 58.9％下降至 2011 年的 36.4％（图 2-2）。

表 2-1　2000 年以来北京市主要农作物播种面积数据

单位：万公顷，％

年份	农作物总播种面积	玉米		小麦		棉花		油料		蔬菜		瓜类及草莓	
		面积	占比	面积	占比	面积	占比	面积	占比	面积	占比	面积	占比
2000	45.4	13.6	30.0	12.2	26.9	0.2	0.4	1.5	3.3	10.4	22.9	0.8	1.8
2001	38.0	10.0	26.3	7.3	19.2	0.3	0.8	1.4	3.7	11.3	29.7	0.9	2.4
2002	33.5	8.7	26.0	4.7	14.0	0.3	0.9	1.6	4.8	11.5	34.3	0.9	2.7
2003	30.1	7.5	24.9	3.6	12.0	0.3	1.0	1.4	4.7	10.8	35.9	0.9	3.0
2004	30.4	9.4	30.9	3.9	12.8	0.7	2.3	1.1	3.6	9.1	29.9	0.8	2.6
2005	30.8	12.0	39.0	5.3	17.2	0.2	0.6	0.9	2.9	7.9	25.6	0.8	2.6
2006	32.0	13.6	42.5	6.3	19.7	0.2	0.6	0.7	2.2	7.1	22.2	0.9	2.8
2007	29.5	13.9	47.1	4.1	13.9	0.2	0.7	0.7	2.4	7.0	23.7	0.9	3.1
2008	32.2	14.6	45.3	6.4	19.9	0.1	0.3	0.7	2.2	6.8	21.1	0.8	2.5
2009	32.0	15.1	47.2	6.1	19.1	0.1	0.3	0.6	1.9	6.8	21.3	0.8	2.5
2010	31.7	15.0	47.3	6.2	19.6	—	—	0.5	1.6	6.8	21.5	0.8	2.5
2011	30.3	14.1	46.5	5.8	19.1	—	—	0.5	1.7	6.7	22.1	0.8	2.6

注：表中"—"表示当年未统计或小于 0.1。

资料来源：历年北京统计年鉴并进行相关数据计算所得。

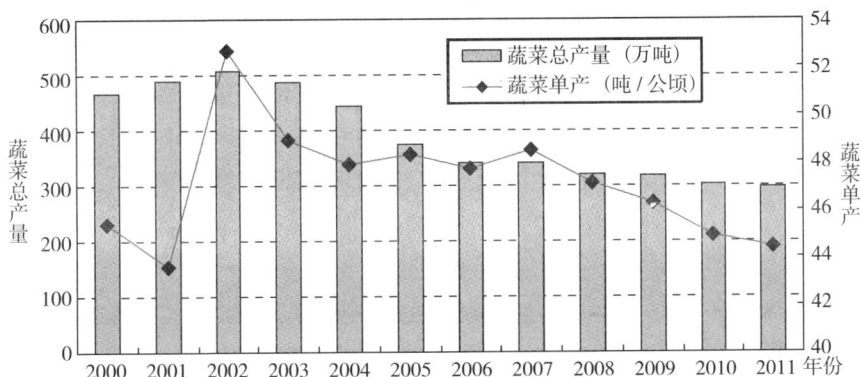

图 2-1　北京市蔬菜总产量及单产变动趋势

资料来源：历年《北京统计年鉴》及进行相关计算所得。

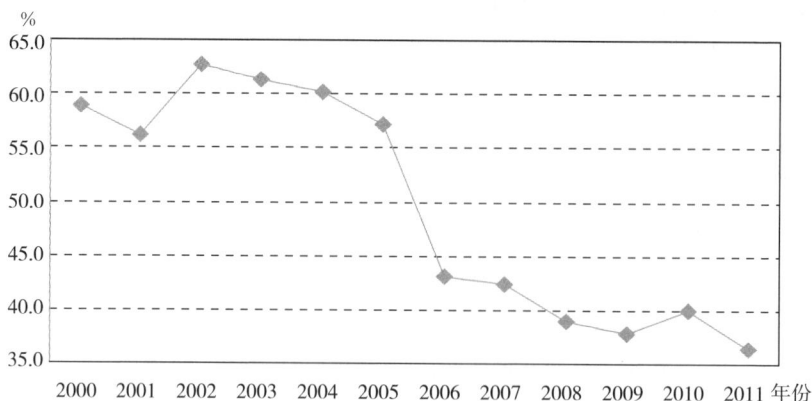

图 2-2　北京市蔬菜及瓜类所创造总产值占到当年农业总产值比重变动趋势

资料来源：历年《北京统计年鉴》，通过剔除物价变动指数、计算占比所得，因统计口径发生变化，2010 年和 2011 年数据为蔬菜（含食用菌）数据。

2.2　北京市蔬菜的消费需求分析

相对于近年来北京市蔬菜供应能力的逐年下降，北京市蔬菜的需求却呈现出扩张态势。北京市作为特大型消费城市，其蔬菜消费呈现出以下几个特点：

2.2.1　北京市人口总数不断增加

北京市人口总数逐年增加，蔬菜消费市场潜力巨大。如图 2-3 所示，

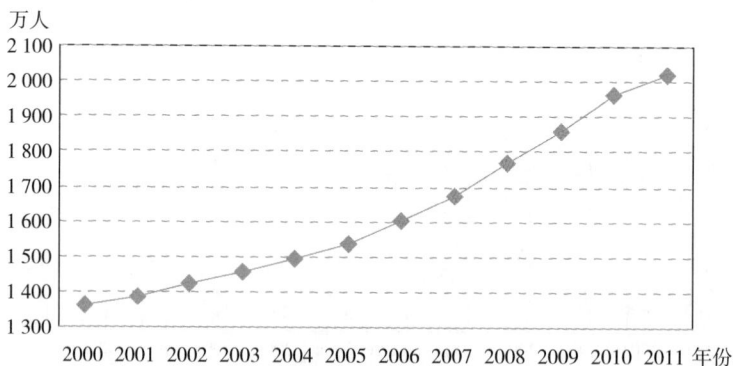

图 2-3　北京市常住人口变动趋势

资料来源：《北京统计年鉴 2012》。

2000 年以来北京市常住人口呈现出快速上升趋势，到 2011 年北京市常住人口达到 2 018.6 万人，另外还有大量的流动人口未被统计在册。随着常住人口和流动人口的不断增加，北京市的蔬菜消费必将呈现出快速上升的趋势。

2.2.2　北京市居民人均蔬菜消费逐年上升

图 2-4 表示的是城市居民人均蔬菜消费额和农村居民人均蔬菜消费量。从图中可以看出，北京市城镇居民的蔬菜消费变动情况是，2000 年以来，北京市城镇居民家庭年人均实际蔬菜消费额呈现出稳步上升趋势，由 2000 年的 235.7 元上升到了 2011 年的 537 元。从北京市农村居民家庭年人均蔬菜消费量数据来看，2000 年以来呈现出农村居民年人均蔬菜消费量呈现出波动式上升趋势。

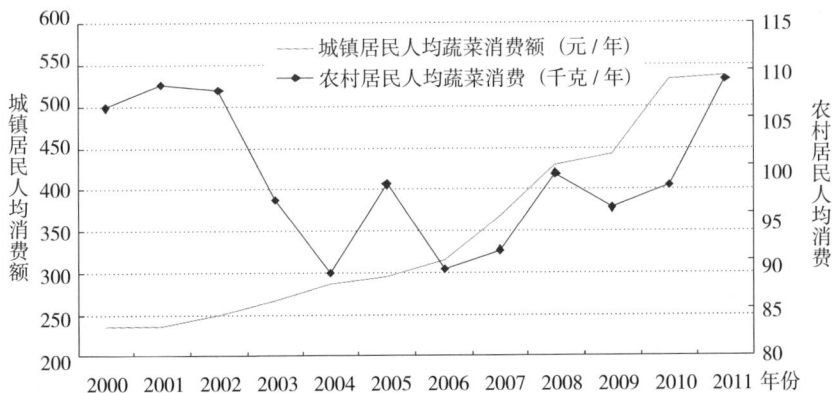

图 2-4　北京市城乡居民人均蔬菜消费额/量

资料来源：历年《北京统计年鉴》和历年《中国统计年鉴》，

并进行了相关剔除物价变动因素的计算。

注：城镇居民是蔬菜消费额，农村居民是蔬菜消费量。

2.2.3　北京市居民外出就餐消费额度增加

随着北京市餐饮业的快速发展、城乡居民收入水平的不断提高以及工作环境等诸多因素的影响，北京市民外出就餐的实际消费额度逐年增加，上升趋势明显（图 2-5），北京市民家庭年人均在外就餐实际消费额由 2000 年的 666.8 元上升至 2011 年的 1832 元。

元／年

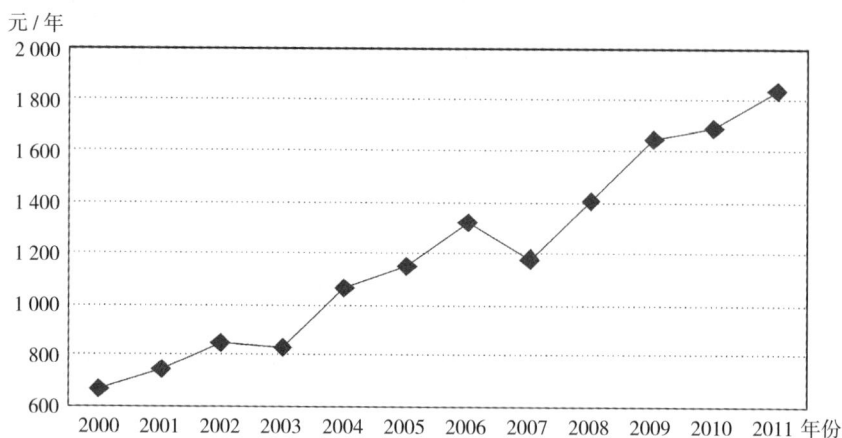

图 2-5　北京市城镇居民家庭人均外出就餐实际消费额变动趋势

资料来源：历年《北京统计年鉴》并进行了相关剔除物价变动因素的计算。

2.2.4　北京市食堂消费蔬菜数量可观

集体食堂消费蔬菜数量可观。北京是全国的政治、文化、教育中心，辖区内的各级机关、各类学校等机构数量众多，集体食堂每年消费的蔬菜数量可观，不容忽视。据统计，2011 年北京市各类学校共计 3 367 所，在校学生 3 426 025 人，相当于全市人口的 16.97%，在校教职工人数 335 604 人，其中大中专在校生每日 3 餐基本均在学校食堂就餐，其他中小学生和在校教职工每日至少在学校食堂就餐 1 次。另外各类公司的员工每日至少也在公司食堂就餐 1 次，甚至一日三餐都在公司食堂就餐。尽管此部分的蔬菜消费总量难以精确计算，但通过数据分析仍然可以看出北京市集体食堂消费蔬菜的数量是十分可观的。

综上所述，通过对北京市蔬菜的供需分析，可以做出一个基本的判断，即北京本地的蔬菜供应逐年萎缩，而北京居民对蔬菜的需求却逐年扩大，北京市蔬菜的应急供应能力存在着很大的隐患。

2.3　批发市场上北京市自产蔬菜总体的供应力

到目前为止，社会各界对应急供应力还没有一个统一的定义，本章所指的蔬菜应急供应力是指在出现突发事件如自然灾害等情况下，能够迅速及时地满足北京居民对蔬菜消费需求的供应能力。鉴于北京市本地的蔬菜供应是最迅速、最及时的，所以本章对北京市蔬菜应急供应力的测算是基于本地蔬菜的供应量而言的，不考虑外地蔬菜的供应。具体的计算公式如下：

$$北京市蔬菜供应自给率 = \frac{北京本地蔬菜的总供给量}{北京地区对蔬菜的总需求量} \times 100\% \quad (2\text{-}1)$$

北京市蔬菜供应自给率越高说明北京市蔬菜的应急供应力越强，反之则说明北京市蔬菜的应急供应力较差。由于缺乏十分精确的统计数据，研究的视角不同、数据的来源不同，测算出的结果也不尽相同。本章主要从市场供给层面对北京市近两年来的蔬菜应急供应力进行测算，所需数据主要来自于北京市场协会关于主要批发市场有关蔬菜上市量的计算，将北京市主要批发市场的蔬菜成交量看作是北京市蔬菜的总需求量[①]、北京本地蔬菜在主要批发市场的上市量看作是北京市蔬菜的主要供给量[②]来进行测算。

计算结果如表 2-2 所示，北京市 2009 年全年的蔬菜供应自给率平均水平仅为 9.7%，存在着巨大的供给缺口。从分季节的数据计算结果来看，北京四季蔬菜的供应自给率分别为 9.4%、10.2%、10.0% 和 8.4%，均维持在较低的水平上，相比较而言，北京的夏秋两季蔬菜供应自给率要好于春冬两季。2010 年全年的蔬菜供应自给率平均水平为 10.0%，略高于 2009 年，但仍远远不能满足应急供应的要求。四季蔬菜的供应自给率分别为 7.8%、11.2%、11.8% 和 9.3%，夏秋两季的供应自给率水平略好于 2009 年，但自给水平仍然偏低。总体而言，从市场供应层面出发，北京市蔬菜的自给率水平十分低下，北京蔬菜的应急供应力水平低下。

表 2-2 2009—2010 年北京市蔬菜应急供应力的相关数据

时期	北京市主要批发市场蔬菜成交量（万千克）	本地蔬菜通过批发市场的上市量（万千克）	北京市蔬菜供应自给率（%）
2009/01	76 047.5	7 254.8	9.5
2009/02	63 958.4	5 839.8	9.1
2009/03	71 983.6	6 629.5	9.2
2009/04	78 949.6	7 706.6	9.8

---

① 据北京市商务委主任卢彦所公布的数据，2010 年"农超对接"果蔬销售量为 15 万吨，平均每个月的"农超对接"蔬菜销售量为 1.25 万吨，北京市实现"农超对接"的连锁超市有 6 家；2009 年"农超对接"蔬菜销售量更少些。鉴于通过"农超对接"渠道所销售的蔬菜量规模仍然较少，与批发市场所销售的蔬菜量相比，几乎可以忽略不计，且鉴于难以获得精确的月度数据，此部分蔬菜量在本章中暂不计入北京市蔬菜的总需求量中。

② 根据北京市商务委主任卢彦所公布的数据以及课题组的实地调研，北京市本地蔬菜供应通过"农超对接"渠道进入居民消费的蔬菜量仍然占到很小的比重，且难以精确计量，所以此部分蔬菜供给在本章中暂不计入北京市本地蔬菜的供给。

（续）

时期	北京市主要批发 市场蔬菜成交量 （万千克）	本地蔬菜通过批发 市场的上市量 （万千克）	北京市蔬菜 供应自给率 （%）
2009/05	76 770.7	7 589.0	9.9
2009/06	74 528.2	7 887.0	10.6
2009/07	74 660.5	7 659.3	10.3
2009/08	74 214.4	7 427.3	10.0
2009/09	76 652.9	7 665.6	10.0
2009/10	80 985.5	8 139.4	10.1
2009/11	82 232.8	7 648.9	9.3
2009/12	87 429.1	7 387.5	8.4
春季（2—4 月）	214 891.6	20 175.9	9.4
夏季（5—7 月）	225 959.4	23 135.3	10.2
秋季（8—10 月）	231 852.8	23 232.3	10.0
冬季（11 月至翌年 1 月）	256 849.3	21 698.6	8.4
2009 年全年水平	918 413.1	88 834.6	9.7
2010/01	87 187.4	6 662.2	7.6
2010/02	61 294.9	4 599.6	7.5
2010/03	80 175.8	5 788.5	7.2
2010/04	81 136.2	7 015.7	8.6
2010/05	81 702.4	7 808.8	9.6
2010/06	76 477.2	8 879.5	11.6
2010/07	78 656.3	9 872.9	12.6
2010/08	80 096.8	9 719.2	12.1
2010/09	77 945.0	9 070.5	11.6
2010/10	79 238.0	9 180.3	11.6
2010/11	83 001.4	8 923.3	10.8
2010/12	91 592.3	8 488.0	9.3
2011/01	86 385.2	6 735.2	7.8
春季（2—4 月）	222 606.8	17 403.8	7.8
夏季（5—7 月）	236 835.9	26 561.2	11.2
秋季（8—10 月）	237 279.8	27 970.0	11.8
冬季（11 月至翌年 1 月）	260 978.9	24 146.5	9.3
2010 年全年水平	958 503.7	96 008.5	10.0

资料来源：经北京市场协会网站所提供数据整理得来。

2.4 批发市场上北京市自产蔬菜分品种的供应力

鉴于果类蔬菜对于居民日常饮食的重要性，本部分进一步将北京市蔬菜应急供应的研究范围缩小到黄瓜、茄子和番茄这三类最常食用的果类蔬菜。测算方法仍然基于市场供给的层面展开，所采用的数据同样来自于北京市场协会所提供的相关数据，将北京市主要批发市场的三类蔬菜各自成交量看作是北京市三类蔬菜各自的总需求量，将北京本地三类蔬菜的上市量看作是北京本地三类蔬菜各自的供应量进行测算。

2.4.1　自产黄瓜的供应力

经过计算，北京市近两年来的黄瓜应急供应能力如表 2-3 所示。2009 年全年的黄瓜供应自给率平均水平为 4.3%，2009 年春夏秋冬四季的黄瓜供应自给率分别为 2.8%、5.5%、5.5% 和 3.5%，比较而言，夏秋两季的黄瓜供应自给率略好于春冬两季。2010 年的黄瓜供给自给率的平均水平为 6.9%，较 2009 年具有一定程度的提升；四季的黄瓜供应自给率分别为 5.2%、9.5% 和 7.2% 和 5.7%，夏秋两季黄瓜的供应自给率高于冬春两季，四季供应自给率普遍好于上年，但仍然处于较低的供应水平。总体而言，近两年来北京市黄瓜供应自给率偏低，黄瓜的应急供应能力不足。

表 2-3　2009—2010 年北京市黄瓜应急供应力的相关数据

时期	北京市主要批发市场黄瓜成交量（万千克）	本地黄瓜通过批发市场的上市量（万千克）	北京市黄瓜供应自给率（%）
2009/01	2 176.0	55.3	2.5
2009/02	1 951.2	54.2	2.8
2009/03	2 623.9	65.8	2.5
2009/04	2 763.2	82.4	3.0
2009/05	2 723.7	133.5	4.9
2009/06	2 511.0	146.3	5.8
2009/07	2 555.5	146.6	5.7
2009/08	2 606.2	161.4	6.2
2009/09	2 554.3	124.5	4.9
2009/10	2 505.7	139.1	5.6
2009/11	2 147.4	79.9	3.7
2009/12	2 014.2	76.2	3.8
春季（2—4 月）	7 338.3	202.4	2.8
夏季（5—7 月）	7 790.2	426.4	5.5
秋季（8—10 月）	7 666.2	425.0	5.5
冬季（11 月至翌年 1 月）	6 329.1	219.9	3.5
2009 年全年水平	29 132.2	1 265.2	4.3
2010/01	2 167.6	63.8	2.9
2010/02	3 676.9	218.9	6.0
2010/03	2 298.8	77.4	3.4
2010/04	2 516.1	142.0	5.6
2010/05	2 940.7	230.8	7.8

			（续）
时期	北京市主要批发市场黄瓜成交量（万千克）	本地黄瓜通过批发市场的上市量（万千克）	北京市黄瓜供应自给率（％）
2010/06	2 696.7	289.0	10.7
2010/07	2 605.8	265.6	10.2
2010/08	2 573.9	241.8	9.4
2010/09	2 696.9	176.3	6.5
2010/10	2 565.4	144.9	5.6
2010/11	2 416.5	184	7.6
2010/12	2 645.1	164.4	6.2
2011/01	2 420.7	78.7	3.3
春季（2—4 月）	8 491.7	438.3	5.2
夏季（5—7 月）	8 243.1	785.4	9.5
秋季（8—10 月）	7 836.2	563.0	7.2
冬季（11 月至翌年 1 月）	7 482.3	427.1	5.7
2010 年全年水平	31 800.4	2 198.9	6.9

资料来源：经北京市场协会网站所提供数据整理得来。

2.4.2 自产茄子的供应力

经过计算，北京市近两年来茄子的供给自给率水平如表 2-4 所示。2009 年全年的茄子供应自给率平均水平为 5.7％，2009 年四季的茄子供应自给率分别为 5.5％、5.0％、6.2％和 6.8％，比较而言，秋冬两季的茄子供应自给率较春夏两季略高。2010 年茄子的供应自给率为 9.4％，较 2009 年提高了近 4 个百分点；四季的茄子供应自给率分别为 5.1％、11.4％、11.3％和 7.6％，夏秋两季供应水平较春季有一定的提高。总体而言，近两年来北京市茄子的供应自给水平有所提高，但在应急供应方面仍然存在着巨大的缺口。

表 2-4　2009—2010 年北京市茄子应急供应力的相关数据

时期	北京市主要批发市场茄子成交量（万千克）	本地茄子通过批发市场的上市量（万千克）	北京市茄子供应自给率（％）
2009/01	2 033.5	90.3	4.4
2009/02	1 675.1	170.0	10.1
2009/03	1 724.2	49.4	2.9
2009/04	1 555.7	54.8	3.5
2009/05	1 759.7	74.2	4.2
2009/06	2 304.7	118.2	5.1
2009/07	2 581.3	137.5	5.3
2009/08	2 563.8	114.6	4.5
2009/09	2 219.5	157.9	7.1

（续）

时期	北京市主要批发市场茄子成交量（万千克）	本地茄子通过批发市场的上市量（万千克）	北京市茄子供应自给率（％）
2009/10	2 143.1	158.3	7.4
2009/11	2 409.9	144.9	6.0
2009/12	2 054.8	145.2	7.1
春季（2—4 月）	4 955.0	274.2	5.5
夏季（5—7 月）	6 645.7	329.9	5.0
秋季（8—10 月）	6 926.4	430.8	6.2
冬季（11 月至翌年 1 月）	6 374.1	433.9	6.8
2009 年全年水平	25 025.2	1 415.3	5.7
2010/01	1 909.5	143.8	7.5
2010/02	1 189.3	82.7	7.0
2010/03	1 403.2	48.3	3.4
2010/04	1 518.9	77.4	5.1
2010/05	1 415.8	141.9	10.0
2010/06	2 246.8	242.9	10.8
2010/07	2 323.6	297.5	12.8
2010/08	2 481.8	276.7	11.1
2010/09	2 376.2	260.8	11.0
2010/10	2 191.0	257.7	11.8
2010/11	2 136.6	199.8	9.4
2010/12	2 462.5	186.7	7.6
2011/01	2 143.65	129.1	6.0
春季（2—4 月）	4 111.3	208.4	5.1
夏季（5—7 月）	5 986.2	682.3	11.4
秋季（8—10 月）	7 049.0	795.2	11.3
冬季（11 月至翌年 1 月）	6 742.8	515.6	7.6
2010 年全年水平	23 655.2	2 216.2	9.4

资料来源：经北京市场协会网站所提供数据整理得来。

2.4.3　自产番茄的供应力

经过计算，北京市近两年来番茄的供给自给率如表 2-5 所示。2009 年全年的番茄供应自给率平均水平为 7.4％，2009 年四季的番茄供应自给率分别为 7.1％、8.1％、7.8％和 7.8％，比较而言，夏秋冬三季的供应自给率较春季略微高些。2010 年全年的番茄供应自给率为 9.2％，较 2009 年其供应自给率有所增长；四季的番茄供应自给率分别为 6.6％、10.1％、10.8％和 7.0％，夏秋两季北京市自产番茄的供应能力较上年有了一定程度的提升。总体而言，北京市番茄的供应自给能力有所提升，但存在较大供给缺口，一旦发生紧急情况，应急供应能力存在很大不足。

表 2-5　2009—2010 年北京市番茄应急供应力的相关数据

时期	北京市主要批发市场番茄成交量（万千克）	本地番茄通过批发市场的上市量（万千克）	北京市番茄供应自给率（%）
2009/01	2 215.4	105.5	4.8
2009/02	1 917.9	116.0	6.0
2009/03	2 478.8	154.7	6.2
2009/04	2 135.4	190.8	8.9
2009/05	2 479.7	219.8	8.9
2009/06	2 413.8	177.8	7.4
2009/07	2 678.3	213.5	8.0
2009/08	2 578.0	203.0	7.9
2009/09	2 598.2	201.2	7.7
2009/10	2 615.4	205.6	7.9
2009/11	2 576.4	187.6	7.3
2009/12	2 334.2	180.4	7.7
春季（2—4 月）	6 532.1	461.5	7.1
夏季（5—7 月）	7 571.8	611.0	8.1
秋季（8—10 月）	7 791.6	609.7	7.8
冬季（11 月至翌年 1 月）	7 078.7	549.7	7.8
2009 年全年水平	29 021.4	2 155.6	7.4
2010/01	2 168.2	181.8	8.4
2010/02	1 556.1	112.7	7.2
2010/03	2 414.0	151.2	6.3
2010/04	2 327.9	149.4	6.4
2010/05	2 603.0	179.4	6.9
2010/06	2 924.3	294.6	10.1
2010/07	2 870.9	375.8	13.1
2010/08	2 865.1	374.7	13.1
2010/09	2 790.3	275.1	9.9
2010/10	2 733.2	243.2	8.9
2010/11	2 393.9	253.2	10.6
2010/12	2 561.0	194.0	7.6
2011/01	2 523.45	79.40	3.1
春季（2—4 月）	6 298.0	413.3	6.6
夏季（5—7 月）	8 398.2	849.7	10.1
秋季（8—10 月）	8 165.0	884.2	10.8
冬季（11 月至翌年 1 月）	7 478.4	526.6	7.0
2010 年全年水平	30 207.9	2 785.1	9.2

资料来源：经北京市场协会网站所提供数据整理得来。

2.5　本章小结

本章对北京市蔬菜的供给与需求以及自产蔬菜的应急供应力进行了分析。

主要研究结论概括如下：

第一，从年度数据来看，近两年来北京市蔬菜的供应自给率和应急供应力偏低，2009—2010 年北京市蔬菜的供应自给率维持在 10％左右的水平，本地蔬菜供应存在着巨大的供给缺口。

第二，从分季节的数据来看，北京市夏秋两季的蔬菜供应自给率普遍要好于春冬两季，表现出蔬菜供给的季节性特征。但总体而言，北京四季的蔬菜供应自给率偏低，应急供应力不足，过度依赖于外地蔬菜的供应。

第三，单就黄瓜、茄子和番茄这三种果类蔬菜而言，各自的供应自给率较北京市蔬菜总体的供应自给率低，尽管 2009—2010 年供应自给率水平有所提高，但仍然处于低水平。

此外，值得指出的是，由于受到数据资料的可获得性的影响，本研究对北京市自产蔬菜应急供应力的测算分析只是提供一种思路和方法，但有待提高测算的精确度，这也是今后需要研究的一个重要内容。

蔬菜作为北京市居民不可或缺的生活必需品，它的供应安全关系到北京居民的健康和社会稳定，因此针对北京市蔬菜应急供应能力差的问题，给出如下几点建议：

第一，要进一步强化北京市蔬菜生产基地的建设。北京市相关政府部门应多方协调，进一步实行更为严格的占补平衡和补偿机制，推行菜地最低保有量制度，确保一定的蔬菜种植面积，逐步增强北京本地应季蔬菜的自给能力。在此基础上，政府应该加大政策扶持力度，对于北京郊区一些重要的蔬菜生产基地给予资金和政策的支持；同时积极鼓励银行等金融机构加大对蔬菜产业的信贷支持力度，并不断推出新的蔬菜保险产品，积极引导菜农投保等，不断提高北京本地蔬菜的生产和应急供应能力。

第二，真正制定出有效可行的蔬菜市场供应应急预案，并不断完善蔬菜储备制度。作为首都城市，北京市有关部门应该充分认识到蔬菜供应安全的重要性，真正制定出有效可行的蔬菜市场供应应急预案，成立专门的蔬菜市场供应应急领导小组，专人负责监控蔬菜市场每天的动态信息，确定出合理的市场交易警戒线，一旦发现蔬菜货源紧缺，应该及时启动蔬菜应急预案。另外，尽管自 2008 年奥运会起，北京市政府已经开始逐步建立蔬菜政府储备制度，但仍然存在诸多问题，如对于蔬菜的储备数量和品种等仍然缺乏足够明确的规划等。为此，未来应该进一步完善蔬菜储备制度，建立起清晰的规划，按照各类蔬菜品种保存时间的不同，循环调配各类蔬菜，并确保一些重要的耐储存蔬菜品种 5～7 天消费量的动态库存。

第三，进一步落实和完善"绿色通道"政策，逐步建立起安全、高效、稳定的蔬菜供应链。鉴于北京土地资源有限且十分昂贵的现状，在生产上简单地追求种植面积的扩大化从而扩大供给能力的做法并不现实，所以退一步要确保北京市蔬菜供给的安全的现实做法是，在确保一定的蔬菜种植面积和供应自给率的基础之上，凭借先进的计算机网络技术，对北京市所需蔬菜实行有效的运输、仓储、加工、装卸搬运、包装以及流通加工、配送和信息处理等活动，利用信息系统将生产者、批发商、零售商直到最终用户连成整体，确保"绿色通道"的畅通，并不断降低物流成本和产品损耗，确保北京蔬菜供应的安全。

主要参考文献

王鹏云，何永喜.2007.以宁波市为个案浅析城市蔬菜供应安全问题［J］.长江蔬菜（5）：61-62.

赵睿.2009.北京市蔬菜供应安全研究［D］.北京：北方交通大学：9-20.

赵霞，穆月英，潘凤杰，孙倩，李小林.2011.2000年以来北京市蔬菜产业发展趋势研究——基于产量、成本和收益等视角的分析［J］.中国蔬菜（21）：12-17.

第 3 章

北京市蔬菜产业发展的 SWOT 分析 *

蔬菜产业发展历来受到我国各级政府的重视，近几年各级政府部署了进一步促进蔬菜生产、保障市场供应和价格基本稳定的政策措施。为了把握北京市果类蔬菜产业发展面临的问题、探寻果类蔬菜产业的发展对策，本研究运用SWOT 分析法对北京市果类蔬菜产业进行分析。SWOT 分析法是进行企业或产业发展战略分析的有效方法之一。其具体含义是考虑四种因素，即 S（Strengths：优势）、W（Weaknesses：劣势）、O（Opportunities：机会）、T（Threats：威胁）。其中，S,W 是内部因素，O,T 是外部因素。依据对内部的优势、劣势，以及来自外部的机会和威胁的分析，并通过四种因素的有效匹配，形成两种发展战略（SO 战略和 WO 战略）以及两种发展对策（ST 对策和 WT 对策）。

3.1 北京市蔬菜产业 SWOT 分析矩阵

依据对北京市蔬菜生产的地位、蔬菜产业发展中面临问题的分析，以及果类蔬菜产业技术体系创新团队产业经济岗位于 2009 年实施的"需求调研"中获得的来自农户及区县机构的信息，运用 SWOT 分析法构建北京市蔬菜产业发展战略 SWOT 分析矩阵表（表 3-1）。

表 3-1　北京市果类蔬菜产业发展战略 SWOT 分析矩阵

		机会因素（O）	威胁因素（T）
内部条件因素	外部环境因素	1. 政府对蔬菜产业的支持 2. 有专门的管理部门 3. 市民的消费需求大 4. 蔬菜需求从量到质的转换 5. 果类蔬菜可不烹调食用方便 6. 安全性食品的需求 7. 蔬菜市场价格上升 8. 观光型农业的发展 9. 市果类蔬菜创新团队	1. 自然灾害风险 2. 食品消费方式的改变 3. 不耐储藏 4. 外来蔬菜的竞争 5. 价格波动的市场风险

---

* 本章基于"穆月英，沈辰，郭卫东，赵亮.2010.北京市蔬菜产业发展的 SWOT 分析.中国蔬菜（21）"整理完成。

（续）

优势因素（S）	SO 战略：主动进攻	ST 战略：对应防御式
1. 气候、水资源等条件具备	（发挥优势，抓住机会）	（发挥优势，规避威胁）
2. 设施蔬菜比重大	1. 强化设施蔬菜生产	1. 发展蔬菜的加工业
3. 周年能够生产、产量稳定	2. 高品质新技术蔬菜的生产	2. 发展植物工场
4. 农业基础设施条件好	安全性蔬菜生产	3. 构建蔬菜价格稳定基金
5. 生产技术水平高	3. 发展观光采摘蔬菜产业	4. 创建北京蔬菜地域品牌
6. 劳动力文化程度高	4. 与北京市企业的合作	5. 强化蔬菜生产的多功能性
7. 城郊优势	5. 产学研一体化发展	
8. 交通运输及信息通信便利		
劣势因素（W）	WO 对策：渐进式	WT 对策：防守或撤退
1. 病虫害容易发生	（抓住机会，改变劣势）	（克服劣势，规避威胁）
2. 城镇化中耕地被占用	1. 防病虫品种的开发和采用	1. 蔬菜产业的机械化
3. 生产规模小而散	2. 与山东等地的农业合作	2. 蔬菜保险业发展
4. 生产成本高	3. 农村产业结构调整	3. 给予年轻人和高学历蔬菜生
5. 设施蔬菜劳动强度大	4. 合作社强化对菜农的服务	产者以政策支持
6. 雇工成本高	5. 外来人口的社会保障政策	4. 在市内发展大型直销市场
7. 蔬菜种植后继乏人	6. 适口性蔬菜品种的采用	5. 北京市市场的充分利用
8. 流通渠道不规范	7. 节省投入的技术的采用	
9. 菜农组织化程度低	8. 政府调整农业支持结构	
10. 没有形成蔬菜品牌		
11. 蔬菜的产业化经营水平低		

注：①表中内部条件因素和外部环境因素是相对而言的，相对于北京以外的地区，或相对于蔬菜以外的产业。②大多数因素是就北京市整体而言的，比如水资源条件，北京市整体上条件具备，但不表明所有区县在水的方面不成问题。2009 年进行"需求调研"时了解到，延庆县蔬菜发展面临着水条件的制约。

3.2 北京市蔬菜产业发展的内部条件

北京市发挥自身优势，实现蔬菜产业发展，前景乐观，但在发展过程中，也存在一些弱势，会阻碍蔬菜产业的发展。要把握蔬菜产业的优势和劣势，发挥自身特长，扬长避短。

3.2.1 优势因素分析

气候、水资源等条件。北京在地理环境、自然气候条件、水资源条件等方面符合蔬菜生长生产的要求。

设施蔬菜比重大。以资本密集型技术的温室和大棚为例，截至 2008 年年末，北京市设施蔬菜占地面积达 16.5 万亩；设施蔬菜播种面积达到 39.7 万亩，占设施农业播种面积的 78.0%、占蔬菜播种面积的 38.8%；设施生产的蔬菜占北京市蔬菜总产量的 33.8%①。

周年生产和供应。设施蔬菜的生产也能够保证蔬菜周年生产和供应，全年蔬菜的生产量和上市量达到比较稳定的水平。

农业基础设施条件好。与全国其他地区相比，北京市农村具有较为完善配套的水利等基础设施。

农业技术水平高。北京市高校及科研机构众多，较高的新技术的研发水平，完备的技术推广机构，大城市具有对农村的技术辐射等带动作用。

劳动力文化程度高。通过本创新团队进行的实地调研了解到，北京市蔬菜种植者多数的文化程度在初中及初中以上。

城郊优势。我国政府长期强调的"菜篮子工程"的主要内容是在大城市郊区发展蔬菜生产，保障对城市的蔬菜供应，这也反映了城市郊区具有发展蔬菜的适宜性。

交通及信息通信便利。北京地区发达的交通运输网络为蔬菜产品加工、流通销售等下游产业提供保障。除此之外，蔬菜产品及生产要素市场信息发布及时，依靠便利的通讯设施及手段，菜农能准确及时把握市场动态，从而规避市场风险。

3.2.2　劣势因素分析

病虫害容易发生。既影响到蔬菜生产的量的稳定，也影响到食品质量安全（农药残留）。

城镇化中耕地被占用。土地资源稀缺是城市郊区农村的共性。城镇化进程加剧，耕地面积进一步减少，与此同时要保证粮食安全。总之，蔬菜产业发展受到土地规模缩减的制约。

生产规模小而散。影响到一些新技术的应用、影响到蔬菜生产现代化水平的提高。

经营蔬菜生产成本高。蔬菜生产是劳动和资本密集型产业，设施、劳动力等生产要素的大量投入，导致蔬菜生产成本高，影响到菜农的真正致富。

雇工成本高。雇工成本高是上述蔬菜的生产成本的成因之一。

蔬菜种植后继乏人。从果类蔬菜创新团队所做的实地调研中可知，北京市蔬菜种植业者的年龄在四五十岁以上的居多，年轻人基本不愿从事农业，更不愿从事繁重体力劳动的蔬菜生产。

---

① 北京市统计局《农村统计调查资料》，2009 年。

流通渠道不规范。北京市的蔬菜市场流通存在较大的随机性和偶然性，未形成较规范的流通体系。目前，蔬菜的主要销售渠道是，通过中间商的销售，也就是蔬菜流通中还是商贩和经纪人为主。

菜农组织化程度低。通过我们的调查看出，北京市农村除个别地区外，多数调查区县蔬菜种植农户的组织化程度不高，表现在加入合作社的农户较少，有的即使加入了合作社，也没有从合作社得到相应的服务。

没有形成蔬菜品牌。国内有山东寿光的蔬菜品牌，国外有日本京都市的"京菜"蔬菜品牌，有待发展北京市的蔬菜品牌。

蔬菜的产业化经营水平低。北京市蔬菜产业化经营处于初始阶段，蔬菜生产、流通、加工、消费各环节的系统化和一体化水平较低。

3.3 北京市蔬菜产业发展的外部环境

北京蔬菜产业发展受到外部环境的影响，外部机会为其发展提供良好的契机，而外部威胁则是其面临的考验与挑战。蔬菜产业的发展与完善是一个长期的过程，在充分利用其外部条件的同时必然要规避甚至克服外部的不利因素。

3.3.1 机会因素分析

政策支持。中央和北京市政府出台一系列补贴政策支持蔬菜产业发展，诸如蔬菜设施建设补贴政策、农用生产资料综合直补、农机具购置补贴等。此外，还有流通政策及蔬菜食品安全政策等。

有专门的管理部门。中央涉农部门、北京市农业部门、区县农业部门对蔬菜的管理为蔬菜生产提供良好的宏观条件。

北京市对蔬菜的需求量大。随着人民生活水平和营养水平的提高，对蔬菜的需求量增大。

对蔬菜的需求从量到质的转换。需求量在增大，其中品质好的蔬菜的需求增加的速度更快。

安全性食品的需求。这是世界潮流，为蔬菜产业的发展带来了机会。

果类蔬菜可不烹调食用方便。随着居民饮食方式的改变，蔬菜色拉的食用方式在增加，蔬菜不需烹调，而是直接食用。果类蔬菜中的西红柿、黄瓜、青椒等的生食既便利、可口，又满足身体的营养需要。

蔬菜市场价格上升。为蔬菜生产者增加蔬菜销售额提供了可能。

观光型农业的发展。北京发展都市型农业、观光型农业是必然趋势，蔬菜是绿色植物，正是观光农业发展的内容之一。目前北京市蔬菜观光采摘实现门票及产品销售收入 1.3 亿元[①]。

3.3.2　威胁因素分析

自然灾害风险。这是农业面临的共同问题。但蔬菜生产投入大，自然灾害带来的损失和风险更大。

食品消费方式的改变。近年来在外用餐增加，食品消费西洋化、多样化。按照中国传统的消费方式，主食的消费必然配备大量的蔬菜，但食品消费中肉食的增加、西方主食面包的增加，在某种程度上影响到对蔬菜的消费需求。

不耐储藏。比起粮食，这一点是蔬菜生产又一弱点。蔬菜的生产量和商品量（上市量）之间的差距更多的是来自蔬菜的不耐储藏，鲜度降低以后的蔬菜商品价值也会随之降低。

外来蔬菜的竞争。目前北京市场上，自产蔬菜的市场份额极为有限，大量的蔬菜来自山东、河北、辽宁等地，构成了对北京产蔬菜的一种市场威胁。

价格波动的市场风险。蔬菜市场价格波动频繁，影响到蔬菜生产者的种植决策，更波及蔬菜生产者的获利，再加上蔬菜不易储藏，市场价格必然带来的是蔬菜生产者的收入风险。

3.4　北京市蔬菜产业发展对策

根据上述北京市蔬菜产业的内部条件、外部环境的四种因素，通过对各种因素的有效匹配，提出北京市蔬菜产业的 SO 主动进攻型战略（发挥优势，抓住机会）、ST 对应防御型战略（发挥优势，规避威胁）、WO 渐进式发展对策（抓住机会，改变劣势）、WT 防守或撤退式发展对策（克服劣势，规避威胁），表 3-1 的右下部分表示的是北京市蔬菜产业发展的各种战略和对策，将其主要部分综合为以下 10 项发展对策：

（1）强化设施蔬菜生产。可以发挥北京市的资金优势、技术优势，抵御自然灾害，并能够实现周年蔬菜的稳定供应。

（2）高质量新技术蔬菜的生产。有这方面的生产优势，也使得蔬菜生产很好满足市场需求，特别是消费者对质量安全性蔬菜的需求。

（3）发挥蔬菜产业的多功能性，发展观光采摘蔬菜的生产。

---

① 北京市农业技术推广站。

（4）发展植物工厂。在日本等国外的大城市已发展植物工厂，既能摆脱蔬菜生产的土地资源限制，带来蔬菜生产的量的增加，也能通过水、肥及技术的利用，实现蔬菜的质量安全性生产。

（5）提高蔬菜生产的机械化水平，减轻菜农的劳动负担。

（6）创建北京市蔬菜地域品牌、发展蔬菜加工业、完善农业合作组织。

（7）加强北京市农业与其他地区农业的合作。

（8）构建蔬菜市场价格稳定基金。基金的构建是通过政府、企业、农户等多方面的共同参与和努力，这样可以避免市场价格的大起大落，规避蔬菜产业的市场风险。价格稳定基金也是政策对蔬菜市场进行宏观调控的一种有效手段。

（9）发展蔬菜种植业保险。农户通过加入保险，规避蔬菜生产的自然风险。

（10）调整政府对农业的支持结构和支持政策。资金支持要加强政策监督，有些政策要通过法规或条例的形式使其规范化、稳定化。

3.5　本章小结

本章运用 SWOT 分析法，从与北京市内部其他产业对比的角度，以及北京市蔬菜产业与外地蔬菜产业对比的角度，分析北京市蔬菜产业发展的内部条件因素，即优势因素（S）和劣势因素（W），外部环境因素，即机会因素（O）和威胁因素（T）进行分析，在此基础上得出蔬菜产业发展的两种战略（SO 主动进攻式战略和 ST 防御式战略）、两种对策（WO 渐进式对策和 WT 防守式对策）。主要对策建议包括：一是强化设施蔬菜生产；二是高质量新技术蔬菜的生产；三是发挥蔬菜产业的多功能性，发展观光采摘蔬菜的生产；四是发展植物工厂；五是提高蔬菜生产的机械化水平，减轻菜农的劳动负担；六是创建北京市蔬菜地域品牌、发展蔬菜加工业、完善农业合作组织；七是加强北京市农业与其他地区农业的合作；八是构建蔬菜市场价格稳定基金；九是发展蔬菜种植业保险；十是调整政府对农业的支持结构和支持政策。

主要参考文献

穆月英，沈辰，郭卫东，赵亮．2010. 北京市蔬菜产业发展的 SWOT 分析［J］. 中国蔬菜
　（21）：13-26.

穆月英，笠原浩三 . 2006. 日本的蔬菜水果流通及其赢利率的调查研究 [J] . 世界农业
　　（2）：31-34.
乔娟，穆月英，王可山，等 . 2010. 北京市果类蔬菜产业经济需求调研报告 [J]，北京农业
　　（增刊）：49-68.

生产篇

SHENGCHAN PIAN

第4章

北京市蔬菜生产的优势区域布局与决策*

　　蔬菜是北京市农村的传统产业，有着悠久的发展历史。当前，蔬菜产业在北京市农村经济发展中占有重要地位。2011 年，北京市农作物总播种面积为30.1 万公顷，除了 20.9 万公顷粮食作物外，蔬菜为 6.7 万公顷，远高于其他农作物。2011 年北京市农林牧渔业总产值为 363.1 亿元，其中农业总产值为163.4 亿元，蔬菜和瓜类总产值为 59.5 亿元，蔬菜和瓜类占农林牧渔总产值的 16.4％和农业总产值的 36.4％。蔬菜产业是农民收入的重要来源，也是农业发展的重要部分；蔬菜采摘等观光农业的发展，还是农业多功能的重要体现；提高以蔬菜产业为首的北京农业发展水平，既能提高北京市蔬菜供应水平，还能够保持水土、涵养水源。然而，近几年北京市的蔬菜播种面积和总产量逐年减少，2011 年北京市蔬菜播种面积只占 2002 年的 58.3％，总产量也只有 2002 年的 58.5％[①]。如何发挥各区县比较优势促进北京市总体蔬菜产业发展，是个值得探讨的问题。

　　本章运用能综合考虑自然、社会、经济等要素的灰色系统评估法对北京市蔬菜总体以及果菜类蔬菜等 6 大类蔬菜生产的区域布局进行定量分析，在此基础上对各区县蔬菜生产的比较优势进行考察，以期为北京市蔬菜生产的合理布局、促进蔬菜生产的区域专业化发展提供参考依据。

4.1　北京市蔬菜生产的地域性

　　北京市目前种植的蔬菜主要品种多达 300 多个，各品种按大类可以分为果菜类、叶菜类、块根块茎类、葱蒜类、菜用豆类、食用菌类。其中，叶菜类在播种面积和产量上占全市蔬菜比重最大，其次为果类蔬菜。从图 4-1 可以看出，北京市蔬菜种植表现出明显的地域性。蔬菜种植集中在大兴区、通州区、顺义区、平谷区和房山区等区县。这些区县有大面积的土层深厚、疏松、透气

　　＊本章基于"穆月英，赵双双，赵霞 . 2011. 北京市蔬菜生产的优势区域布局与比较，中国蔬菜（22/24）"整理完成。

　　①历年《北京市统计年鉴》。

性好的壤土，有较好的灌溉条件，适宜大面积的发展蔬菜种植。除自然条件外，蔬菜生产也与各区县的种植习惯、生产基础条件、市场流通条件有关。在13区县中，大兴区的蔬菜播种面积最大，其次为通州区和顺义区。这3个区县的蔬菜播种面积和产量分别占到全市蔬菜总播种面积和总产量的65%和68%。

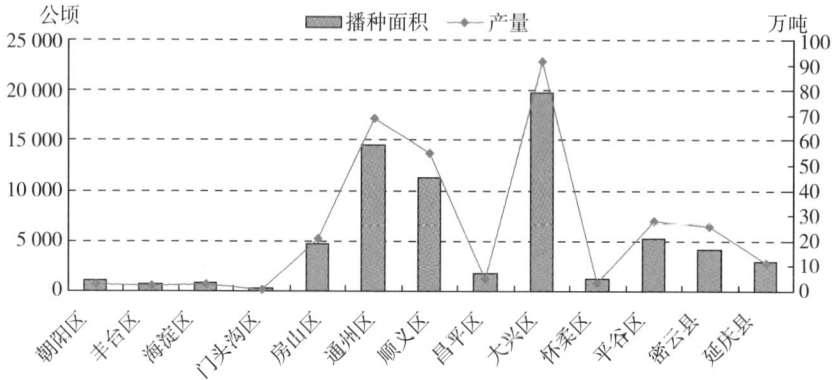

图 4-1　2009 年北京市各区县蔬菜播种面积和产量分布

资料来源：2009 年《农村统计调查资料》。

此外，进一步考察北京市主要蔬菜品种，以果类蔬菜为例，也表现出生产的地域性。从图 4-2 的果类蔬菜播种面积和产量上看，大兴区、顺义区、通州区和平谷区是果类蔬菜的主要产区。

综上所述，无论是蔬菜总体还是果类蔬菜，在种植的播种面积和产量方面

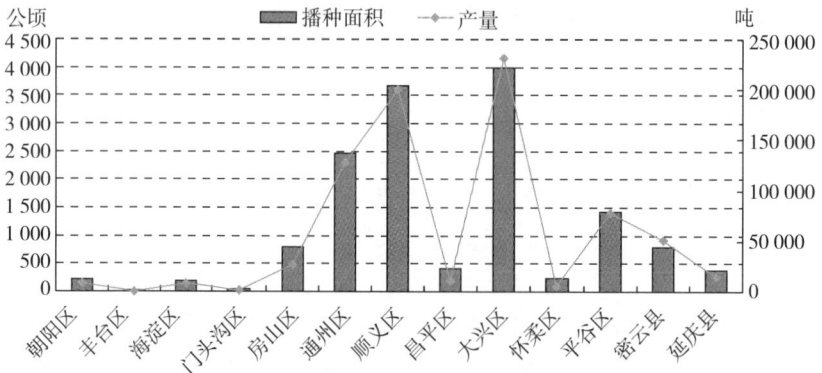

图 4-2　2009 年北京市各区县果菜类蔬菜播种面积和产量分布

资料来源：2009 年《农村统计调查资料》。

注：果菜类蔬菜为黄瓜、茄子、番茄 3 个品种总数。

均表现出区县的地域性，所以有必要对北京市各区县蔬菜生产的区域比较优势进行评价分析。

4.2　灰色系统评估及蔬菜生产优势区域分析

4.2.1　灰色系统评估法

灰色系统理论是我国著名学者邓聚龙教授于 1982 年提出的。它的研究对象是"部分信息已知，部分信息未知"的不确定性系统（邓聚龙，2002）。影响蔬菜生产的因素很多，有必要从经济、社会、生态等系统角度进行灰色系统分析。灰色系统评估法是一种多目标的综合决策方法：运用灰色关联法确定影响系统的主要因素，在此基础上对系统做出一种半定性半定量的评价与描述，以便对系统的综合效果与整体水平形成一个可供比较的概念与类别，如高、低，好、差，快、慢等（穆月英，1994）。

灰色系统评估具体步骤如下：

第一，确定分类系统。分类系统包括分类目标、分类指标、分类类别及分类对象，其中，分类类别为高、中、低。

第二，构建分类矩阵。用 i 表示分类对象，用 j 表示分类指标，用 d_{ij} $(i \in I, j \in J)$ 表示第 i 个分类对象、第 j 个指标的数据，从而构建矩阵 d_{ij}。

第三，根据指标的特性对数据进行处理。由于指标的特性不同，为进行比较分别用上限效果测度和下限效果测度方法对正类指标和负类指标的数值进行处理。

第四，确定各指标的灰色界限及灰色类别函数。测定指标属于"高"或"中"或"低"的概率。首先确定指标的灰色界限，分为高类界限、中类界限和低类界限，然后根据指标的特性进行确定（表 4-1）。

第五，根据指标的权数确定综合类型系数。将各样本或地区的各指标的灰色类别函数加以综合化，其结果用综合类别系数来表示。

表 4-1　各指标的灰色类别函数

分　　类	类别函数
"高"类灰色类别函数	$f_1(d_{ij}) = \begin{cases} 0 & d_{ij} \leqslant M \\ \dfrac{d_{ij} - M}{H - M} & M < d_{ij} < H \\ 1 & d_{ij} \geqslant H \end{cases}$

（续）

分　类	类别函数
"中"类灰色类别函数	$f_2(d_{ij}) = \begin{cases} 0 & d_{ij} \leqslant L \\ \dfrac{d_{ij}-M}{M-L} & L < d_{ij} < M \\ 1 & d_{ij} = M \\ \dfrac{M-d_{ij}}{H-M} & M < d_{ij} < H \\ 0 & d_{ij} \geqslant M \end{cases}$
"低"类灰色类别函数	$f_3(d_{ij}) = \begin{cases} 1 & d_{ij} \leqslant L \\ \dfrac{M-d_{ij}}{M-L} & L < d_{ij} < M \\ 1 & d_{ij} \geqslant M \end{cases}$

注：H 为指标的高类下限、M 为中类下限、L 为低类上限。

第 i 个地区的"高"类综合类型系数为：

$$H_i = f_{11}W_1 + f_{12}W_2 + \cdots + f_{1i}i_i$$

第 i 个地区的"中"类综合类型系数为：

$$H_i = f_{21}W_1 + f_{22}W_2 + \cdots + f_{2i}i_i$$

第 i 个地区的"低"类综合类型系数为：

$$H_i = f_{31}W_1 + f_{32}W_2 + \cdots + f_{3i}i_i$$

f_{1i}（$\sum_j$ 是指标的个数）是指标的"高"类灰色类别函数，f_{2i} 是"中"类灰色类别函数，f_{3i} 是"低"类灰色类别函数。W_i 是指标的权数。最后可构建出分类的综合矩阵。

第六，确定分类对象的类型。综合性矩阵的每一行中，综合分类系数最大的那个数值对应的类别就是分类对象所属的类型。然后根据灰色类型函数所确定的属于同一类型的所有个体构成一组。最后，对所有分类对象进行高低排序。

4.2.2　指标选择及资料来源

考虑到地区蔬菜生产条件、生产效率及生产增长趋势等因素反映蔬菜生产的地区比较优势，因此本章构建了包括 6 个指标的区域比较优势评价指标体系（表 4-2）。资料来源于北京市农业局提供的《农村统计调查资料》（2007—2009 年）。运用统计资料中的 13 个区县的蔬菜总产量、每公顷播种面积的产量、乡村人口数量、各区县蔬菜总播种面积、全市蔬菜总播种面积及果类蔬菜总产量等数据，对这 6 项评价指标进行计算。

表 4-2 蔬菜生产的评价指标

评价指标	权数
平均亩某作物播种面积的产量	0.20
平均每个乡村人口相当的某作物的产量	0.20
某作物产量的增长率	0.20
各区县某一作物播种面积占全市同一作物总播种面积的比重	0.10
某一作物播种面积占本区县蔬菜总播种面积的比重	0.10
各区县某一作物产量占全市同一作物总产量的比重	0.20

注：由于收集数据的限制，以番茄、黄瓜、茄子 3 个品种总数来代表果菜类蔬菜。

4.2.3 各类蔬菜的优势区域分析结果

运用灰色系统评估法，对蔬菜总体以及果菜类等 6 大类蔬菜进行了区域比较优势评估。按照蔬菜总体的区域比较优势可以将北京市 13 区县划分为高类地区、中类地区和低类地区。从图 4-3 可以看出，蔬菜总体的比较优势的高类

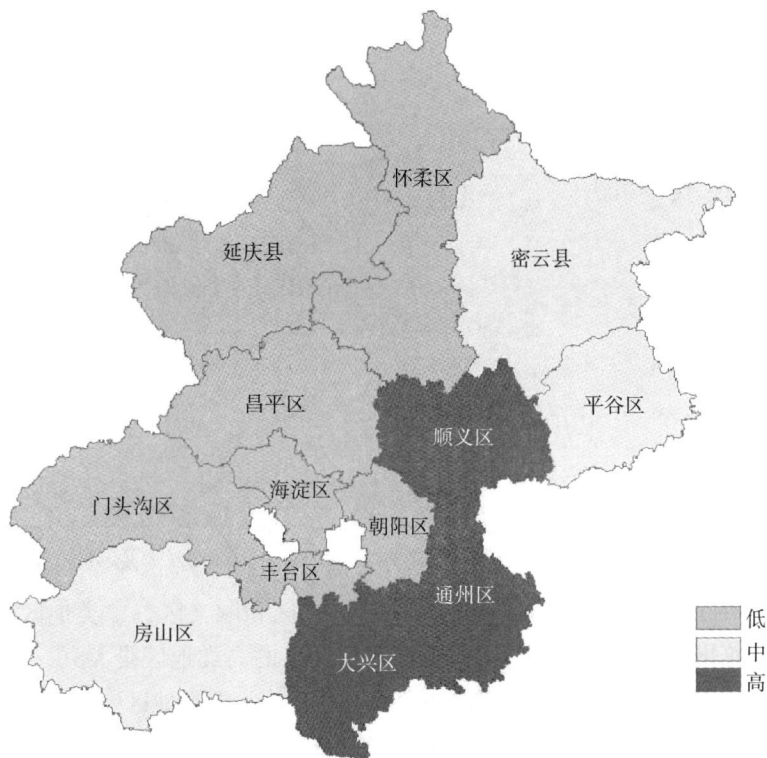

图 4-3 北京市蔬菜总体的区县比较优势类别

地区是大兴区、通州区和顺义区，中类地区是房山区、密云县和平谷区，低类地区是怀柔等 7 个区县。

对 6 大类蔬菜分别测算了区域比较优势，灰色系统评估分析结果见表 4-3，并将果类蔬菜的灰色评估结果用图 4-4 和图 4-5 表示，叶类蔬菜的灰色评估结果用图 4-6 表示。北京市果类蔬菜和菜用豆类生产的优势区县包括顺义区、大兴区、通州区和平谷区，叶菜类和葱蒜类蔬菜生产的优势区县是通州区、顺义区和大兴区，根茎菜类蔬菜生产的优势区县是通州区、大兴区、平谷区和密云县，食用菌类蔬菜生产的优势区县是房山区、通州区和平谷区。由此可见，北京市蔬菜生产存在着地区差距，蔬菜生产优势区集中在房山区、通州区、顺义区、大兴区、平谷区和密云县等 6 个区县。

表 4-3　北京市蔬菜生产的地区分类

区县	果菜类	叶菜类	根茎菜类	葱蒜类	菜用豆类	食用菌类
朝阳区	低	低	低	低	低	低
丰台区	低	低	低	低	低	低
海淀区	低	低	低	低	低	中
门头沟区	低	低	低	低	低	低
房山区	中	中	中	中	中	高
通州区	高	高	高	高	高	高
顺义区	高	高	中	高	高	中
昌平区	低	低	低	低	低	中
大兴区	高	高	高	高	高	中
怀柔区	低	低	低	低	低	中
平谷区	高	中	高	中	高	高
密云县	中	中	高	中	中	中
延庆县	低	中	中	低	低	低

对番茄、黄瓜和茄子进行的灰色评估结果分别用图 4-7、图 4-8 和图 4-9 表示。从图中可以看出，番茄的高类地区是大兴区和顺义区，中类地区是房山、密云、通州和平谷，其余均为低类地区。黄瓜的高类地区是大兴、通州、顺义和平谷，中类地区是密云、房山和海淀，其余均为低类地区。茄子的高类地区是大兴、通州和顺义，中类地区是密云、平谷和房山，其余均为低类地区。

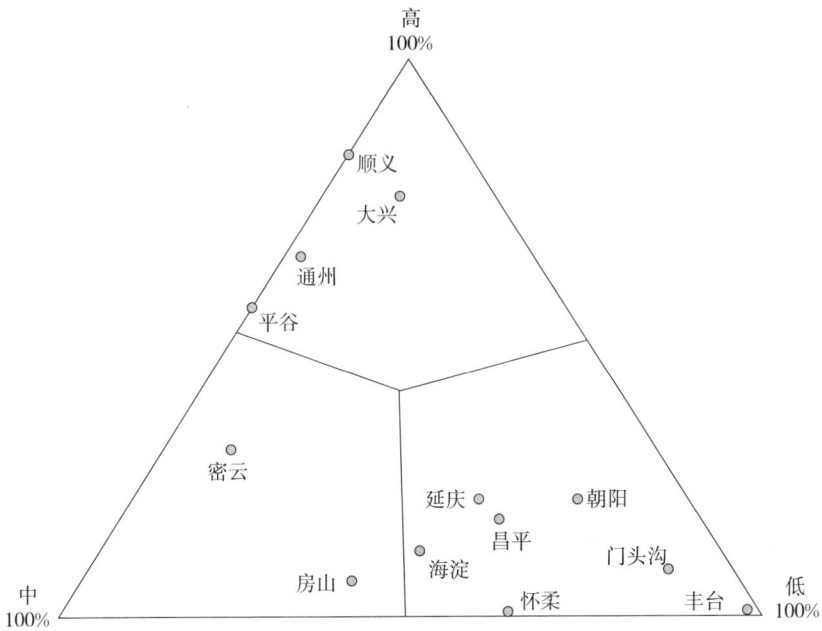

图 4-4 果类蔬菜的地区评估

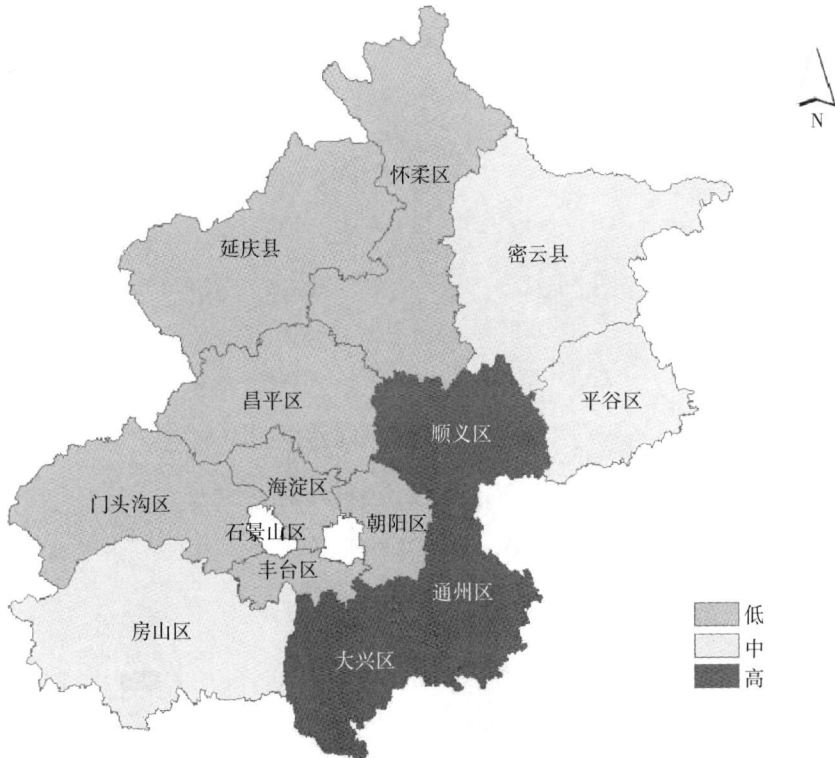

图 4-5 北京市果类蔬菜的区县比较优势类别

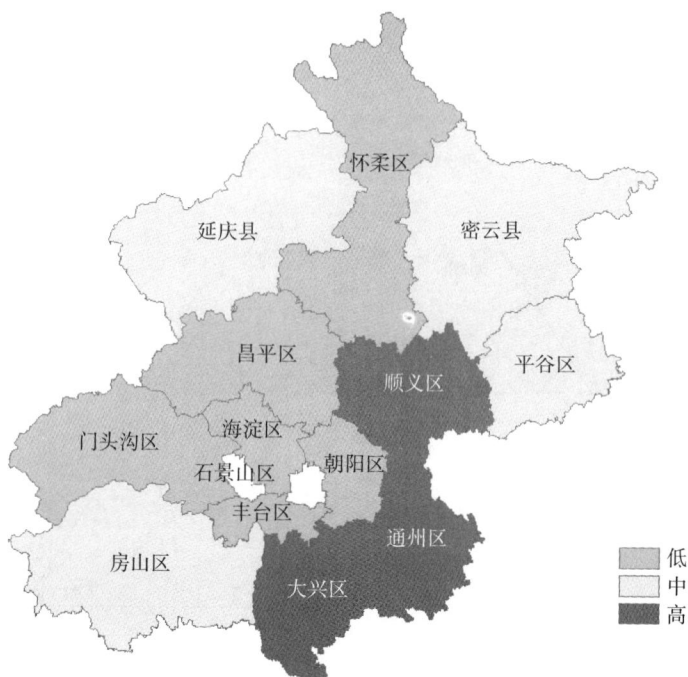

图 4-6 北京市叶类蔬菜的区县比较优势类别

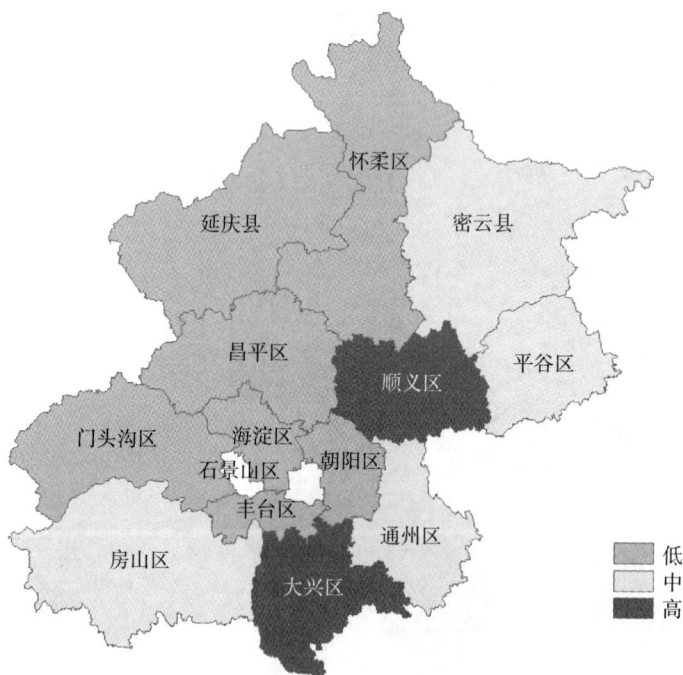

图 4-7 北京市番茄的区县比较优势类别

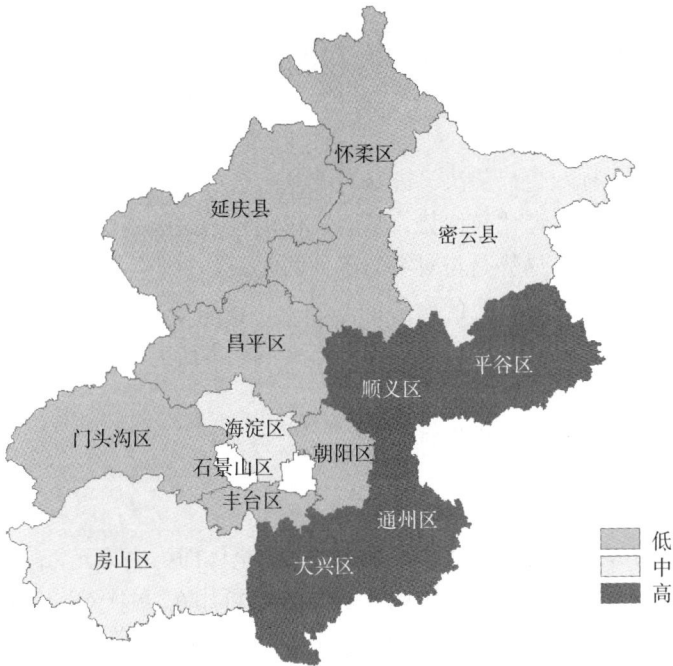

图 4-8 北京市黄瓜的区县比较优势类别

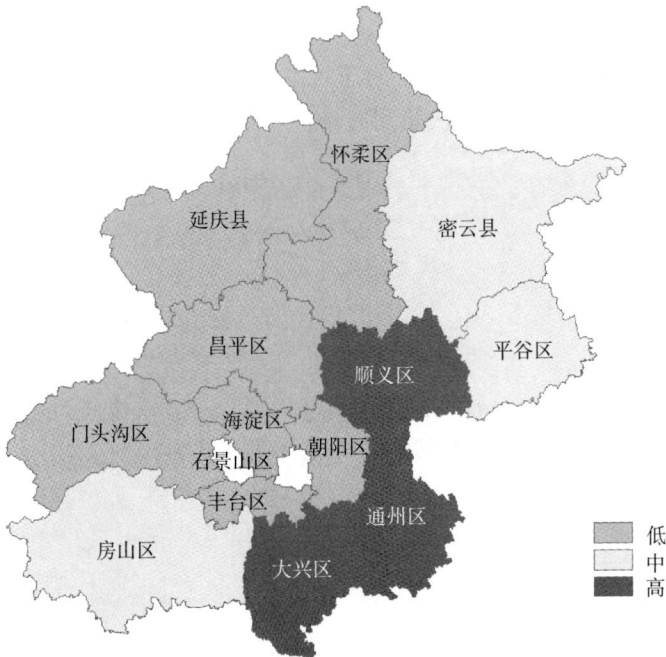

图 4-9 北京市茄子的区县比较优势类别

4.3　各区县的优势蔬菜局势决策分析

4.3.1　灰色局势决策法

本研究运用多目标灰色局势决策方法对北京市各区县蔬菜生产进行局势决策，把握各区县的蔬菜生产比较优势，从而为作出科学决策提供参考依据。

多目标局势决策中的局势是与对策与事件的匹配，对于一个系统来说，其决策的目的是在充分发挥各局势的优势的基础上，使整个系统获得最佳效益。灰色局势决策分单目标局势决策与多目标局势决策。本研究采用的是多目标局势决策。将其数学原理及计算结果概述如下：

（1）决策元、决策向量与决策矩阵

$$\frac{r_{ij}}{s_{ij}} = \frac{r_{ij}}{(a_i, b_j)} \tag{4-1}$$

式中，r_{ij} 为局势效果测度的全体，效果测度的全体即为决策元；$a_1, a_2, \cdots, a_n$ 为事件，$b_1, b_2, \cdots, b_m$ 为对策。对于同一事件 a_i，可用 $b_1, b_2, \cdots, b_m$ 等 m 个对策去对应，于是构成 $(a_i, b_1), (a_i, b_2), \cdots, (a_i, b_m)$ 等 m 个局势。这些局势相应的决策元可排成一行，便构成决策行向量：

$$\delta_i = \begin{bmatrix} \dfrac{r_{i1}}{s_{i1}} & \dfrac{r_{i2}}{s_{i2}} & \cdots & \dfrac{r_{im}}{s_{im}} \end{bmatrix} \tag{4-2}$$

式中，r_{ij} 为局势 s_{ij} 的效果测度。对于对策 b_j 可以用 $a_1, a_2, \cdots, a_n$ 去匹配，其相应决策元可排成一列，形成决策列向量：

$$\theta_i = \begin{bmatrix} \dfrac{r_{1j}}{s_{1j}} \\[2mm] \dfrac{r_{2j}}{s_{2j}} \\[2mm] \vdots \\[2mm] \dfrac{r_{rj}}{s_{rj}} \end{bmatrix} \tag{4-3}$$

将决策行 $\delta_i (i = 1, 2, \cdots, n)$ 与决策列 $\theta_j (j = 1, 2, \cdots, m)$ 排列起来，便可以构成局势决策矩阵 M，可记为 $M(\delta_i, \theta_j)$，具体表达式为：

$$M = \begin{bmatrix} \dfrac{r_{11}}{s_{11}} & \dfrac{r_{12}}{s_{12}} & \cdots & \dfrac{r_{1m}}{s_{1m}} \\[2mm] \dfrac{r_{21}}{s_{21}} & \dfrac{r_{22}}{s_{22}} & \cdots & \dfrac{r_{2m}}{s_{2m}} \\[2mm] \vdots & \vdots & & \vdots \\[2mm] \dfrac{r_{n1}}{s_{n1}} & \dfrac{r_{n2}}{s_{n2}} & \cdots & \dfrac{r_{nm}}{s_{nm}} \end{bmatrix} \tag{4-4}$$

（2）效果测度

效果测度就是对于局势所产生的实际效果进行比较分析的具体量度，可分为三种效果测度。

上限效果测度：

$$r_{ij} = \frac{\mu_{ij}}{\mu_{\max}}, \ \mu_{ij} \leqslant \mu_{\max} \qquad (4-5)$$

式中，μ_{ij} 为局势 s_{ij} 的实测效果；$\mu_{\max}$ 为局势 s_{ij} 所有实测效果的最大值。

中心效果测度：

$$r_{ij} = \frac{\min\{\mu_{ij}, \mu_O\}}{\max\{\mu_{ij}, \mu_O\}} \qquad (4-6)$$

下限效果测度：

$$r_{ij} = \frac{\mu_{\min}}{\mu_{ij}}, \ \mu_{ij} \geqslant \mu_{\min} \qquad (4-7)$$

式中，μ_{ij} 为局势 s_{ij} 的实测效果；$\mu_{\min}$ 为局势 s_{ij} 所有实测效果的最小值。并且，$r_{ij} \leqslant 1$。

（3）多目标决策矩阵

当局势有几个目标时，则记第 k 个目标的效果测度为 $r_{ij}^{(k)}$，其相应的决策元为：

$$\frac{r_{ij}^{(k)}}{s_{ij}} \qquad (4-8)$$

为此，有相应的决策向量（$\delta_{ij}^{(k)}, \theta_j^{(k)}$）及决策矩阵 $M^{(k)}$。多目标的局势决策综合矩阵 $M^{(\Sigma)}$ 为：

$$M^{(\Sigma)} = \begin{bmatrix} \dfrac{r_{11}^{(\Sigma)}}{s_{11}} & \dfrac{r_{12}^{(\Sigma)}}{s_{12}} & \cdots & \dfrac{r_{1m}^{(\Sigma)}}{s_{1m}} \\ \dfrac{r_{21}^{(\Sigma)}}{s_{21}} & \dfrac{r_{22}^{(\Sigma)}}{s_{22}} & \cdots & \dfrac{r_{2m}^{(\Sigma)}}{s_{2m}} \\ \vdots & \vdots & & \vdots \\ \dfrac{r_{n1}^{(\Sigma)}}{s_{n1}} & \dfrac{r_{n2}^{(\Sigma)}}{s_{n2}} & \cdots & \dfrac{r_{nn}^{(\Sigma)}}{s_{nn}} \end{bmatrix} \qquad (4-9)$$

矩阵中的元素按下式计算：

$$r_{ij}^{(\Sigma)} = \frac{\sum\limits_{k=1}^{n} r_{ij}^{(k)}}{N} \qquad (4-10)$$

当对 k 个目标根据决策目的、要求有所偏重时，可分别给予不同的权重

W_k，则矩阵的元素，可按下式计算：

$$r_{ij}^{(\Sigma)} = \sum_{p=1}^{k} W_p r_{ij}^{(k)} \tag{4-11}$$

（4）决策准则

决策就是选择效果最好的局势。若由事件选择最好的对策，就需进行"行决策"；若由对策匹配最适宜的事件，就需进行"列决策"。在实际决策过程中，按照上述准则，分别对矩阵作行决策和列决策，所得结果往往在全局上难以协调发展，因而不能达到整体效益最佳的目的，这时，需对综合矩阵进行调整，可分别进行优序化处理或归一化处理后，再进行灰靶决策。

（5）归一化决策矩阵

分两种类型对综合决策矩阵 $M^{(\Sigma)}$ 进行归一化变换。

一种是逐行归一化处理，计算公式为：

$$r'_{ij} = \frac{r_{ij}}{\sum\limits_{j=1}^{m} r_{ij}} \qquad i=1,2,\cdots,n \tag{4-12}$$

这样得到行归一化矩阵 $M_1^{(\Sigma)}$，用来反映各项对策在每个事件的综合效果测度中所占的比重。

另一种是逐列归一化处理，计算公式为：

$$r'_{ij} = \frac{r_{ij}}{\sum\limits_{i=1}^{m} r_{ij}} \qquad j=1,2,\cdots,m \tag{4-13}$$

这样得到列归一化矩阵 $M_2^{(\Sigma)}$，用来反映各个事件在每项对策的综合效果测度中所占的比重。

利用求得的两个归一化矩阵，就可以进行灰色局势决策。具体方法是：

利用列归一化矩阵 $M_2^{(\Sigma)}$ 进行行决策，选择每个事件的最好决策，找出行最优局势。

利用行归一化矩阵 $M_1^{(\Sigma)}$ 进行列决策，选择各项对策的最佳匹配事件，构成列最优局势。

仿上述两步，选择次优（或满意）局势。

在上述基础上，进行列协调，检查与调整部分"全局为优局部非优"与"全局非优局部为优"的局势。

4.3.2 各区县的优势蔬菜布局

以表 4-2 中所示的六项评价指标为灰色局势决策的决策目标，在计算各目标的权重及其特征值的基础上，计算得出综合效果测度矩阵。在此基础上，对综合效果测度矩阵进行归一化处理，得到行归一化矩阵和列归一化矩阵。如果仅按行或仅按列归一化矩阵进行选优，容易漏掉一些从全局来看较优的局势，因此，将行归一化矩阵与列归一化矩阵中的元素对应相乘，求得一个新的矩阵。这个矩阵可以综合反映各个局势在各区县中的效果测度相对比重，具有协调效果，因此叫作综合效果协调矩阵，计算结果见表4-4。

表4-4　综合效果协调矩阵

地区	叶菜类	块根、块茎菜类	葱蒜类	菜用豆类	食用菌类	果菜类
朝阳区	0.009 7	0.003 9	0.004 1	0.003 6	0.003 6	0.008 5
丰台区	0.017	0.003 0	0.007 5	0.002 6	0.002 6	0.002 5
海淀区	0.001 0	0.009 4	0.007 1	0.002 4	0.002 0	0.003 5
门头沟	0.000 7	0.004 3	0.006 4	0.002 2	0.002 6	0.001 4
房山区	0.001 6	0.004 5	0.009 0	0.005 4	0.003 2	0.004 3
通州区	0.002 7	0.001 4	0.009 6	0.002 6	0.002 5	0.001 4
顺义区	0.003 1	0.000 4	0.034 5	0.007 0	0.002 7	0.001 7
昌平区	0.002 6	0.001 9	0.010 0	0.025 0	0.002 1	0.000 5
大兴区	0.007 7	0.002 7	0.001 1	0.003 0	0.002 3	0.006 3
怀柔区	0.007 3	0.007 0	0.001 6	0.002 9	0.002 4	0.004 3
平谷区	0.009 0	0.000 8	0.000 4	0.004 2	0.002 7	0.002 7
密云县	0.004 3	0.004 3	0.010 3	0.001 6	0.004 0	0.004 1
延庆县	0.007 7	0.000 5	0.000 4	0.001 7	0.004 6	0.001 7

注：表中数据是多目标灰色局势决策的计算结果。

根据表4-4所示的综合协调矩阵，并取阀值为0.03，进行局势决策。对各区县6种蔬菜中综合优势处于前列的蔬菜作出判断，得出各区县的优势局势，如表4-5所示。

表4-5　13区县六大类蔬菜作物的发展排序

区县 ＼ 排序	1	2	3	4	5
丰台区	叶菜类				
房山区	食用菌类	叶菜类			
通州区	叶菜类	葱蒜类	果类蔬菜	食用菌类	菜用豆类
顺义区	果类蔬菜	叶菜类	葱蒜类	菜用豆类	
昌平区	食用菌类				
大兴区	果类蔬菜	叶菜类	根茎类	葱蒜类	菜用豆类
怀柔区	食用菌类				

（续）

排序 区县	1	2	3	4	5
平谷区	食用菌类	菜用豆类	果类蔬菜	根茎类	叶菜类
密云县	根茎类	叶菜类	果类蔬菜		
延庆县	叶菜类	根茎类			

注：朝阳区、海淀区和门头沟区未列，是因为没有选出优势蔬菜类型。

在进行蔬菜种植上，区县应选择适合本地的优势蔬菜类型。运用多目标灰色局势决策方法，通过区县之间、区县内部各类型蔬菜的纵横交错的比较研究，得到了各区县具有优势的蔬菜类型及顺序（表4-5）。延庆的优势是叶菜类和根茎类，房山为食用菌类和叶菜类，通州为叶菜类、葱蒜类、果菜类、食用菌类和菜用豆类，顺义为果菜类、叶菜类、葱蒜类和菜用豆类，大兴为果菜类、叶菜类、根茎菜类、葱蒜类和菜用豆类，密云的优势是根茎类、叶菜类和果类蔬菜。

灰色系统评估方法的计算结果中，还对蔬菜产业发展的比较优势按照区县进行发展排序，从表4-4可以看出，果菜类蔬菜的地区发展优势为：顺义＞大兴＞通州＞平谷＞密云＞延庆＞海淀＞房山＞朝阳＞昌平＞怀柔＞门头沟＞丰台。根据区域比较优势得到的叶菜类的区县发展排序为：通州＞大兴＞顺义＞密云＞平谷＞延庆＞房山＞昌平＞怀柔＞海淀＞丰台＞朝阳＞门头沟。

此外，对表4-4中的结果综合分析，对北京市13个区县进行比较分析，确定一些区县最具有比较优势的蔬菜类型，如顺义区→果菜类，通州区→叶菜类，葱蒜类→大兴区，平谷区→根茎菜类、菜用豆类和食用菌类。

对蔬菜作物地区比较优势的确定，有利于当前对蔬菜的产业化开发，也就是选择那些具有地区优势的作物类别进行生产、加工和流通，在培育产地的基础上，通过完善流通、加工等环节，提高蔬菜产业的附加值，并形成区县优势产业。

4.4　本章小结

制约蔬菜生产的因素有很多，如自然条件、种植习惯、生产基础条件、市场流通条件等，本章以区县为单位，分析了北京市13个区县蔬菜生产的地区比较优势，进行了地区划分，并据此确定了6大类蔬菜生产具有比较优势的区县。主要研究结论概括如下：①根据蔬菜播种面积和产量可以判断得出北京市蔬菜生产表现出地域性。②根据灰色系统评估法的计算结果，蔬菜总体和 6 大类蔬菜的生产的比较优势，将北京市 13 个区县划分为 3 种类型地区，即高类地区、中类地区和低类地区。蔬菜总体上看，大兴区、通州区和顺义区属于高类地区，房山区、密云县和平谷区属于中类地区，怀柔等 7 个区县属于低类地区。③根据灰色系统评估法的计算结果，明确了区县具有比较优势的蔬菜类型，即 6 大类蔬菜作物处于第一位优势的区县分别是：顺义区→果菜类，通州区→叶菜类，葱蒜类→大兴区，平谷区→根茎菜类、菜用豆类和食用菌类。

　　根据以上结论，建议政府支持具有比较优势的蔬菜品种在相应的区县发展，引导区县蔬菜生产专业化水平的提高。国内外经验证明，蔬菜生产专业化水平的提高，有利于蔬菜种植者技术水平的提高，并提高蔬菜的生产效率；提倡蔬菜生产专业化种植，还有利于促进蔬菜的流通和加工，从而提高蔬菜的产业化水平，并提升蔬菜产业的发展水平。

主要参考文献

邓聚龙 .2002. 灰理论基础［M］. 武汉，华中科技大学出版社 .

穆月英，赵双双，赵霞 .2011. 北京市蔬菜生产的优势区域布局与比较［J］. 中国蔬菜 .（22/24）：8-12.

穆月英，朱志宏 .1994. 我国乡镇企业发展的地区比较研究［J］. 农业技术经济（3）：56-59.

穆月英，赵霞，段碧华，马骥，乔娟 .2010. 北京市蔬菜产业的地位及面临的问题分析［J］. 中国蔬菜（21）：7-12.

穆月英，2007. 中国农作物地区布局的灰色局势决策分析［J］. 中国农学通报（10）：15-19.

赵霞，穆月英，李小林 .2011.2000 年以来北京市蔬菜产业发展趋势研究［J］. 中国蔬菜（5）：7-10.

第5章

北京市果类蔬菜生产的影响因素 *

　　蔬菜作为居民日常饮食的重要组成部分，是生活中必不可少的一部分。随着我国城市化进程的推进，城镇人口首次超过农村人口，这意味着城镇居民蔬菜消费量也超过农村居民消费量，城镇蔬菜尤其是大城市的蔬菜供给就显得很重要。2010 年 8 月国务院召开常务会议要求全国各地要制定完善蔬菜市场的供应应急预案，建立蔬菜储备制度，确保重要的耐贮藏蔬菜品种 5～7 天消费量的动态安全。北京作为首都，也是我国特大城市之一，保证北京市一定程度的自产蔬菜供给也就显得特别重要。北京郊区蔬菜生产以叶类蔬菜和果类蔬菜为主，2010 年北京市蔬菜播种面积为 6.8 万公顷[①]，叶类和果类蔬菜的播种面积占北京市蔬菜总播种面积的 71.13%，其中果类蔬菜占 22.80%[②]。目前为止的研究多针对蔬菜总体进行产业经济研究（潘凤杰等，2011；孙倩等，2011；赵霞等，2011），对果类蔬菜生产的经济研究尚属少见。本章对北京市果类蔬菜生产特点和影响因素进行研究。

　　本研究于 2012 年 4 月开始对北京市大兴、房山、密云、顺义、延庆、通州、平谷、怀柔等 7 个区县的 204 户果类蔬菜种植农户 2011 年的蔬菜生产进行了调研，剔除问题及无效问卷，有效问卷 196 份，各区县样本分布见表 5-1。基于此次的调研，对北京果类蔬菜生产的特点及影响因素进行分析。

表 5-1　各区县调研样本分布

单位：个，户

调查区县	调查乡镇个数	调查村个数	农户数
大兴	6	13	48
房山	4	7	22
密云	10	11	34
平谷	4	5	17
顺义	9	16	39

　　* 本章采用了"范垄基，穆月英，付文革，2012，大城市蔬菜生产影响因素分析——基于对北京市 196 个蔬菜种植户的调研. 调研世界，2012（12）"的部分内容。
　　①《北京统计年鉴》2011。
　　②北京市农业局提供。

（续）

调查区县	调查乡镇个数	调查村个数	农户数
通州	5	7	16
延庆	7	7	20
合计	45	66	196

注：由于怀柔的农户问卷均为无效问卷，所以表中未列出。

5.1　蔬菜种植户的基本特征

北京农村从事果类蔬菜生产的农户多为当地村民，农业户口家庭数为188个，占95.92%。被访者家庭户主年龄为30~69岁，平均48.6岁，不同年龄段分布如图5-1所示。可以看出从事果类蔬菜生产的劳动者年龄以40~59岁劳动者为主。家庭人口数平均为4.06人，平均劳动力数为2.45人。蔬菜种植分设施和露地两种，其中设施蔬菜种植面积占蔬菜种植总面积的85.21%。家庭中从事果类蔬菜生产的劳动力数如图5-2所示，可以看出一个家庭中从事蔬菜生产的劳动力大多为

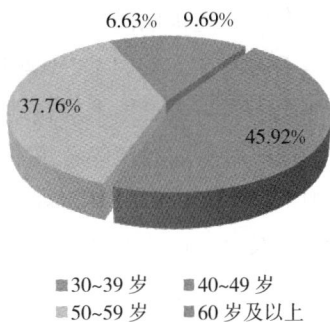

图 5-1　户主年龄分布

2人，为147户，占总数的75%。蔬菜生产农户的户主多为普通村民，占90.82%。户主文化程度如图5-3所示，其中初中学历的占66.83%。可以看到北京市农村从事果类蔬菜生产的农民主要以家庭为单位进行生产活动，文化程度多数为初中。

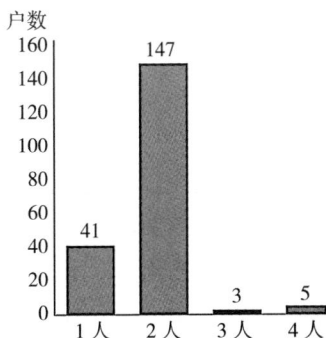

图 5-2　家庭从事果类蔬菜生产劳动力人数

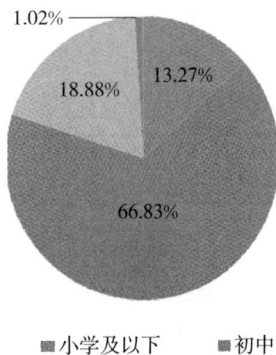

图 5-3　户主文化程度

5.2 农户蔬菜生产情况

农户农作物种植结构如何、农户收入对于蔬菜生产的依赖程度如何,以下侧重于考察农户蔬菜生产基本情况和农户成本收益情况。

5.2.1 农户蔬菜生产基本情况

农户耕地面积1~1 500亩不等,中位数为6.6亩,平均种植面积为19.24亩。百亩以上耕地的种植大户为两户,分别为319亩和1 500亩,鉴于调查中农户多以家庭为单位进行生产,规模不大,所以除去这两个种植大户后,计算其余农户平均耕地面积为9.72亩。在调研的196个果类蔬菜农户中,2011年有雇工的农户为56户,平均耕地面积为50.15亩。有雇工的种植户,其平均耕地面积远高于总体平均耕地面积。

按照对不同规模的蔬菜种植面积统计(表5-2),可以看到,在调研的196户中,有134户农民种植规模在5亩及以下,占调查总户数的68.36%,说明大多数农户多以小规模经营为主,蔬菜平均种植面积为2.74亩;种植规模5.1~10亩的农户为45户,占调查总户数的22.96%。也就是说种植规模在10亩以下的占91.32%。种植蔬菜10亩以上的农户仅为18户,说明多数农户的种植规模不大。

表5-2 不同种植规模分布

单位:亩,户

种植面积	户数	中位数	平均值
≤5	134	2.65	2.74
5.1~10.0	45	6.60	6.91
10.1~20	6	11.25	12.18
20.1~50	7	34.20	32.60
>50	5	140.00	482.95

表5-3 不同类型设施种植面积

	露地	大棚	温室
种植面积(亩)	290.65	593.30	813.10
户数(户)	75	135	98
户平均(亩)	3.87	4.39	8.29

农户家庭年平均收入为 59 659 元，其中来自蔬菜生产的收入平均为 47 230 元，占农户收入来源的 79.17％，可见从事果类蔬菜生产的农户家庭收入对蔬菜的依赖程度很高。

此外，农户蔬菜种植类型如表 5-3 所示，北京市果类蔬菜生产以大棚和温室为主，调研户中 131 户农户建有大棚、95 户有温室，户均占地面积为分别为 5.68 亩和 13.23 亩。可以看出，果类蔬菜对种植的设施有较高要求。

5.2.2　四种果类蔬菜生产成本收益情况

番茄、黄瓜、茄子和青椒这四种果类蔬菜的 2011 年按茬生产成本收益及用工情况见表 5-4。从种植收益角度来看，在 2011 年种植黄瓜的农户平均收益最高，可能因为当年黄瓜产量稳定而且市场价格较高。从生产成本看，青椒的生产成本最高，为 7 917.52 元。可以看到茄子和青椒的雇工费用都比较高，每茬的费用都在 3 000 元以上，相对其他投入而言，雇工费支出较多，也导致了成本增加。从调研的样本来看，由于所调研的种植茄子和青椒的农户数量较少，所以不排除是因为样本的系统偏差造成这两个品种蔬菜的平均雇工费用相对较高。肥料的使用费用仅次于雇工的成本，而且农家肥的投入要高于化肥的投入，由于农民重视蔬菜的产量，所以通过合理的使用肥料以增加作物的产量，以期望获得高额的收益。此外，在其他各项生产成本的支出相差也不大，说明四种果类蔬菜在生产中存在一定的相似性。

表 5-4　四种果类蔬菜按茬生产成本收益比较

单位：元，天

项目	番茄	黄瓜	茄子	青椒
种子（育苗）费	472.08	544.97	559.69	948.36
机耕费	115.42	110.12	85.59	79.30
化肥费用	410.75	445.97	310.12	217.27
农家肥费用	869.39	988.72	701.69	916.12
地膜棚膜费用	1 061.76	1 016.86	1 126.69	1 145.96
病虫害防治费用	497.96	464.55	412.14	256.63
水电费	222.75	301.31	197.17	141.69
雇工费用	1 038.44	1 267.69	3 175.38	3 928.09
整理费用	71.09	117.65	57.69	104.55
运输费用	178.66	330.83	212.46	179.54
用工总天数	178.87	138.91	218.75	182.78
雇工天数	17.31	10.84	52.92	65.47
总成本	4 938.31	5 588.66	6 838.62	7 917.52
总产值	14 550.23	23 472.69	11 362.33	16 815.25
净收益	9 611.92	17 884.03	4 523.71	8 897.73

5.3 种植技术对蔬菜生产的影响

种植技术的应用对于蔬菜的生产具有重要作用。在调研中发现，农户最需要的三项技术分别为控制设施内温度技术、良种和优质菜苗技术和病虫害控制技术。三项技术的频数分别为 134、93 和 52。这可能因为，农户看重蔬菜的产量和质量，而这三项技术都是保证蔬菜高产的不可缺少的重要技术。那么，农户主要从哪些渠道获得技术？从图 5-4 中可以看到，技术人员的指导、临近农户的互相学习和手机信息是农户获得技术的主要渠道。这可能与北京市各级农业技术部门经常派技术人员到田间地头进行技术指导有密不可分的关系，而且随着信息时代的高速发展，手机信息也成为发布消息的重要途径，对于生产技术的传播也起到了重要作用。随着科技的发展，也加快了新技术的出现，由于信息不对称等原因，一些技术可能出现了但没有被广泛采纳，也有的农民可能想采纳新技术却因为种种因素而受制约。受访的农户中有 85 户表示，近年来有想采用却没有采用的技术，最重要的一个原因是农民认为自己没有获得相应技术的渠道。这可能与信息不对称有关，一些新技术还没有来得及推广就被更新的技术所取代。此外，农户资金短缺和政府缺乏相应的政策支持也是一些农民认为造成不能更好地采用新技术的原因。

通过对蔬菜种植户对于现有技术等相关问题的认知程度进行调研，将农户的认知程度整理于图 5-5。总体来看，农户对于现有的一些技术的认知程度比较高，只是对生物综合防治技术认知程度略低一些。农户对技术的认知程度较高与近年来畅通的信息流通和北京市农业技术部门组织的农民田间学校及组织相关观摩培训有很大关系，调研中发现一些农户也在应用生物综合防治技术，但他们对技术的名称认识不清，也可能是导致农户对生物综合防治技术的认识

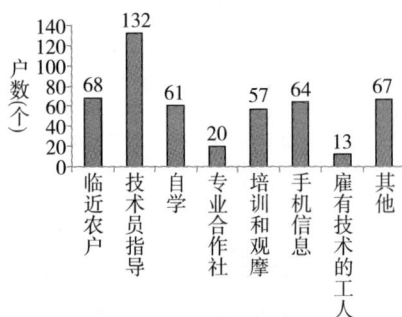

图 5-4 农户获得技术的渠道

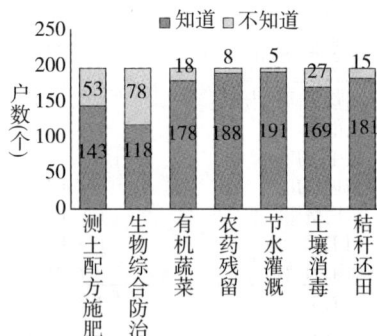

图 5-5 现有技术的认知情况

程度较低的原因。

5.4　扩大种植规模的限制因素

近年来蔬菜价格波动剧烈而且农资价格飞涨导致种菜收益下降等原因，使
部分菜农产生了放弃种菜的念
头。在此次进行的调研中，有62
户农民表示考虑过放弃种菜，究
其原因，如图5-6所示，种菜的
收益差高居各项原因的首位，其
次是蔬菜价格波动大。有
34.18%的农户表示每年在种菜
的种类上有变化，选择依据如图
5-7所示。由于技术等原因需要
倒茬是主要原因，其次前期蔬菜
的价格对当期的种植决策也有很
大的影响。从图5-6和图5-7都
可以看到农民种植蔬菜的最终目
标还是取得高产量进而获得较高
的收益，这也是符合常理的。

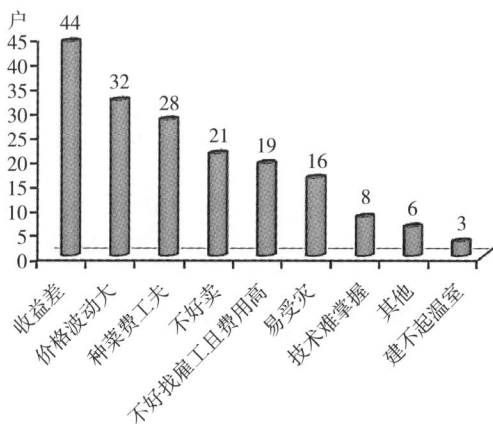

图5-6　放弃种菜的原因

蔬菜生产常常受到农户自身
以外的一些因素的影响，如政府
对生产的补贴和自然灾害等因
素。在2011年的蔬菜生产中，
136个农户表示受到了异常天气
等自然灾害的影响。有37个农
户参加了蔬菜保险，仅占农户总
数的18.88%，其中得到保费补

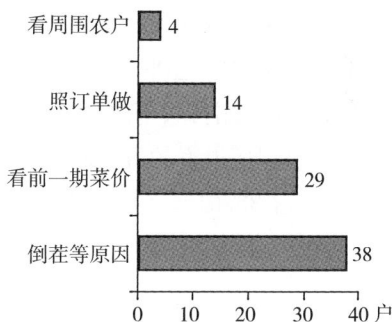

图5-7　种菜种类选择依据

贴的有32.43%。许多农民表示非常想加入蔬菜保险，但是由于加入该保险条
件较苛刻，而且常常不能得到补贴，所以加入保险的农户非常少。在蔬菜种植
方面，北京市政府每年也投入许多资金进行生产方面的补贴，农民得到补贴的
情况如图5-8所示。总体来看，平均有50.4户得到过各项补贴，总体得到补
贴的比例并不太高，仅占调研总体的1/4左右。具体来看，得到温室大棚的建

设和农机具的购置补贴的农户相对较多，蔬菜种植投入较大的部分就是设施的建设和农机具的购买，可见政府对农户大额支出的补贴额度是较大的，也是促进蔬菜生产，进而保障北京市蔬菜自给的政策支持。

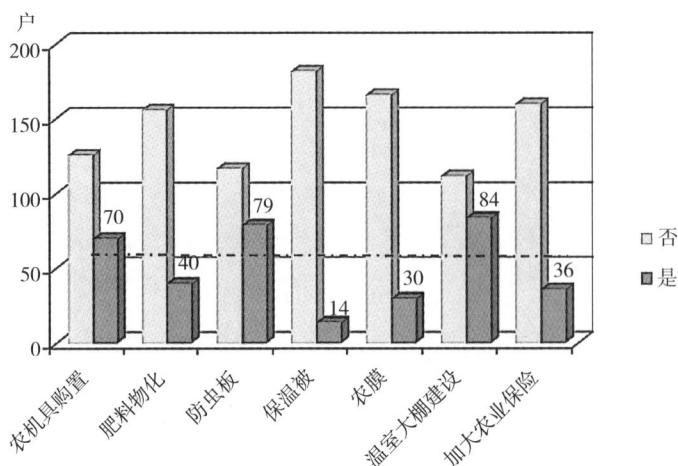

图 5-8　农户蔬菜种植方面得到的政府补贴情况

　　近年来，随着生活水平的提高，人们也更加注意饮食安全，农业部门对于蔬菜农药的用法和用量也控制得越来越严，农户对于蔬菜病虫害的防治措施主要有喷洒农药、用防虫网和防虫板以及熏蒸等措施，农户病虫害防治措施见图5-9。在调研的农户中一茬平均打农药 9 次，使用生长剂的农户有 29 户。从图5-9 可以看出，农户用打农药进行化学防治病虫害与防虫网和防虫板的物理防治进行结合以控制病虫害的方式较多，占到 47.96%，其次为只用农药进行防治，共 60 户，占 30.61%，可以看出来喷洒农药等传统的病虫害防治方式还是应用较广，新型的防病虫害的措施也在得到推广。

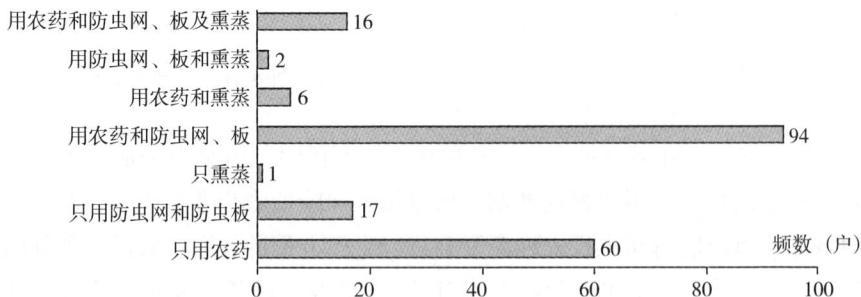

图 5-9　病虫害防治措施

5.5　流通对蔬菜产业的影响

蔬菜的生产环节固然重要，但销售也很关键。通过调研看出农户蔬菜销售的渠道主要有以下8种，如图5-10所示。农户出售蔬菜多以在田间地头等中间商收购的方式进行。其次是农户自己运输到本地的市场进行出售，有条件的农户早晨就将蔬菜运到本地市场或送批发市场出售产品，以期卖个较高的价格取得更好的收益。再次，就是由合作社收购、直供超市、专门配送到单位、公司订单收购和其他方式进行出售，

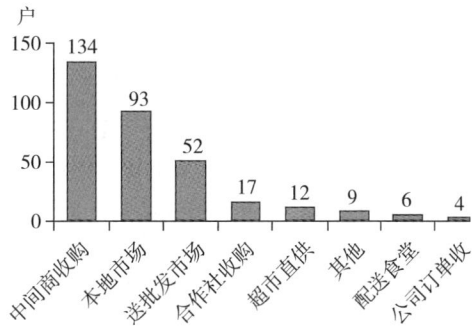

图 5-10　蔬菜销售渠道

不过这些方式相对较少。如果农民选择送本地市场或批发市场等方式销售蔬菜就会产生一定的整理及运输费用，通过对四种果类蔬菜每茬平均整理及运输费用的计算（表5-5），可以看出，四种果类蔬菜销售中，每茬平均整理费用为 87.75 元，平均运输费用为 225.37 元，其中一些市场向农户收取的进场费，也计入到运输费用。

表 5-5　四种果类蔬菜平均每茬整理及运输费用

	整理费（元）	运输费（元）
番茄	71.09	178.66
黄瓜	117.65	330.83
茄子	57.69	212.46
青椒	104.55	179.54
平均	87.75	225.37

5.6　本章小结

通过对北京郊区农户果类蔬菜生产的调研，并对 196 户有效样本进行了描述性统计分析，可以看出北京市果类蔬菜农户生产经营有以下特点。第一，北京市农村果类蔬菜以家庭经营为主，68％的农户蔬菜种植规模在 5 亩以下。第二，果类蔬菜生产设施以温室和大棚为主、以露地辅。第三，农户对影响蔬菜产量和质量的种植技术的需求较高，且获得技术的途径较多，对认知程度也较

高。第四，农户从事蔬菜生产的稳定性较高，影响种植决策的主要因素为经济收益。第五，政府对蔬菜生产中支出较大的项目的补贴力度较强。第六，蔬菜的病虫害防治措施从以往单纯的喷洒农药到现在考虑环境和食品安全的病虫害综合防治措施，防治模式发生了转变。第七，蔬菜销售方式较单一且没有形成规范的流通渠道。

主要参考文献

范垄基，穆月英，付文革，2012，大城市蔬菜生产影响因素分析——基于对北京市 196 个蔬菜种植户的调研［J］．调研世界（12）：17-20．

潘凤杰，穆月英．2011.北京市蔬菜价格变动的特征及影响因素［J］．中国蔬菜（22/24）：1-7．

孙倩，穆月英．2011.蔬菜价格变动、影响因素及价格预测——以北京市批发市场为例［J］．中国蔬菜（9）：9-14．

赵霞，穆月英，潘凤杰，孙倩，李小林．2011.北京市自产蔬菜供需平衡分析——基于批发市场层面的初步测算［J］．中国蔬菜，2011（21）：12-17．

北京市蔬菜生产效率分析*

  蔬菜产业作为北京市的传统农业产业，经过多年发展，现已初具规模。2010 年北京市蔬菜播种面积达 6.8 万公顷，仅次于粮食作物，位列第二；产量 303 万吨，明显高于其他种植业产品；在产值方面，蔬菜和食用菌的产值达到了 615 912.9 万元，占农业总产值的 40%[①]。由此可见，北京市蔬菜产业在北京市农村中拥有举足轻重的地位。然而，近年来随着宏观经济和社会发展整体背景的变化，北京市蔬菜产业的发展也面临着许多新的挑战，包括石油价格上涨对蔬菜生产成本的影响，农村劳动力向城市转移引起的蔬菜种植者高龄化以及蔬菜生产用工紧张的问题，蔬菜生产中为了增加产量而不断投入的肥料、农药和农膜等对生态环境的破坏。所有这一切涉及蔬菜生产投入产出效率乃至实现农业现代化的问题，受到了我国各界的高度关注。因此，对北京市蔬菜生产效率进行研究具有重要的现实意义，可以为相关决策提供参考依据。

  目前为止，关于生产效率的研究，普遍进行的是量化分析，使用较多的方法可以划分为两大类，即参数方法（统计方法）和非参数方法（线性规划方法）。其中数据包络分析法（data envelopment analysis，DEA）作为非参数方法的典型代表，自 1978 年提出第一个 DEA 模型（CCR 模型）并用于评价部门间相对有效性以来，不断得到完善。由于其具有可以处理多输出的生产过程，计算比较简单，没有大样本依赖，无须任何权重假设等优点，在农业生产效率的综合评价中被广泛应用。目前国内关于农业生产效率 DEA 测算方法的研究已趋于成熟，孟令杰等（2004）采用 DEA 的方法研究了 2002 年我国小麦生产的技术效率，得出整体技术水平较高，大部分地区应依靠品种改良等技术创新途径的结论；柳萍等（2011）对中国 10 个绿茶主产省份的生产效率进行了 DEA 分析，研究发现中国茶叶生产规模较小，规模效率还有增长空间；潘国信等（2011）利用 DEA 的方法测量了 2008 年我国不同省份生猪生产方

---

  * 本章基于"孟阳，穆月英.2012. 基于地区比较视角的北京市蔬菜生产效率分析，中国农学通报，28（34）"和"左飞龙，穆月英. 2013. 我国露地番茄生产效率的区域比较分析. 中国农业资源与区划，34（4）"修改完成。

  ① 《北京统计年鉴》2011。

式的技术效率和规模效率，明确了相关省份不同生产方式的比较优势。关于我国蔬菜生产技术效率方面的研究，张涛（2004）运用 DEA 方法和相关的效率指标比较了 2000 年中国与日本的蔬菜生产效率，得出了我国蔬菜生产除了在农户劳动效率上占有优势以外，其他方面都不如日本的结论；徐家鹏等（2010）采用 DEA 的方法从动态和静态两个维度考察了中国蔬菜生产的技术效率，研究表明，除合理配置蔬菜生产中的要素投入外，还应适当提高我国蔬菜的生产规模；方宏斌（2011）基于 DEA 模型研究了汉中市的蔬菜生产效率。

已有文献对本研究蔬菜生产效率具有借鉴意义。目前为止以我国各地区蔬菜生产效率的比较视角进行研究的尚属少见，有待对设施和露地两种蔬菜生产方式分别进行研究。基于此，本研究在对比分析北京市和全国平均蔬菜主栽品种投入产出情况的基础之上，运用 DEA 分析法对 2010 年北京市设施和露地蔬菜生产的技术效率和环境效率进行评价，分析设施和露地蔬菜生产方式在全国各地区中是否具有比较优势，以及蔬菜生产投入产出中存在的问题，探讨北京市蔬菜生产效率的提高途径，并提出针对性的政策建议。

6.1　北京市蔬菜生产的投入产出现状分析

蔬菜生产的投入产出情况是生产效率的一个直观、基础的反映，本章主要对比分析全国和北京市主栽蔬菜品种生产的每亩总成本、每亩产量和成本收益率，其中总成本是指生产过程中耗费的资金、劳动力和土地等所有资源的成本，包括生产成本和土地成本（图 6-1）。

从图 6-1（a）中可以看出，北京市露地蔬菜主栽品种中只有大白菜在生产过程中耗费的总成本低于全国平均水平，露地西红柿和黄瓜则高于同期全国的平均水平，相比之下设施主栽品种西红柿、黄瓜投入的总成本均低于全国平均水平。图 6-1（b）表明，除露地西红柿以外，北京市主栽蔬菜品种的产量均高于全国同期的平均水平，由此可见在产量方面北京市蔬菜生产具有一定的优势。图 6-1（c）显示北京市露地西红柿、黄瓜的成本利润率与全国平均水平相比分别低了 115.91％和 39.23％，差距较为明显，而露地大白菜则高出全国平均 68.65％，与全国平均水平相比具有一定的优势，设施西红柿和黄瓜的成本利润率皆明显高于全国平均水平。由以上分析可见，北京市设施蔬菜生产与全国平均水平相比达到了低投入高产出，实现了较高的成本利润率，具有明显的比较优势；而露地蔬菜生产并无明显优势可言，仅大白菜一个品种领先于全国

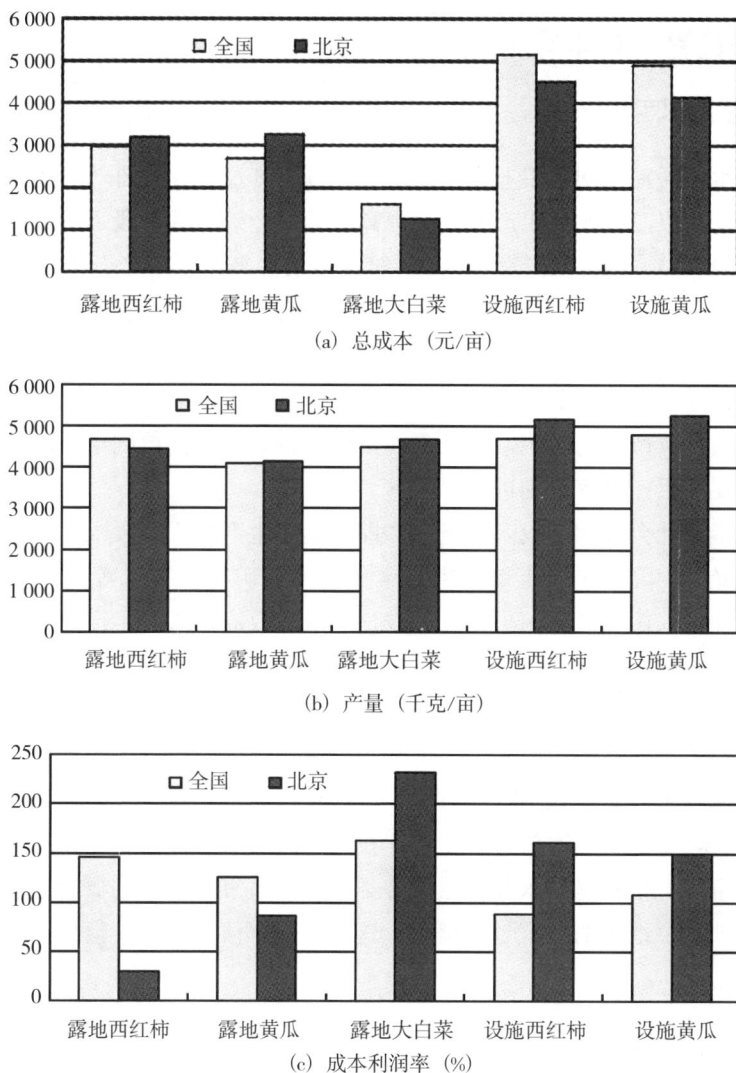

（a）总成本（元/亩）

（b）产量（千克/亩）

（c）成本利润率（%）

图 6-1　全国与北京市主栽蔬菜品种投入产出对比情况

资料来源：国家发展和改革委员会价格司 . 2011. 全国农产品

成本收益资料汇编 2011. 北京：中国统计出版社 .

平均水平，另两个主栽品种则较全国差距显著。进一步分析北京市露地大白菜生产在投入产出方面较全国平均水平存在比较优势的原因，可能是由于大白菜喜凉爽气候，较适宜在北方生长，是北方传统的蔬菜品种，其生产效率肯定优于南方各地，而本部分的全国平均数据是由南北方各城市的数据计算所获，因此得到了上述结论。

6.2 理论界定和研究方法

6.2.1 理论界定

农业生产活动不同于工业生产活动在于其生产过程受到自然环境的因素影响比较大，所以改善农业生产条件是提高农业生产效率的手段之一。蔬菜设施（大棚、温室等）的运用能够克服不利的自然条件来进行生产，水利设施也起到这样的作用。在农业生产中这些投入的来源有时不明晰，有些地区对灌溉设施的投入较大，像北京市政府对新建设施加以补贴的政策。所以，一个地区农业生产，在受到自然因素影响的同时，也会受到一个地区的政策因素影响。即使是政府因素所产生的影响，若从不同角度进行评价也会得到不同的结论。为此，有必要对生产效率范围进行界定。

首先定义社会性生产投入的概念，即人类在生产过程的投入，不包括自然条件比如光照、降水量、土地微生物含量、土地矿物质含量等自然形成的投入。社会性投入按照其来源可以分为农户投入和政府投入。生产效率一般是指整个社会性投入和产出的对应关系，而本研究在此受到数据资料的限制，并考虑所采用研究方法上的特点，所以，本研究所中生产效率或者投入产出效率指的是农户投入与产量的对应关系，反映的是微观农业生产者的生产条件，学术上用生产函数来表达。在生产函数中，以产量作为被解释变量，而基于这种投入产出分析，得到的效率值包含了农户投入和政府投入以及自然条件的作用结果。在本章中，把政府投入和自然条件都归入"适宜生产"的概念中，得到的效率值反映这个地区的适宜生产程度。这样，效率值更便于清晰地反映个体农户的生产情况。

6.2.2 分析方法

经济学中一般通过生产函数来描述投入产出对应关系，研究目的的不同需要选择不同的生产函数形式。常用的 Cobb-Douglas 生产函数，可被用于农业生产的研究，其函数性质良好并且可以直接得到各个投入要素的产出弹性。在进行回归分析时，再加入灾害变量、政策变量或者区域变量。但是，对于蔬菜生产而言，这类数据往往缺失，会造成因缺少重要的解释变量，对计量经济分析的准确性以及假设检验产生影响。因此，本研究分析蔬菜生产效率不用 Cobb-Douglas 生产函数。

从既有研究方法上看，以 Farrel（1957）的研究为基础，出现了很多衡量生产效率的手段，其中主要的两种是 DEA 和随机前沿函数（Stochastic Frontier），分别采用数学规划和经济分析的手段来研究生产效率的变化。

随机前沿生产函数是 Meeusen 等（1977）提出的参数效率分析法，运用超对数函数的形式来度量一个变化的生产前沿，同其他经济分析方法一样，随机前沿分析也需要用适当的变量来控制灾害、种植者的特征、政策、地区特征等变量，而从现有的全国范围的资料来说，这些数据是不可能得到的。

Banker 等（1984）总结了一种有别于传统计量经济分析的效率衡量办法，即 DEA，这种近似于线性规划的办法关注于投入产出的大小从而得到效率分析的结果，Fare 在 Farrel 的研究结论之上将计算得到的效率值分解为技术效率和规模效率，在价格信息已知的条件下，可以得到分配效率。这种方法被大量用于工业经济分析，因为工业的投入和产出非常稳定，容易量化，研究结果的可信度高。如果立足生产的角度，并且选择合适的投入产出变量，相较于其他方法，DEA 在分析农业生产技术效率方面也具有较高的可信度。

Farrel（1957）对于技术效率衡量的理论和 Shepherd（1970）有关距离函数的理论有很多契合点，Lovel（1993）对此进行了更进一步地探索。基于这些成果，Fare 等（1994）提出了面板数据的 DEA，即 Malmquist 指数法，其具体做法是定义一个基于产出的 Malmquist 生产力变化指数：

$$m_0(y_{t+1}, x_{t+1}, y_t, x_t) = \left[\frac{d_0^t(x_{t+1}, y_{t+1})}{d_0^t(x_t, y_t)} \times \frac{d_0^{t+1}(x_{t+1}, y_{t+1})}{d_0^{t+1}(x_t, y_t)} \right]^{\frac{1}{2}} \qquad (6\text{-}1)$$

公式（6-1）表示生产集（x_{t+1}，y_{t+1}）相对于生产集（x_t，y_t）的生产力水平，其值大于 1 时说明从时期 t 到 $t+1$ 全要素生产率（TFP）是增加的。这个指数，实际上是两个基于产出的 Malmquist 全要素生产率指数的几何平均。一个指数运用的是 t 时期的生产技术，另一个运用的是 $t+1$ 时期的生产技术。计算这个指数需要计算四个距离函数，涉及线性规划问题。这个基于产出来计算 $d_0^t(x_t, y_t)$ 的线性规划问题可以表示如下：

$$[d_0^t(x_t, y_t)]^{-1} = \max_{\phi \lambda} \phi$$
$$-\phi y_{it} + Y_t \lambda \geqslant 0,$$
$$\text{s. t.} \quad x_{it} - X_t \lambda \geqslant 0, \qquad (6\text{-}2)$$
$$\lambda \geqslant 0$$

$$[d_0^{t+1}(x_t, y_t)]^{-1} = \max_{\phi \lambda} \phi$$
$$-\phi y_{it} + Y_{t+1} \lambda \geqslant 0,$$
$$\text{s. t.} \quad x_{it} - X_{t+1} \lambda \geqslant 0, \qquad (6\text{-}3)$$
$$\lambda \geqslant 0$$

其中各个参数的定义如下：设 N 个决策单元有 K 种投入和 M 种产出，X 代表 $K \times N$ 的投入矩阵，Y 代表 $M \times N$ 的产出矩阵，x_{it} 表示 t 时期第 i 个决策单元的投入向量，y_{it} 表示 t 时期第 i 个决策单元的产出向量。ϕ 是一个纯量，λ 是一个 $N \times 1$ 阶向量，此时 $1 \leqslant \phi < \infty$，$\phi - 1$ 是在投入数量保持不变时第 i 个决策单元（DMU，Decision Making Unit）实现的产出增长比例。其余距离函数形式如式（6-2）、（6-3），只是角标有所变化。

技术效率常用的测量方法有数学规划方法、修正的数学规划方法、确定的统计前沿面方法和随机前沿面方法，每一种方法都有其自身的优势和不足（韩松，2004）。DEA 作为非参数方法，不需要预先设定生产函数，不受输入、输出数量量纲的影响，可将非线性规划问题转化，而且可以综合考虑规模不变和规模可变的情形，评价结果更为客观（杜栋，庞庆华，吴炎，2008），而且 DEA 模型不仅可以用来计算各决策单元的技术效率和规模效率，同时也可以计算出反映蔬菜生产对生态环境产生影响的农膜、化肥及农药的使用效率，故本章采用该方法来测算和分析蔬菜生产效率。

6.3 基于地区比较的北京市蔬菜生产效率

6.3.1 关于 DEA 模型

DEA 是由著名运筹学家 A. Charnes 和 W. W. Copper 等学者以 "相对效率" 概念为基础在 1978 年提出的，该方法是根据多指标投入和多指标产出对相同类型的单位（部门）进行相对有效性或效益评价。DEA 方法的主要思想是保持决策单元的输入或输出值不变，借助线性规划原理将决策单元（DMU）投影到有效前沿面（Efficient Frontier）上，然后对比 DMU 偏离有效前沿面的程度来评价它们各自的相对有效性。本章采用 DEA 方法中应用比较广泛的 CCR 模型进行蔬菜生产效率分析。CCR 模型基于规模报酬不变的假设，可以表述如下：设有 n 个决策单元（全国各大中城市）DMU_j（$j = 1, 2, \cdots, n$），每个 DMU_j 都有 m 种输入和 s 种输出，用 X_j 和 Y_j 分别表示 DMU_j 的输入向量和输出向量，$X_j = \{X_{1j}, X_{2j}, \cdots, X_{mj}\}^T$，$Y_j = \{Y_{1j}, Y_{2j}, \cdots, Y_{sj}\}^T$，$\theta$ 为该决策单元 DMU_0 的效率值；S^-、S^+ 为规划的松弛变量；λ_j 为相对于 DMU_0 重新构造一个有效的 DMU 组合中第 j 个决策单元的组合比例。DEA 的 CCR 模型可构造如下：

$$\min \theta_k$$

$$\text{s. t} \begin{cases} \sum\limits_{j=1}^{n} x_j\lambda_j + s^- = \theta_k x_k \\ \sum\limits_{j=1}^{n} y_j\lambda_j - s^+ = y_k \\ \lambda_j \geqslant 0(j=1,2,\cdots,n); s^+ \geqslant 0, s^- \geqslant 0 \end{cases} \tag{6-4}$$

目标函数求得的 θ 即是规模报酬不变模式下的综合技术效率（TE）。对于上式的最优解 λ_0、s_0^-、s_0^+、θ_0 存在三种情况：①$\theta_0=1$，s_0^-，s_0^+，不同时为 0，决策单元 j_0 为弱 DEA 有效；②$\theta_0=1$，$s_0^-=s_0^+=0$，决策单元 j_0 为 DEA 有效；③$\theta_0<1$，决策单元 j_0 为非 DEA 有效。

对于非 DEA 有效的决策单元，可以通过其在生产前沿面上的投影，找出调整目标值，将其调整为有效的决策单元，具体调整路径为：$(X^*, Y^*) = (\theta X_0 - S^-, Y_0 + S^+)$，其中 (X^*, Y^*) 为 DMU_0 对应点 (X_0, Y_0) 在 DEA 有效面上的投影，调整后的新的决策单元 (X^*, Y^*) 相对于原来的决策单元来说就是 DEA 有效的（杜栋，庞庆华，吴炎，2008；赵双双，2011）。

使用该模型计算出的三个效率值存在着数量上的关系，可以描述为规模效率（SE）等于技术效率（TE）与纯技术效率（PTE）的商（$SE=TE/PTE$）。

6.3.2　资料来源及变量的选取

考虑到目前北京市蔬菜品种多达 300 余种，考察时难以涵盖全部品类，通过查询 2010 年《中国农村统计年鉴》中相应的年报数据可知，2009 年北京市播种面积和产量均位于前三位的蔬菜品种为大白菜、西红柿和黄瓜，其播种面积分别为 16.5 万亩、9 万亩和 7.95 万亩，产量分别为 69.5 万吨、32.9 万吨和 27.5 万吨，这三类蔬菜品种的总播种面积占全市蔬菜播种面积的 32.6%，总产量占全市蔬菜产量的 41.0%，因此，选择这三个蔬菜品种来考察北京市蔬菜生产的技术效率具有较大的代表意义。根据上述三种蔬菜的种植特性，西红柿和黄瓜采用露地和设施种植的比例都比较大，而大白菜一般为露地种植，故在对北京市露地蔬菜生产技术效率评价时同时选择这三个品种为代表，而对设施蔬菜生产效率评价时则以西红柿和黄瓜两个品种为例来加以说明。为了保证各决策单元的可比性，其他地区对蔬菜品种的选择与北京保持一致。

在具体分析运算中，本章选用单产出和多投入函数进行分析，以每亩主栽蔬菜品种的平均主产品产量（千克）为产出变量，以主栽蔬菜品种生产过程中相对重要的生产要素每亩用工（日）、每亩种子费用（元）、每亩肥料（化肥和农家肥）费用（元）、每亩农药费用（元）、每亩租赁作业费用（元）、每亩农膜费用（元）（与设施相比露地蔬菜生产使用的农膜数量有限，所以该项只在评价设施蔬菜生产效率时使用）的平均值作为投入变量。模型运算中有关数据均来源于《全国农产品成本收益资料汇编 2011》。

6.4 北京市蔬菜生产效率的测算结果及分析

蔬菜生产是集经济效应和生态效应与一体的过程，因此本章在对蔬菜生产效率进行综合评价时，同时选取了技术效率和环境效率两个指标，而技术效率又可分解为纯技术效率和规模效率，在具体分析前有必要对上述指标的含义加以解释。技术效率的概念最早是由 Farrell（1957）提出来的。他从投入角度给出了技术效率的定义，认为技术效率是指在相同的产出下生产单元理想的最小可能性投入与实际投入的比率。Leibenstein（1966）从产出角度认为技术效率是指在相同的投入下生产单元实际产出与理想的最大可能性产出的比率。综合以上两种定义，本章的技术效率是指全国各地区蔬菜生产的实际量与最优量的比率。纯技术效率指各全国各地区能否有效利用生产技术使产出最大化，其值表示蔬菜生产中投入要素在使用上的效率。规模效率是判断各地区蔬菜生产是否处于最优规模状态的一个指标，在数值上等于技术效率和纯技术效率的比值。当各地区蔬菜生产处于最优规模，蔬菜生产的绩效最高，应当保持现有的规模不变；当处于非最优状态，如果规模报酬递增，应扩大规模，以提高绩效，如果规模报酬递减，则应缩减规模，即可提高绩效。环境效率是指在蔬菜生产过程中会对生态环境产生不良影响的投入要素使用量与实际投入量的比值，其值越大说明蔬菜生产对生态环境的破坏程度越小。

6.4.1 北京市蔬菜生产的技术效率评价

通过 DEAP2.1 软件进行模型运算，将全国各地区露地和设施蔬菜生产的技术效率测算结果整理于表 6-1。

（1）北京市设施蔬菜生产的技术效率分析

表 6-1 的计算结果显示天津、呼和浩特、沈阳、长春、济南、武汉、成都、西宁和乌鲁木齐九个城市的设施蔬菜生产技术效率为 1.000，是 DEA 有效单元，技术效率最低的城市为大连，其技术效率仅为 0.576，北京介于之间，技术效率值为 0.927，高于各大中城市的平均水平 0.864，由此可见，北京市设施蔬菜生产在全国各大中城市中具有一定的比较优势。进一步考察纯技术效率和规模效率可以发现，北京市在纯技术效率方面优势明显，效率值达到

了 1.000，说明各投入产出指标不存在冗余情况。这种优势的产生可能是由于北京作为全国的首都，与其他地区相比不但拥有较多的高校和科研机构，而且拥有雄厚的资金作为后盾，对农业科技的投入力度更大，新的技术及生产方式更容易得到普及，因此，农户对设施蔬菜栽培技术的掌握程度与其他地区相比更好。造成北京市设施蔬菜生产 DEA 无效的原因是规模效率不为 1.000，目前北京市设施蔬菜生产正处于规模报酬递增的阶段，应该通过适度的扩大设施规模来提高北京市设施蔬菜生产的技术效率，从而使其具有的比较优势更加凸显。

表 6-1　2010 年全国各地区设施及露地蔬菜生产技术效率

设施蔬菜				露地蔬菜				
城市	技术效率	纯技术效率	规模效率	规模报酬	城市	技术效率	纯技术效率	规模效率	规模报酬
北京	0.927	1.000	0.927	递增	北京	0.811	0.816	0.994	递减
天津	1.000	1.000	1.000	不变	天津	1.000	1.000	1.000	不变
石家庄	0.956	0.960	0.996	递减	石家庄	0.977	1.000	0.977	递减
太原	0.736	0.743	0.991	递减	太原	0.883	1.000	0.883	递减
呼和浩特	1.000	1.000	1.000	不变	沈阳	1.000	1.000	1.000	不变
沈阳	1.000	1.000	1.000	不变	大连	0.725	0.957	0.757	递增
大连	0.576	0.806	0.715	递增	长春	0.985	1.000	0.985	递增
长春	1.000	1.000	1.000	不变	哈尔滨	1.000	1.000	1.000	不变
哈尔滨	0.955	1.000	0.955	递增	福州	0.827	1.000	0.827	递增
上海	0.769	1.000	0.769	递增	南昌	1.000	1.000	1.000	不变
南京	0.744	1.000	0.744	递增	济南	1.000	1.000	1.000	不变
杭州	0.779	0.984	0.791	递增	青岛	0.874	0.938	0.932	递减
宁波	0.696	1.000	0.696	递增	郑州	0.792	0.796	0.995	递减
合肥	0.803	0.903	0.889	递增	武汉	1.000	1.000	1.000	递减
济南	1.000	1.000	1.000	不变	重庆	0.870	1.000	0.870	递增
青岛	0.847	0.989	0.857	递增	贵阳	0.886	1.000	0.886	递增
郑州	0.634	0.760	0.835	递增	西安	0.655	0.697	0.939	递增
武汉	1.000	1.000	1.000	不变	银川	0.837	0.867	0.965	递减
成都	1.000	1.000	1.000	不变	平均	0.896	0.948	0.945	
西安	0.754	0.908	0.830	递增					
兰州	0.680	0.685	0.993	递增					
西宁	1.000	1.000	1.000	不变					
银川	0.869	1.000	0.869	递增					
乌鲁木齐	1.000	1.000	1.000	不变					
平均	0.864	0.974	0.911						

（2）北京市露地蔬菜生产的技术效率分析

表 6-1 的计算结果表明，天津、沈阳、哈尔滨、南昌、济南和武汉六个城

市露地蔬菜生产为 DEA 有效，技术效率最高达到了 1.000，西安的技术效率最低仅为 0.655，而北京的技术效率为 0.811，低于各大中城市的平均水平 0.896，因此，北京市在露地蔬菜生产上并不具有比较优势，技术潜力未得到充分发挥。首先，通过比较分析露地蔬菜生产的纯技术效率值和规模效率值，我们可以发现纯技术效率较低是造成北京市露地蔬菜生产低技术效率的主要原因，针对这一现状，应尽快通过引进一些先进的生产技术来予以克服，从而提高北京市露地蔬菜生产的综合管理能力，在这一点上，北京市应向哈尔滨、武汉、沈阳和济南四个处于生产前沿面上的城市参照学习，参照基的权重分别为 0.360、0.115、0.010 和 0.516。其次，目前北京市露地蔬菜生产处于规模报酬递减的阶段，这说明适当的缩减露地蔬菜的生产规模是现阶段提高北京市露地蔬菜生产效率的另一重要途径。

鉴于北京市为露地蔬菜生产的非 DEA 有效地区，为了更进一步地研究引起其技术效率低下的原因，本章将其在生产前沿面上投影，计算达到 DEA 有效时各投入指标可节约的幅度，为北京市露地蔬菜生产提供改进的方向，结果见表 6-2。

表 6-2　北京市露地蔬菜生产的投入冗余情况

指标	各指标原始值	DEA 有效目标值	各投入指标可节约的幅度（%）
每亩用工（日）	36.32	29.63	18.43
每亩种子费用（元）	79.64	64.96	18.43
每亩肥料费用（元）	552.01	375.40	31.99
每亩农药费用（元）	154.19	63.10	59.07
每亩租赁作业费用（元）	122.96	100.30	18.43

从所得的结果中可以看出北京市露地蔬菜生产要素投入和配置并不合理，存在较多的投入冗余，有很大的可节约空间，每亩用工、每亩种子费用、每亩肥料费用、每亩农药费用以及每亩租赁机械费用可节约的幅度分别为 18.43%、18.43%、31.99%、59.07% 和 18.43%。造成这一结果的原因可能为北京市与其他地区相比土地资源的限制更为明显。从微观层面来看，农户拥有的土地规模极其有限，部分农户在建造设施后，可以进行蔬菜生产的露地所剩无几，故菜农对其进行粗放式的管理，并以期通过投入过量的生产要素来加以弥补，他们将更多的精力投入到了经济效益更加可观的设施蔬菜生产上，这就导致了北京市露地蔬菜生产在要素投入上存在较多的冗余情况，进而与其他地区相比不存在比较优势。以上原因的推测可以从 2012 年年初本课题组对北京市果类蔬菜生产调研中得到印证。此次调研共收回有效问卷 197 份，在对数

据进行计算整理后获知户均温室种植面积达 8.29 亩，而露地种植面积仅为 3.87 亩。

6.4.2 北京市蔬菜生产的环境效率分析

目前，农业生产对生态环境的影响得到了社会各界越来越多的重视，因此，本章将环境效率作为评价北京市蔬菜生产效率的一个重要指标。众所周知，随着农业投入的不断增加，未能被充分利用的肥料、农药和农膜对生态环境的不良影响不断加深，故选取肥料利用率、农药利用率作为露地蔬菜生产的环境效率评价指标，以肥料利用率、农药利用率和农膜利用率作为设施蔬菜生产的环境效率评价指标。具体计算环境效率指数时使用如下公式：效率指数＝包络面的最佳投影/实际投入值。计算结果见表 6-3。

表 6-3　2010 年北京市设施和露地蔬菜生产的环境效率

蔬菜种植类型	肥料使用率（％）	农药使用率（％）	农膜使用率（％）
露地	68.01	40.93	—
设施	100.00	100.00	100.00

表 6-3 显示，北京市设施蔬菜生产对肥料、农药和农膜三者的使用率达到了 100％，对生态环境无破坏或破坏程度极小，与全国各地区相比在环境效率方面具有明显的比较优势。北京市在露地蔬菜生产过程中对肥料的使用率为 68.01％，农药使用率更低仅为 40.93％，这无疑会对今后北京市的生态环境带来严重影响，同时与对二者充分利用的天津等 12 个大中城市相比（由于篇幅所限，本章未具体列出除北京以外各大中城市的环境效率指数）环境效率颇低，在全国无优势可言。

6.5　本章小结

本章首先对比分析北京市和全国平均的蔬菜主栽品种投入产出情况，在此基础上运用 DEA 的方法对 2010 年北京市和全国其他地区设施和露地蔬菜生产的技术效率和环境效率进行了测算，并基于地区间比较的视角，分析北京市蔬菜生产效率情况。主要结论如下：

第一，从投入产出现状看，北京市设施蔬菜生产与全国平均水平相比存在比较优势，而露地蔬菜生产无明显优势，仅大白菜一个品种领先于全国平均水平，另两个主栽品种则较全国差距显著。

第二，DEA 模型测算结果表明，北京市设施蔬菜生产的技术效率和环境效率与全国其他地区相比都具有一定的比较优势，而露地蔬菜生产在这两方面皆不具有比较优势。

第三，从各投入产出要素优化路径的投影分析角度观察，北京市露地蔬菜生产在要素投入上存在较多冗余情况。

第四，在规模报酬方面，北京市设施蔬菜生产处于规模报酬递增的阶段，而露地蔬菜生产则处于规模报酬递减阶段。

根据上述结论笔者提出了以下几点提高北京市蔬菜生产效率的建议：一是政府应继续加大设施建设的扶持力度。目前北京市设施蔬菜生产正处于规模报酬递增的阶段，而露地蔬菜生产则恰恰相反，再加之北京市设施蔬菜生产在全国各地区中具有一定的比较优势，而露地蔬菜生产并没有比较优势，因此合理调节设施蔬菜生产和露地蔬菜生产的规模，可以从整体上提高北京市蔬菜产业的生产效率。针对目前部分菜农对设施建设的意愿不强烈以及负担过重的现状，政府应加大宣传和鼓励的力度，增加扶持资金的投入。二是合理配置生产要素的投入。为了改变目前北京市露地蔬菜生产在要素投入上存在较多冗余的现状，应深入开展科普教育，提高劳动者素质，倡导对蔬菜生产的科学认识，摒弃高投入即可高产出和高产出即高收益的错误观念，合理配置各项投入要素。三是大力推广测土配方施肥技术和病虫害生物防治技术。以生物技术（黄篮板等）代替农药来防治蔬菜生产过程中的病虫害以及普及科学的施肥技术可以减少生产过程中农药和肥料的施用量，提高肥料的利用率，最终达到减少肥料和农药残留对生态环境破坏的目的。除此之外，政府也应加大技术研发的资金投入力度，通过蔬菜新品种的研发和生产过程中新技术的应用来提高北京市蔬菜产业的科技水平和技术效率。

主要参考文献

Banker, R. D, A. 1984. Charnse, and W. W. Cooper, Some Models for Estimating Technical and Scale Inefficiency in Data Envelopment Analysis. Management Science（30）：1078-1092.

Fare. R, Grosskopf. S, Norris. M and Zhang. 1994. Productivity Growth and Technical Progress and Efficiency Changes in Industrialized Countries. The American Economic Reviews（84）.

Lovell，C. A. K. 1993. The Measurement of Efficiency. Oxford University Press：11-23.

Meeusen，W, J. van de Broeck. 1977. Efficiency estimation from Cobb-Douglas function with composed error. International Economics Review，（18）：435-444.

杜栋，庞庆华，吴炎 . 2008 . 现代综合评价方法与案例精选 ［M］. 2 版 . 北京：清华大学出版社：62-85.

方宏斌，郑业军，姜志德 . 2011 . 基于 DEA 的汉中市蔬菜生产效率研究 ［J］. 现代经济信息 . （13）：282-283.

韩松 . 2004 . 几种技术效率测量方法的比较研究 ［J］. 中国软科学 (4)：147-151.

黄季琨 . 2010 . 六十年中国农业的发展和三十年改革奇迹——制度创新、技术进步和市场改革 ［J］. 农业技术经济 (1)：4-17.

柳萍，姜爱芹，霍学喜，石建平 . 2011 . 基于 DEA 分析的中国绿茶生产效率实证研究 ［J］. 中国农学通报，27 (04)：296-300.

卢中华 . 2008 . 蔬菜生产效益及其影响因素研究 ［D］. 南京：南京农业大学：2-30.

孟令杰，张红梅 . 2004 . 中国小麦生产的技术效率地区差异 ［J］. 南京农业大学学报 (社会科学版)，4 (2)：13-16.

孟阳，穆月英 . 2012 . 基于地区比较视角的北京市蔬菜生产效率分析 ［J］. 中国农学通报 . 28 (34)：244-251.

潘国言，龙方，周发明 . 2011 . 我国区域生猪生产效率的综合评价 ［J］. 农业技术经济，(3)：58-66.

田维明 . 2005 . 计量经济学 ［M］. 北京：中国农业大学出版社 . 2-9.

王秀清 . 1996 . 大都市郊区蔬菜产地的竞争策略问题 ［J］. 中国农村经济 (9)：52-54.

徐家鹏，李崇光，闫振宇 . 2010 . 中国蔬菜产业生产技术效率及其提高途径分析 ［J］. 科技与经济 (6)：51-54.

于仁竹 . 2005 . 山东蔬菜产业的组织研究 ［D］. 泰安：山东农业大学：2-11.

张涛 . 2004 . 中日蔬菜生产效率比较分析 ［J］. 现代经济探讨 (6)：37-40.

赵蕾，王怀明 . 2007 . 中国农业生产率的增长及收敛性分析 ［J］. 农业技术经济 (2)：93-98.

赵双双 . 2011 . 北京市蔬菜生产及其技术经济评价 ［D］. 北京：中国农业大学 .

左飞龙，穆月英 . 2013 . 我国露地番茄生产效率的区域比较分析 ［J］. 中国农业资源与区划，34 (4)：70-74.

第7章

北京市果类蔬菜高产
高效示范户的作用

2012 年中央 1 号文件把农业科技创新作为主题，强调农业科技创新对增强农产品供给保障能力的重要作用。农业部把 2012 年列为"农业科技促进年"；北京市政府多年来十分重视农业科技创新，从 2009 年开始实施的现代农业产业技术体系北京市创新团队项目就是其中一例，创新团队项目通过技术集成、资源集中、人才集聚来促进农业科技研究、推广和应用，从而提升相关产业科技进步水平，最终促进产品供给能力和产业发展水平的提高。北京市果类蔬菜创新团队一直在探索构建蔬菜产业科技创新机制，并进行了果类蔬菜高产高效示范点和示范户（下文简称"示范户"）的建设。

创新团队在每年年初明确不同蔬菜不同茬口的示范户名、示范技术、蔬菜生产物质投入计划、示范蔬菜生产的产量目标。创新团统一拟定示范户蔬菜生产投入产出日常档案表格，并对示范户进行培训说明，由农户进行生产档案表逐项记录。示范户分布在北京市不同区县的不同村，从组织机构上看，农民田间学校工作站站长也是其所在村示范户与团队其他成员联系的中介。创新团队每年多次组织示范户技术观摩，有的以示范户作为观摩对象，有的把其他作为观摩对象。收获期末或年末，创新团队要对示范点进行全面性总结和考核。本章从以下两个视角对示范户的作用进行分析：一是基于农民田间学校对示范户的作用的分析；一是基于对农户的调研进行示范户的作用分析。

7.1 基于农民田间学校的示范户作用分析

果类蔬菜高产高效示范户对北京市蔬菜科技创新以及蔬菜产业发展作用如何，本研究根据果类蔬菜产业创新团队 10 个农民田间学校工作站 2012 年上半年的工作总结，对示范户的作用进行分析。

7.1.1 示范户是果类蔬菜技术试验的载体

现代农业产业技术体系北京市果类蔬菜创新团队岗位专家、综合试验站、农民田间学校工作站在创新团队工作的一个主要内容是，进行技术试验研究。示范户成为技术试验研究一个重要的载体，几年来进行连续试验。具体地，岗位专家通过示范户对蔬菜品种、栽培、水肥、农机、蔬菜套袋等技术进行具体试验研究。表 7-1 所列延庆县的番茄和辣椒新品种试验、二氧化碳吊袋肥、微肥等在示范户进行的试验就是来自岗位专家。此外，综合试验站依托农民田间学校工作站针对示范户进行技术试验。田间学校工作站站长自身也通过示范户对一些技术进行试验研究。

通过高产高效示范户进行试验，奠定农业技术综合性集成应用的基础，并促进蔬菜种植技术水平的提高。

7.1.2　示范户是蔬菜技术观摩和培训的样本

果类蔬菜产业创新团队每年组织蔬菜技术观摩活动，其中的一些技术观摩活动是以果类蔬菜高产高效示范户为依托，示范点成为技术观摩的样本。从 2012 年上半年农民田间学校工作站的工作总结中可以看出，各农民田间学校工作站组织蔬菜种植户进行观摩，朝阳区组织高产高效现场观摩及蔬菜新品种观摩等活动 4 次，其他农民田间学校工作站也组织普通农户到示范户进行观摩。

农业技术推广的一个前提条件是适时适地，农户通过观摩示范户的蔬菜种植，能够更好地掌握适时适地的农业技术，从而促进农业技术的更好地扩散，提高农业的科技进步水平。

此外，在本村或本地农户的技术观摩，对于农业生产者来说，时间和交通费用等成本较小，提高了农户参加观摩的积极性。

7.1.3　以示范户为介是技术示范和推广的新模式

我国农业生产的基本经营单位是农户家庭，农业技术的需求和采用者是农户家庭，农业技术推广的理论路径（传统模式）用图 7-1 表示。以下从农业技术推广的供给和需求两个方面进行分析。作为农业技术推广的供给方的是各类农技推广机构（行政事业性的、民营性的、企业性的），农业生产者作为农业技术的采用者要获得技术离不开农技推广机构；农业技术推广的需求方是农业生产者，在我国，作为农业生产者的农户具有"小而散"特性，成为农业技术的供给方的农业推广机构进行技术推广的限制因素。我国各级政府一直在致力于农业技术推广机制和推广机构的改革，以求构建更好地推广机制和有效的推广组织机构。但是，在我国，农业技术需求者的农户的数量众多并且分散经营

表7-1 北京市10个农民田间学校工作站示范户和农业技术试验推广

区县	大兴区	通州区	房山区	延庆县	密云县	顺义区	平谷区	怀柔区	昌平区	朝阳区
田间学校工作站所在村	紫各庄村	前疃村	南尚乐村	岳家营村	龙洋村	马庄村	魏太务村	花园村	酸枣岭村	黑桥村
2012年上半年示范点（户）	日光温室番茄、春大棚番茄示范户各1户	番茄示范户2户，黄瓜示范户1户	黄瓜示范户1户	黄瓜、番茄、辣椒子、辣椒示范户各2户	番茄示范户5户、辣椒示范户6户	夏秋茬椒、夏秋茬番茄示范户各1户	冬春茬番茄示范户1户	番茄示范户1户	黄瓜、番茄示范户各1户	番茄、茄子示范户各1户
试验和推广技术名称	测土配方施肥、多层覆盖技术、膜上沟灌技术、振荡授粉技术、黄板物理防治、这些技术的采用方面，都有示范田和对照田对比的数据	1.膜上滴灌技术：两个番茄示范点安装重力滴灌装置，黄瓜示范点安装了膜下暗灌设施，两种节水设施全生育期比对照的大水漫灌方式分别节约水量120立方米和90立方米 2.有机肥 3.新品种 4.嫁接技术	内置秸秆反应堆技术、外置秸秆还田技术、嫁接技术、膜下暗灌技术、二氧化碳发生器应用技术、使用二氧化碳除尘袋	品种：辣椒ND24、番茄仙客8号。技术：雄蜂授粉、配方施肥、膜下滴灌、防虫网、黄兰板诱杀等生物防治技术、使用二氧化碳吊袋肥、微肥等	黄板诱杀、水肥一体化、番茄振荡授粉器等技术措施	番茄抗线虫品种2个，"花为媒"辅助授粉技术、测土配方施肥、雄蜂授粉、震荡授粉技术	品种仙客8号，无病毒育苗、地面覆膜保温、沟液沼液灌溉施肥、雄蜂授粉、田间技术、多功能臭氧烟雾机土壤消毒、农业生产应用废及臭氧处理站、防虫网隔离治虫技术、以虫治虫技术	石灰氮一日光温室消毒技术、番茄振荡授粉器、番茄粉防环、水肥一体化等	黄瓜：穴盘基质育苗、精施底肥、小高畦栽培、膜下精量滴灌施肥、黄瓜落蔓夹；番茄：无病壮苗培育、遮阳网移动式遮阳、番茄采用了精施底肥、水肥一体化虫害防控	新品种2个、穴盘育苗、新型有机肥、吊袋式二氧化碳施肥、膜下暗灌、病虫害综合防控等技术5项、应用番茄振荡授粉器、温室移动式注肥药一体机、温室娃娃等新产品3个

资料业源：根据各田间学校工作站2012年上半年工作总结报告汇总。

的特性，短期内不会发生改变。这样，使得技术推广的供给和需求的良好对接难度较大，也决定了农业技术推广的难度。

图 7-1　我国农业技术推广的一般路径

　　进一步分析作为农业技术的需求方的农户。由于从事农业生产的农民的受教育程度和专业知识的限制，使得农民较难对农业技术是否采用做出判断，另一方面，农户获得技术的信息也非常有限，农户直接搜寻适用技术具有较高的交易成本。

　　对于农民来说，最相信是看得见摸得着的技术，而同处一地甚至相邻地块的示范户所示范的就是属于农户花费较小成本就可获得较多有关信息的技术，通过示范户能够让农业技术推广的供给方和需求方实现很好地对接，更便于农户获得适用的新技术。通过示范户，成为促进农业技术推广的新模式和重要途径。用图 7-2 显示北京市果类蔬菜产业创新团队的农业技术推广机制。

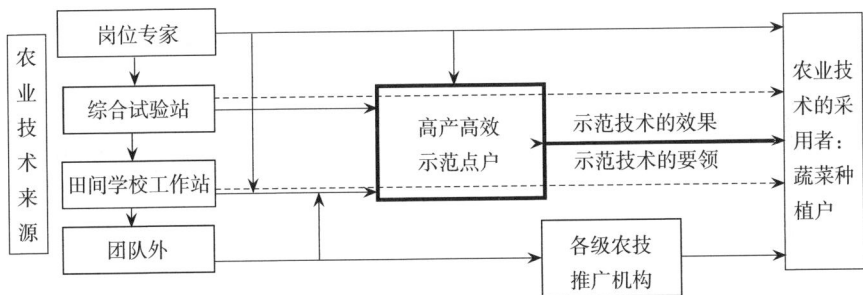

图 7-2　果类蔬菜产业创新团队的农业技术推广机制

　　从图 7-2 可以看出，虽然岗位专家、综合试验站、农民田间学校工作站将蔬菜种植技术可以直接扩散到农业生产者那里，但是首先通过示范户对多类技术进行集成并做综合性试验示范，然后示范户的技术采用和技术实施的效果让农民看得到，这样会使得农民增加对农业技术的需求。与此同时，通过示范户进行示范技术的实施要领，使得普通农户更易掌握农业技术，农民更好地掌握技术的具体实施方法。总之，示范户的带动和示范使得农户更容易掌握农业技术，从而促使农户对农业新技术的采用。

7.1.4 示范户培育是农村人才的培养方式

果类蔬菜创新团队岗位专家、综合试验站和农民田间学校工作站通过对高产高效示范户的新技术推广和蔬菜种植田间管理指导等，在促进新技术试验和推广的同时提高了示范户的素质。近年来，北京市政府在全市农村培养全科农技员，一些示范户已经成为全科农技员。

既懂技术和田间管理，又能够统筹农业投入产出，是新型农村人才需要具备的素质。高产高效示范要求不仅是产量高，还要效益高，高产是高效的前提和手段，高效是农业生产者的最终目标和生产发展动力。果类蔬菜产业创新团队对于高产高效示范户的要求就是进行田间管理、技术采用登记，并对生长周期内的投入产出内容也立档案记录。表 7-2 表示大兴区紫各庄田间学校工作站要求示范户建立的田间管理档案和技术采用记录。示范户记载了番茄植株整个生育期内示范田灌水量、追肥量及病虫害防控情况，并对收获产量及时进行记录。

表 7-2 示范户 2012 年春茬番茄生产浇水施肥登记

浇水施肥日期	浇水量（立方米/棚）	追肥量（千克/棚）	追肥品种
3 月 26 日	20	—	—
4 月 7 日	15	12	冲施宝
4 月 17 日	15	11	金土地
4 月 28 日	14	8	巨能钾
5 月 7 日	14	10	金土地
5 月 15 日	20	15	冲施宝
5 月 22 日	18	18	冲施宝
5 月 27 日	16	13	冲施宝
6 月 4 日	14	8	金土地
6 月 11 日	17	10	冲施宝
6 月 19 日	13	8	冲施宝
6 月 26 日	15	12	尿素
7 月 2 日	19	—	—
合计	210	125	—

资料来源：大兴区紫各庄村农民田间学校工作站 2012 年总结报告。

通过对技术采用记录和田间管理档案登记，既为农业技术推广和采用分析提供了试验结果素材，也促进农户农业生产管理水平的提高，进行档案记录和投入产出记录，是农民对农业经营进行规范化和科学化管理的基础。因此，通过示范户既培养了人才，也提高了农户的整体素质。

7.1.5　通过示范户提高农业现代化水平和农民收入水平

农业的发展过程是从传统农业到现代农业的发展过程。不同国家和地区现代农业发展的路径会不同，对于北京市农村这样的土地等自然资源较为稀缺的地区而言，通过农业科技创新来提高农业的现代化水平，走出北京市农业现代化的特色之路。

衡量农业现代化水平的很重要指标是农业生产投入产出效率的提高，比如反映土地投入产出效率的就是土地生产率。从北京市果类蔬菜高产高效示范点的生产实践可以看出，在同样大小的蔬菜大棚条件下，示范田的产出水平高于普通棚（对照棚）的产出水平（表7-3）。从表7-3可以看出，示范棚番茄总产量达到6，940.5千克/棚，比普通棚（对照棚）的产量（5 680千克/棚）高出1 260千克/棚。众所周知，随着城镇化和工业化的不断推进的大背景下，土地资源的稀缺性势必更加严峻，土地生产率的提高对于保障北京市的蔬菜供应更为重要。蔬菜种植效率的提高，有利于强化北京市蔬菜产业竞争力和蔬菜产业的发展优势。

表7-3　2012年示范棚和对照棚番茄春茬产量和价格对比

采收日期	示范田收获产量产值			采收日期	对照棚收获产量产值		
	产量（千克/棚）	价格（元/千克）	总收入（元/棚）		产量（千克/棚）	价格（元/千克）	总收入（元/棚）
6月1日	350	2.9	1 015	6月5日	499.5	2.2	1 098.9
6月3日	410	2.2	902	6月7日	575	1.5	862.5
6月5日	750	2.2	1 650	6月9日	435	1.4	609
6月7日	575	1.5	862.5	6月11日	488.5	1.6	781.6
6月9日	610	1.4	854	6月13日	365	0.9	328.5
6月11日	488.5	1.6	781.6	6月15日	280	0.8	224
6月13日	450	0.9	405	6月17日	167.5	0.8	134
6月15日	300	0.8	240	6月19日	201.5	1.1	221.65
6月17日	170	0.8	136	6月21日	277	1.4	387.8
6月19日	252	1.1	277.2	6月23日	400	1.3	520
6月21日	430	1.4	602	6月25日	370	1.2	444

（续）

	示范田收获产量产值				对照棚收获产量产值		
采收日期	产量 （千克/棚）	价格 （元/千克）	总收入 （元/棚）	采收日期	产量 （千克/棚）	价格 （元/千克）	总收入 （元/棚）
6月23日	500	1.3	650	6月27日	365	0.9	328.5
6月25日	480	1.2	576	6月29日	295	0.56	165.2
6月27日	365	0.9	328.5	7月3日	636	1.4	890.4
6月29日	295	0.56	165.2	7月5日	325	0.7	227.5
7月3日	515	1.1	566.5	——	——	——	——
合计	6 940.5	1.37	10 011.5	合计	5 680	1.18	7 223.55

资料来源：大兴区紫各庄村农民田间学校工作站 2012 年总结报告。

政府历来重视"三农"问题，解决农民问题一个核心点是农民收入水平的提高，蔬菜种植户收入水平的提高也是北京市蔬菜产业发展的动力源。从表 7-3 可以看出，示范棚的蔬菜种植总收入为10 011元/棚，比普通棚（对照棚）的总收入（7 223元/棚）高2 788元/棚，分析其原因，一方面是由于示范棚的番茄产量水平高，另一方面是由于示范棚的番茄商品价值高（示范棚番茄销售单价高于对照棚的番茄价格）。

7.2 基于农户调研的示范户作用分析

近年来，为保障北京市自产蔬菜供应，北京市有关部门在全市范围内开展了设施蔬菜高产高效创建和示范工作。培育高产高效示范户作为农业技术推广工作的重要方面，在实践中示范户发挥的作用如何引起了普遍关注。为了考察高产高效示范户对北京市蔬菜生产的带动作用，2012 年 4 月上旬开始，本研究课题组对北京市 8 个区县的 81 个高产高效示范户进行了实地调研。以下根据调研资料，就示范户的基本特征、示范户对农业技术推广的作用、示范户对蔬菜生产的带动作用等方面进行分析。

7.2.1 调研样本分布

对 2011 年北京市大兴、房山、密云、顺义、延庆、通州、平谷、怀柔等 7 个区县的 204 户果类蔬菜种植农户蔬菜生产进行调研，剔除缺失及无效问卷，最终获得有效问卷 196 份，其中高产高效示范户 81 户、非示范户 115 户，各区县样本分布见表 7-4。

表 7-4　示范户和非示范户调研样本分布

单位：个

调查区县	调查乡镇个数	调查村个数	示范户数	非示范户数
大兴	6	13	17	31
房山	4	7	8	14
密云	10	11	15	19
平谷	4	5	6	11
顺义	9	16	14	25
通州	5	7	9	7
延庆	7	7	12	8
合计	45	66	81	115

注：由于怀柔的农户问卷均为无效问卷，所以表中未列出。

7.2.2　示范户基本特征

北京区县从事蔬菜生产的示范户多为当地村民，农业户口占 97.53%。被访者家庭户主年龄为 30～69 岁，平均年龄为 48 岁，不同年龄段分布见表 7-5，可见从事果类蔬菜生产的示范户户主年龄以 40～59 岁劳动者为主。家庭人口数平均为 4 人，平均劳动力数为 2 人。蔬菜种植分设施和露地两种，其中设施蔬菜种植面积占蔬菜种植总面积的 85.93%。家庭中从事蔬菜种植的劳动力数如图 7-3 所示，一个家庭中从事蔬菜生产的劳动力大多为 2 人，占总数的76%。示范户户主多为普通村民，占 87.69%，其文化程度以初中与高中学历为主，占总数的 86.42%（表 7-5），可以看出高产高效示范户主要以家庭为单位从事蔬菜种植活动，文化程度相对较高。

表 7-5　户主年龄与文化程度分布

单位：个

户主年龄	人数	户主文化程度	人数
30～39 岁	8	小学及以下	9
40～49 岁	41	初中	49
50～59 岁	29	高中	22
60 岁及以上	3	大学及以上	1

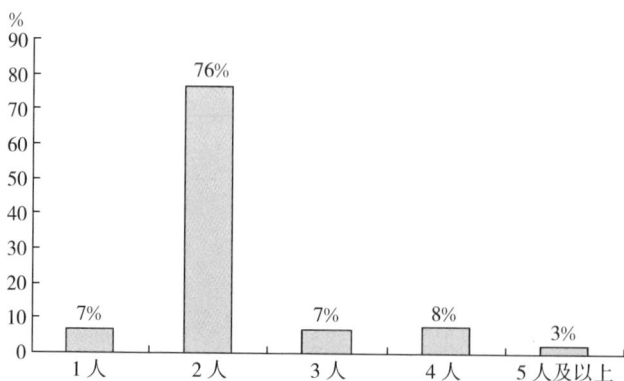

图 7-3　家庭从事果类蔬菜生产劳动力情况

7.2.3　示范户蔬菜生产基本情况

7.2.3.1　示范户蔬菜生产基本情况

按照对不同规模蔬菜种植面积统计（表 7-6），示范户种植规模在 5 亩及以下占调查总户数的 56%，说明大多数示范户以小规模经营为主，蔬菜平均种植面积为 3.30 亩；种植规模在 5.1～10 亩的示范户占调查总户数的 26%，也就是说种植规模在 10 亩以下的占 82%。种植蔬菜 10 亩以上的示范户占调查总户数的 18%，说明多数示范户的种植规模不大。

表 7-6　不同蔬菜种植规模分布

单位：亩，%

种植面积	占调查总户数比例	平均值
≤5	56	3.3
5.1～10.0	26	7.2
10.1～20	5	12
20.1～50	7	42.6
>50	6	258.5

表 7-7　不同类型设施种植面积

单位：亩，℃

	露地	大棚	温室
种植面积	82	292.07	253.50
户平均	1.26	4.43	3.96

　　示范户不同类型设施蔬菜种植情况见表 7-7。蔬菜生产以设施类大棚和温室为主，户均占地面积分别为 4.43 亩和 3.96 亩（均值计算时剔除最大值），这反映出在政策支持下，北京市设施蔬菜种植水平较高。示范户家庭年平均收入为 76，653 元，其中蔬菜收入平均为 63，016 元，占总收入来源的 82.21%，表明从事蔬菜生产的示范户家庭收入对蔬菜的依赖程度很高。

7.2.3.2　示范户蔬菜生产成本收益情况

（1）四种果类蔬菜的成本收益比较

　　番茄、黄瓜、茄子和青椒四种果类蔬菜的 2011 年按茬生产成本收益及用工情况见表 7-8。从种植收益角度来看，2011 年种植黄瓜的示范户收益最高，可能因为当年黄瓜产量稳定而且市场价格较高。从生产成本来看，示范户的各种肥料使用费用最高，番茄、黄瓜、茄子和青椒的肥料成本分别占总成本的 26%、29%、21%、29%，其中农家肥的投入又要高于化肥的投入。这一方面反映出示范户非常重视蔬菜产量，通过合理的使用肥料以增加作物的产量，以期望获得更高的收益；另一方面也凸显出示范户更多地以农家肥代替化肥，注重蔬菜的质量安全。而黄瓜与青椒的种苗费远高于番茄与茄子，究其原因在于

表 7-8　四种果类蔬菜按茬生产成本收益比较

单位：元，天

项目	番茄	黄瓜	茄子	青椒
种子（育苗）费	333.32	1 070.85	438.2	1 445.88
机耕费	120.73	76.95	64.8	84.79
化肥费用	335.53	175.95	357.19	277.71
农家肥费用	847.06	1 968.08	924.8	1 150.16
地膜棚膜费用	1 162.74	1 217.7	1 281.04	1 236
病虫害防治费用	311.2	227.78	300	219.31
水电费	161.04	422.33	224.4	277.61
雇工费用	1 122	1 234	1 197	652
整理费用	21.35	28.9	30	18.83
运输费用	212.39	264.76	247.63	162.43
租地费用	180.52	210.42	450	200
其他费用	39.1	81.25	96	22.5
（用工总天数）	168	138	122	160
（雇工天数）	17	20	19	10
总成本	4 846.98	6 978.97	5 611.06	5 747.22
总产值	16 209.16	23 216.58	17 283.2	16 940.15
净收益	11 362.18	16 237.61	11 672.14	11 192.93

一些示范户购买了高品质的种子或者直接购买育好的苗，如此虽增加了成本，但却提高了蔬菜产量或节约了时间。此外，其他各项生产成本相差不大，表明四种果类蔬菜在生产中成本存在一定的相似性的。

（2）不同茬口的成本比较

55户种植番茄的示范户在春、夏、秋三个茬口的每棚成本收益汇总于表7-9。三个茬口农户样本数分别为28户、10户和17户，三个茬口平均棚面积分别为0.92亩、0.87亩和0.89亩。三个茬口中，秋茬的总成本最高，为4 397.77元，春茬和夏茬的成本分别为4 068.81元和3 265.72元；夏茬的总产值最高，21 408.16元，春茬和冬茬总产值分别为21 229.74元和16 723.99元；三个茬口中夏茬的棚净收益最高，为18 142.44元，秋茬的棚净收益最低，为12 326.22元。

从各茬成本构成来看，秋茬成本最高，且该茬的种苗费、肥料费、膜费和病虫害防治费用在三个茬口中都是最高的。相对来说，夏茬中种苗费、肥料费和膜费都是最低的，夏茬中棚膜和地膜费显著低于其他两茬，因为一般棚膜能用一到两年，而且夏天对棚膜的需求不大，更换多发生在天气较冷的时候，所以可能降低了膜费的成本。

表7-9　不同茬口番茄棚成本收益表

单位：元，千克

	春茬	夏茬	秋茬
种苗费	486.53	477.37	634.81
肥料费	1 368.02	877.31	1 429.57
膜费	1 252.70	570.42	1 380.54
病虫害防治费	286.89	287.01	444.96
雇工费	410.25	666.42	136.30
水电费	138.88	191.14	189.24
流通费	71.78	150.86	107.44
机耕费	53.76	45.20	74.90
总成本	4 068.81	3 265.72	4 397.77
总产值	21 229.74	21 408.16	16 723.99
净收益	17 160.93	18 142.44	12 326.22
棚产量	6 480.08	7 467.62	7 059.23

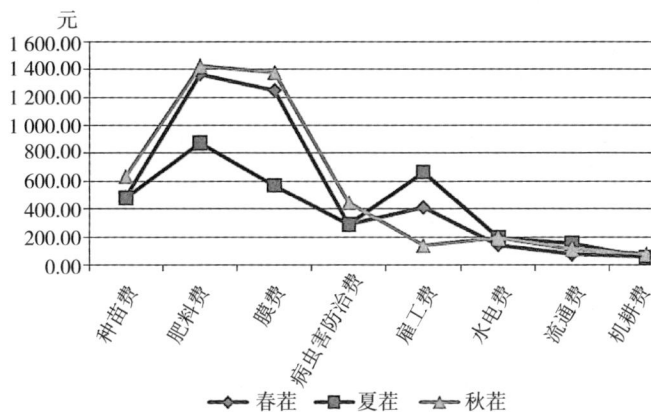

图 7-4　不同茬口每棚成本构成

7.2.4　高产高效示范户对北京蔬菜生产的作用分析

7.2.4.1　高产高效示范户在农技推广中发挥示范作用

（1）高产高效示范户技术示范与推广现状

第一，家庭承包经营方式决定了蔬菜种植户在生产经营过程中更加注重直观效果，邻帮邻、户看户的现象十分普遍。农业生产存在着市场与技术风险，许多农户对于一些先进农业技术在思想上难以接受、技术上难以掌握的情况，更愿意接受看得见、摸得着的事物。因此，北京各区县农村在蔬菜产业发展过程中，农业科技推广几乎都是通过先应用示范而后全面推广，示范户对农业技术推广起到了重要作用。此次调研统计结果显示，高产高效示范户中78%的农户回答经常有村民前来参观，仅有22%的示范户回答没有村民到来参观（图7-5）。在被参观的示范

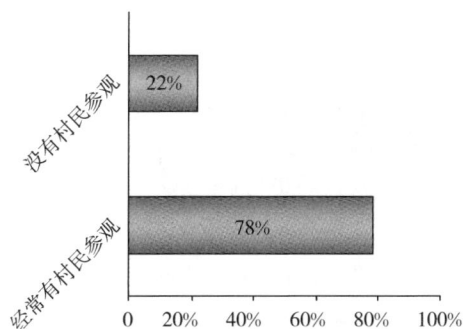

图 7-5　村民前来参观情况

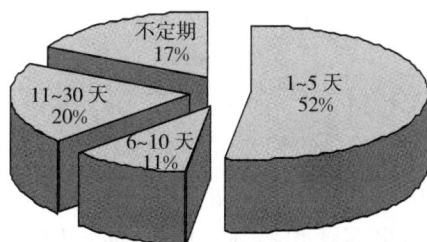

图 7-6　村民前来参观相隔天数情况

户中，平均1～5天就有农户前来参观的比例最大，占52%，6～10天的比例达11%，11～30天的比例有20%，不定期前来的农户占比17%。示范户的示范效应与引领作用相当显著。

第二，普通农户与示范户日常种植交流情况汇总于图7-7。从图7-7可见，在与示范户交流学习的农户中，77%的农户是来商量具体种菜技术的，23%是交流其他经验的。图7-8反映农户商量的技术内容，主要涉及种子或菜苗、定植时间、植株大小、施肥、防治病虫、光线或控温、田间管理、种植决策、高产、温室建造、市场信息等方面。其中种子或菜苗、防治病虫所占比例最大，分别为78%、76%。定植时间占56%、施肥占53%、植株大小占36%、光线或控温占29%，其他相关技术占13%。种苗和防虫等常规技术仍为农户采用的主要农业技术。

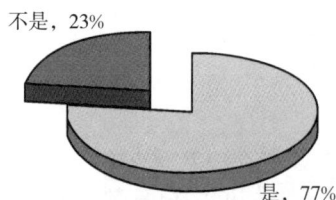

图7-7　农户是否来商量技术

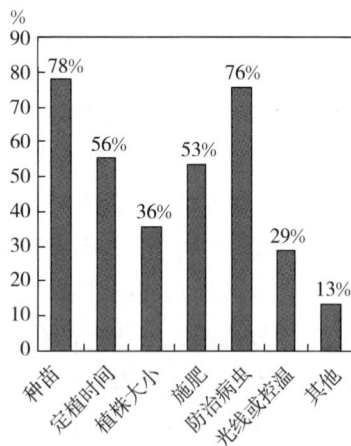

图7-8　农户前来商量种植技术情况

（2）高产高效示范户技术示范与推广的效果

在农业发展各方信息相对封闭以及农户回避风险本能的情况下，北京市蔬菜生产通过示范户的引领，起到了很好的农业科技应用推广效果。从此次调研情况看，一个示范户能带动全村菜农的比例在20%以内的达到48%，带动比例在21%～40%的有26%，此外，41%～60%、61%～80%、81%～100%的分别都达到9%（如图7-9所示）。示范户对普通农户的影响主要集中于亩产量提高、加强田间管理、谈论技术、原来不种菜的开始种菜等方面。图7-10显示，由于示范户的带动作用，蔬菜亩产量提高的农户最多，达到62%，其他依次为更多谈论技术51%、加强田间管理43%、原来不种菜的开始种菜26%、其他8%。结合示范户带动全村户数比例来看，北京市设施蔬菜高产高效创建工作已初见成效，进一步提升了北京的蔬菜产业综合生产能力和设施农业的综合效益，促进了农民增收。

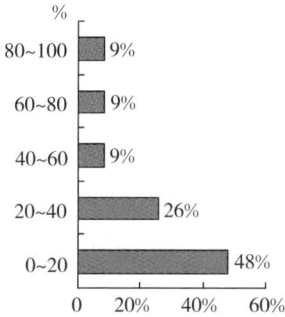

图 7-9　一户示范户带动户数占比

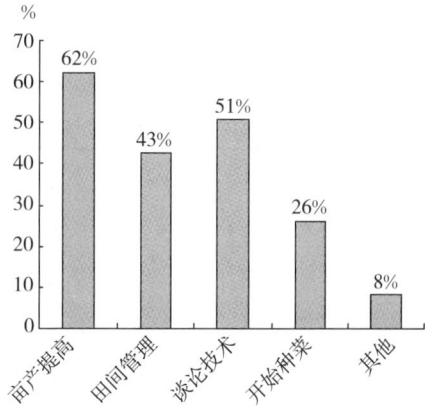

图 7-10　示范户对带动农户的影响作用

7.2.4.2　高产高效示范户是农业新技术试验的载体

（1）示范技术推广至全村的可能性判断

高产高效示范户在农业技术上具有一定的创新能力，不仅体现在把科技成果应用于农业生产中，而且能充分与实际情况相结合，优化技术的应用效果，并且对于其使用的示范技术能否推广到全村的可能性加以判断，成为农业新技术试验的实践基地，从而为技术推广提供实践依据。许多农业实用技术得以充分推广使用往往就是由农业科技示范户钻研而来。

表 7-10 显示，高产高效示范户对于众多示范技术，认为多数都能够适应当地的蔬菜种植，提高蔬菜产量与质量，而且采用技术的内容各区县差异不大，具有同一性。但对于番茄种植中的圣女果种植、自动卷帘、蕃茄嫁接等技术则认为用麻烦，不易推广。这一方面反映出高产高效示范户示范技术呈现出多样化趋势，另一方面也凸显出当地技术推广工作能因地制宜，选择示范了利于推广、合适高效的农业技术，以此促进蔬菜产业发展。

表 7-10　示范户对示范技术及推广可能性判断

品种	示范技术	对推广可能性的判断
番茄	圣女果种植技术；蕃茄嫁接；黄板防蚜、侧地温、温度、黄板、有机肥、自动卷帘；节水灌溉、二氧化碳施肥技术、综合防控技术、多层覆盖技术；膜下节水技术、遮阳网覆盖技术、综合防控技术、利牙腰蜂灭虫技术；黄尾化；防虫板；覆膜沟灌	圣女果种植、自动卷帘、蕃茄嫁接等技术不易推广；其他均可推广

（续）

品种	示范技术	对推广可能性的判断
青椒	种植、防虫害、大棚管理、田间管理技术	均可推广
茄子	嫁接，防虫害、覆盖保温膜	均可推广
黄瓜	施肥、育苗、脱蜡砧木、滴灌、高产、不用催化剂 怎么生长、温室温度调节等技术	均可推广

（2）推广示范技术采取措施的有效性

高产高效示范户既是农业科技示范的应用者，也是农业技术的推广者。根据对示范户的调研来看，组织培训观摩、财政补贴、技术员指导、示范后推广等措施能够很好地将示范技术推广至周围农户。其中认为组织培训观摩是最有效手段的示范户达到39％，认为需要提供财政补贴的示范户达到30％，加强技术指导占到29％。这为北京市如何采取合适的技术推广措施提高农业技术扩散速度与有效性提供了重要的现实依据（图7-11）。

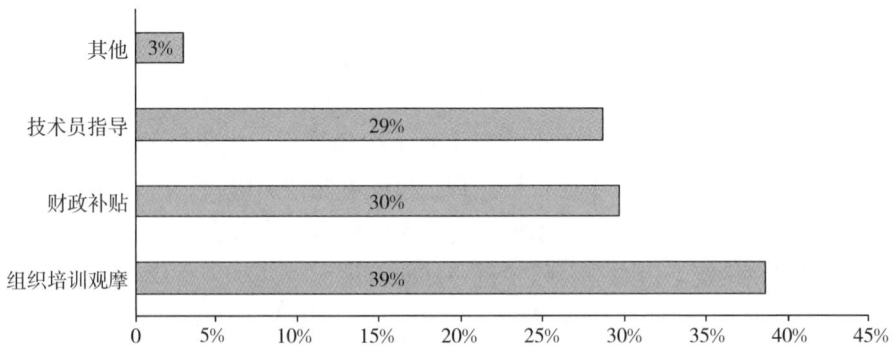

图7-11　推广示范技术的有效措施

7.2.4.3　高产高效示范户促进蔬菜生产专业化水平的提高

在蔬菜产业发展过程中，能否形成一定的规模集聚效应，示范户往往有着至关重要的作用。只有当蔬菜产业具备了品种和技术不断创新、产品质量不断提高、顺畅的销售渠道等要素，产业才能持续健康发展。高产高效示范户可以成为产业和各种生产要素集聚的核心。调研的81户示范户种植蔬菜类型显示，北京各区县高产高效示范户近年来不断发展，在多方支持下，逐渐形成了番茄、黄瓜、茄子、青椒等优势蔬菜，其中番茄种植比例最高，达到63％，黄瓜与青椒均达到12％，茄子与其他品种也占有一定比例（图7-12）。可见，在番茄、黄瓜与青椒明显已具有区域集聚特点的状况下，其他品种蔬菜的种植也丰富了当地蔬菜供给。"示范户辐射带动"的蔬菜生产模式为北京各区县未来实现"一镇一品或一镇几品"的特色农业产业镇积蓄了力量。

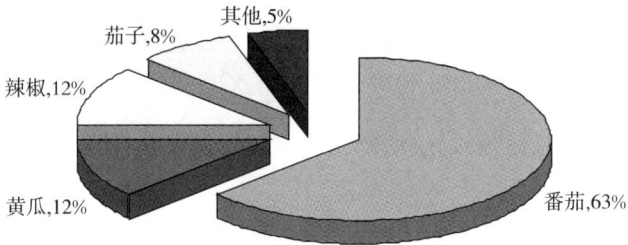

图 7-12　各区县蔬菜种植的主要品种

7.2.4.4　探索土地流转，提高蔬菜种植规模效益和集约化水平

不断形成规模化、专业化生产的示范区是合理引导农户土地流转，发展规模生产的重要体现。对于北京市的都市城郊农业而言，土地承包经营权的成片流转不仅能够为发展蔬菜产业提供规模化生产的资源基础与土地利用空间，而且也能积极促进农村剩余劳动力转移。就调研情况来看，北京各区县已经有大约20%的示范户开始流转集中土地种植蔬菜，其中相对规模较大的有延庆县3户，分别流入了18亩、77亩、300亩土地，通州1户流入34亩土地种植蔬菜。尽管土地流转的总体数量与规模有限，但在一定程度上证明了通过高产高效示范户带动型的规模经营模式是值得当地进一步探索实践的蔬菜产业发展方式。

综合调研整体情况来看，可以说北京市设施蔬菜高产高效创建工作取得明显效果，选取的高产高效示范户在推广农业技术、带动当地农户增收、发展当地蔬菜产业上发挥了积极的作用。今后应进一步完善示范户培育方案，加大培训力度，提升示范户带动能力与创造能力，鼓励支持他们不断提高服务示范水平并尽力延伸产业链，使其真正成为北京蔬菜产业发展的中坚力量。

7.2.5　各区县示范户之间的比较

如表 7-11 所示，调研区县包括大兴区、房山区、密云县、平谷区、顺义区、通州区以及延庆县。其中，平均种植规模最大的是延庆县，达到了 1.67 亩，顺义区和通州区次之，均为 1.58 亩，平谷区平均生产规模最小为 1.17 亩；从每户种植果类蔬菜的总产值看，却是平谷区产值最高为 3.121 万元，其次是密云县与大兴区，而延庆县的总产值是最低的，仅 1.449 万元；从每一个大棚的平均产量看，平谷区每棚产量为 10.73 吨，其次是大兴区和房山区，分别为 10.3 吨和 9.81 吨，而延庆县最低为 6.44 吨；从生产资料看，延庆县的每户种苗费最高，为 822.97 元，平谷区、密云县以及房山区的机耕费用明显高于其他区县，大兴区与房山区的每户肥料使用费偏高、密云县和平谷区居中、其余的区县较低，大兴区和平谷区每户的农膜使用费用相对高、房山区和密云县居中、其余的区县则较低，房山区和大兴区农户在每亩防治病虫害的费用明显高于其他区县，通州区和顺义区每亩水电费为 297.70 元和 295.26 元、大兴区最低为 136.22 元；平谷区、延庆县的每户投入的用工天数较多，为 221 天，其他区县为 212 天；从生产经验上看，通州区的平均生产年数最长，为 18.39 年，大兴区与延庆县次之，平均生产年限最少的是平谷区。

表 7-11　各主要区县示范户果类蔬菜平均数

区县	大兴	房山	密云	平谷	顺义	通州	延庆
面积（亩）	1.32	1.39	1.40	1.17	1.58	1.58	1.67
总产值（元）	27 748.15	22 269.24	31 210.79	34 308.76	20 044.52	15 828.16	14 492.60
棚产量（千克）	10 304.45	9 807.04	10 038.50	10 727.66	8 493.62	6 844.35	6 443.76
种苗费（元）	444.16	489.06	570.42	470.82	417.38	382.95	822.97
机耕费（元）	59.29	88.00	103.31	110.21	65.68	60.23	57.14
肥料费（元）	2 286.95	1 868.41	1 692.32	1 690.38	1 217.51	1 208.78	1 269.91
农膜费（元）	2 160.16	1 881.00	1 641.47	2 136.69	1 189.80	1 148.23	1 074.12
病虫害费（元/亩）	688.78	698.89	430.44	457.72	543.34	562.11	457.70
水电费（元/亩）	136.22	140.52	209.05	214.47	295.36	297.90	255.14
用工总天数（天）	159	186	194	221	176	163	212
生产年数（年）	17.21	13.51	12.63	9.30	16.72	18.39	17.15

资料来源：根据调研数据整理得到。

　　番茄、黄瓜、茄子和青椒是主要的四种果类蔬菜，不同蔬菜在生产过程中需要的平均面积投入以及所得产量通常存在一定差异。表 7-12 是各种果类蔬菜品种每棚的生产情况。其中，每棚青椒的产量最高，为 8.81 吨，而其种苗费、机耕费与肥料费也最高，农膜费和防虫费较低，水电费和用工天数在四种

表 7-12　各种果类蔬菜品种每棚生产情况

作物品种	番茄	黄瓜	茄子	青椒
棚产量（千克/棚）	7 618.09	8 632.30	8 532.69	8 805.01
种苗费（元/棚）	365.14	374.93	383.97	444.06
机耕费（元/棚）	57.75	61.83	64.65	64.75
肥料费（元/棚）	1 457.19	1 314.11	1 158.69	1 172.17
农膜费（元/棚）	1 652.06	1 532.04	1 334.33	1 310.68
防虫费（元/棚）	530.17	496.18	360.85	358.90
水电费（元/棚）	155.20	179.71	191.73	191.04
用工天数（天/棚）	151.23	153.85	138.42	146.27

资料来源：根据调研数据整理得到。

果类蔬菜中居中；黄瓜的每棚水电费和用工天数最高，其他的生产费用居中，而每棚产量也相对较高；茄子的每棚种苗、水电费最高，种苗费、机耕费、农膜费较高，而每棚产量较低，防虫费用和用工天数最低；番茄的肥料费、农膜费和防虫费最高，用工天数较长，种苗费、机耕费、水电费和每棚产量最低。

7.3　本章小结

　　本章对北京市果类蔬菜高产高效示范户的作用进行分析是基于以下两个视角：一个是基于农民田间学校的示范户作用；另一个是基于农户调研的示范户作用。基于农民田间学校的视角对示范户作用的分析表明，示范户是果类蔬菜技术试验的载体，示范户是蔬菜技术观摩和培训的样本，以示范户为介是技术示范和推广的新模式，示范户培育是农村人才的培养方式，通过示范户提高农业现代化水平和农民收入水平。在本研究 2012 年对北京市蔬菜种植户调研的有效样本中，示范户 81 户、非示范户 115 户，通过调研数据的分析可以看出，示范户在农技推广中发挥了示范作用，示范户是农业新技术试验的载体（一方面可以通过示范户做出示范技术推广至全村的可能性判断，另一方面可以展示推广示范技术采取措施的有效性），示范户促进提高蔬菜生产的专业化水平。此外，示范户促进探索土地流转，提高蔬菜种植规模效益和集约化水平。

主要参考文献

范垄基，穆月英，付文革 . 2012. 大城市蔬菜生产影响因素分析——基于对北京市 196 个蔬菜种植户的调研［J］. 调研世界（12）：17-20.

穆月英，赵霞，段碧华，马骥，乔娟 . 2010. 北京市蔬菜产业的地位及面临的问题分析［J］. 中国蔬菜（21）：7-12.

第8章

北京市蔬菜政策性保险研究 *

　　蔬菜的自然再生产与经济再生产相交织的特点决定了蔬菜种植会受到自然因素的影响。2012 年 7 月，北京发生了百年不遇的特大水灾，诸如此类的气象灾害在我国乃至全球时有发生，以致"异常性气候"成为近年来的一个关键词。自然灾害的发生，会对蔬菜生产产生负面影响，进而给菜农带来经济损失。发展农业保险成为世界各国规避农业风险的重要工具。由于农业部门的特殊性，因此不同于商业保险，针对农业部门往往发展政策性保险。政策性蔬菜保险正是一种有效的风险转移机制，它的出现能够很好地帮助菜农抵御自然风险，稳定蔬菜生产，保障农户收入。政策性蔬菜保险的实施需要多方的共同参与，其中需求主体是农民，农民对政策性蔬菜保险的购买意愿是政策性蔬菜保险实施的关键。

　　目前，国内外众多学者对农业保险的需求做过深入研究，相比而言，国外研究起步较早。Coble 等（1996）运用二元 Probit 模型分析了堪萨斯州麦农对农业保险的需求，其研究显示获赔概率大但额度小的农户更愿意投保。Arkki 和 Somwaru（2001）通过神经网络分析了当经济政治条件出现变化时，农业生产者购买农业保险的影响因素，得出的结论是农业生产者购买农业保险影响因素主要有风险大小、保险费率、购买农业保险的成本、政府的补贴水平、期望赔偿、可供选择的保险品种多少等。Serra 等（2003）在对农业保险需求的实证研究中发现，对于美国农民，其初始财富到达一定程度以后如果再继续增加，其风险规避减弱，因而购买农业保险的动机降低。Serra 等（2003）又通过研究得出影响农户购买农业保险的因素有主要有保险的成本收益、单产波动的风险、金融风险、农场的规模、产品的多样性、保障水平、逆向选择和道德风险。国内对农业保险需求的研究也日趋成熟。张跃华等（2005）的研究表明农户对于风险的规避程度先随财富和收入的增加而增强，达到某一点后，开始随财富和收入的增加而减弱；在进一步的实证研究当中，以河南为样本地，通过 Logistic 回归分析，得出影响农户参加保险决策的主要有"读书时间"、"是

---

　　* 本章基于"孟阳，穆月英 . 2013 . 北京市政策性蔬菜保险需求的影响因素分析——基于对蔬菜种植户的调研 . 中国蔬菜（20）"整理完成。

否务工"、"年收入"3个变量。宁满秀等（2005）以玛纳斯河流域棉农为例分析影响农户购买农业保险的因素，研究发现总耕地面积、棉花产量变异系数、是否有政府救灾补贴、务农时间以及棉花收入占总纯收入的比重显著影响农户的购买决策。陈妍等（2007）对湖北省农户农业保险购买意愿的影响因素进行了实证研究，得出主要的影响因素有农户的家庭农业收入、耕地面积及受访者的受教育年限和务农年限。方伶俐、李文芳（2008）对不同地区农作物保险需求影响因素进行了比较分析，得出农户的家庭总收入、种植业收入占农户家庭总收入的比例、耕地面积、受访者的风险认知程度对其农业保险购买意愿有明显影响的结论。

已有文献对于本研究有一定的借鉴意义，但从中也可以发现，已有的文献大多侧重于对小麦、玉米、棉花等大宗农产品保险的实证研究，由于蔬菜保险的起步较晚，研究的内容还从未涉及于此，而且考虑到我国幅员辽阔，不同地域农业保险的发展和实践必然存在着较大差异。目前部分国内学者已对我国很多省份的农业保险进行了深入研究，但有关北京市农业保险的研究却屈指可数。基于此，笔者选择北京市蔬菜保险作为本章的研究对象，基于农户调研数据，侧重于对蔬菜种植户加入保险的意愿进行分析，以期为完善农业保险体系提供参考依据。

8.1　北京市蔬菜政策性保险发展概况

北京市涉及蔬菜生产方面的政策性农业保险险种有露地蔬菜种植保险和温室、大棚保险两种。自政策性农业保险制度建立以来，保险条款一直处于不断的调整之中。表8-1显示的是北京市政策性蔬菜保险标的物历年的变化情况，露地蔬菜种植保险自2011年起新增了秋播大白菜一项。2012年起露地蔬菜种植保险的标的物不再要求种植面积5亩以上，此项变化是非常合理的，因为目前北京市蔬菜种植户平均露地蔬菜种植面积较小，仅为3.87亩（表8-2），很难满足此前的要求。温室、大棚保险各年份间的调整力度较露地蔬菜种植保险更大一些，自2009年起竹木大棚和日光温室中的土质结构不再被列为保险标的物，另外还新增了连栋温室，但是现实情况是土墙结构温室所占的份额很大，其面临的风险也较砖体结构的大，故2011年保险标的物再次调整，新增了简易温室，其中包含土墙结构温室，但要求是其主体为土墙与钢架的结构。除保险标的物的变化外，政策性蔬菜保险的保险责任也呈现出逐渐扩展的趋势，2011年起露地蔬菜的保险责任新增了泥石流、山体滑坡以及针对秋播大白菜的异常高温、收获前的强降温、异常低温或寡照。

表 8-1 北京市政策性蔬菜保险标的物的变化情况

年份	2008	2009	2010	2011	2012	2013
露地蔬菜	西红柿、黄瓜、茄子、柿子椒、豇豆（种植面积5亩以上）	西红柿、黄瓜、茄子、柿子椒、豇豆（种植面积5亩以上）	西红柿、黄瓜、茄子、柿子椒、豇豆（种植面积5亩以上）	西红柿、黄瓜、茄子、柿子椒、豇豆、秋播大白菜（种植面积5亩以上）	西红柿、黄瓜、茄子、柿子椒、豇豆、秋播大白菜	西红柿、黄瓜、茄子、柿子椒、豇豆、秋播大白菜
温室、大棚	日光温室（墙体为砖、土制结构，并有棚架组成）、钢架大棚、竹木大棚	连栋温室、日光型砖墙结构温室、日光型镀锌管钢筋结构大棚	连栋温室、砖墙结构日光温室、钢架大棚	连栋温室、砖墙结构日光温室、钢架大棚、简易温室	连栋温室、砖墙结构日光温室、钢架大棚、简易温室	连栋温室、砖墙结构日光温室、钢架大棚、简易温室

资料来源：根据《北京市政策性农业保险统颁条款（试行）》2008—2013 年归纳整理所得。

表 8-2 不同类型设施种植面积

	露地	大棚	温室
种植面积（亩）	290.65	590.30	813.10
户数（户）	75	135	98
户平均（亩）	3.87	4.39	8.29

资料来源：2012 年 4 月对北京市大兴等 7 个区县的 196 位果类蔬菜种植农户 2011 年的蔬菜生产调研。

截至 2013 年，北京市政策性蔬菜保险的条款已渐趋完善，露地蔬菜种植保险的保险标的为整地块连片种植，能够清晰确定地块界限、标明具体位置，符合当地普遍采用的技术管理和规范标准要求且生长和管理正常的番茄、黄瓜、茄子、辣椒、豇豆及秋播大白菜。前五种蔬菜如果春播，则保险期限是自 6 月 1 日零时且蔬菜定植成活后起至 7 月 15 日 24 时止；夏播则以各区县事先约定期限为准；秋播大白菜的保险责任期限自 7 月 25 日零时且定植成活后起至 11 月 8 日 24 时止，或以各区县事先约定期限为准。在保险期限内，由于冰雹、六级（含）以上风，暴雨形成的洪涝，泥石流、山体滑坡；旱灾、冻灾、病虫害（其中秋播大白菜要求损失率在 50% 以上），经气象部门、农林技术部门共同确认的异常高温造成秋播大白菜病毒病大面积流行、异常低温或寡照所造成的大面积包心不实、收获前的强降温造成大面积冻害等一种或几种原因直接造成的保险露地蔬菜经济损失，保险人按照本保险合同的约定，对受损露地蔬菜投入成本的损失负赔偿责任。温室、大棚保险的保险标的物为每亩工程造价在 20 万元以上，面积在 2 000 平方米以上，室内种植蔬菜、花卉、苗木、瓜果、育苗等其他作物，并具有增温、通风、增湿等自动化控制系统的连栋温室；全砖墙体或内外包砖墙体与钢架为建筑结构，具有一定的保温和经济节能性的温室；纯土墙与钢架结构、干打垒外贴石棉瓦与钢架结构、土墙单面贴砖与钢架结构、其他墙体与钢架结构，具有一定保温和经济节能型的温室；以标准镀锌管或钢筋为骨架并配有聚氯乙烯薄膜为保温材料的大棚。在保险期限内，由于冰雹、六级（含）以上风、雪灾，暴雨形成的洪涝，低温冻害（温室、大棚正常管理情况下），火灾，泥石流、山体滑坡等一种或几种原因直接造成保险温室、大棚及室（棚）内作物的经济损失，保险人按照本保险合同的约定，对受损温室、大棚及室（棚）内作物投入成本的损失负赔偿责任。2013年政策性蔬菜保险的保费情况见表 8-3，其中市政府补贴保费的 50%，各区县再根据实际情况配套补贴 20%～30%。

表 8-3　北京市 2013 年政策性蔬菜保险费率明细

险　　种		保险金额（元）	保险费率（%）	保费（元）
露地蔬菜	西红柿、黄瓜、茄子、柿子椒、豇豆	1 000	5	50
	秋播大白菜	800	5	40
温室、大棚	连栋温室	结构 160 000	0.2	692
		透明覆盖物 60 000	0.6	
	砖墙结构日光温室	作物 3 000	0.4	
		墙体 30 000	0.4	370
		钢架 20 000		
		薄膜 1 000	8	
		作物 3 000	3	
	简易温室	墙体 8 000	0.4	252
		钢架 15 000		
		薄膜 1 000	8	
		作物 2 000	4	
	钢架大棚	钢架 15 000	0.4	236
		薄膜 1 200	8	
		作物 5 000	4	

资料来源：《北京市 2013 年政策性农业保险统颁条款（试行）》。

8.2 理论依据与实证模型的建立

北京市蔬菜生产的基本经营形式是一家一户的分散经营，政策性蔬菜保险的发展在很大程度上取决于农户的加入意愿，因此，本章侧重于对保险需求进行分析。

8.2.1 理论基础与模型的选择

农业保险需求的研究是以 Von Neumann—Morgenstern 效用理论为基础的，该理论认为农业生产者（本章即指蔬菜生产者）要服从"理性经济人"这一假设，即购买农业保险的效用大于不购买时的效用，农户才会选择购买农业保险。本章也从这一理论出发，来加以探究。

$$令：\hat{V} = (p, W_1, W_2) = (1-p)U(W_1) + pU(W_2)$$

式中，W_1 和 W_2 分别代表不发生和发生灾害时农户的收入；$\alpha = (\alpha_1, \alpha_2)$ 为农业保险合同；α_1 为保费；α_2 为赔付额与保费额之差。则农业保险对于农户的价值可以表达如下：

$$V(p,a) = \hat{V}(p, W-\alpha_1, W-d+\alpha_2) = (1-p)U(W-\alpha_1) + pU(W-d+\alpha_2)$$

由于农户总是可以选择不购买农业保险，因此，只有当 $V(p,\alpha) > V(p, 0)$ 时农户的购买决策才会发生。

$$其中，V(p,0) = \hat{V}(p, W, W-d) = (1-p)U(W) + p(W-d)$$

农户有两种选择，即购买保险和不购买保险，属于二分因变量，符合二项分布函数的性质，因此本章选择 Logit 模型来研究影响农户对政策性蔬菜保险需求的因素。

$p[V(p,\alpha) > V(p,0)]$ 表示购买保险的期望效用大于不购买保险的期望效用的可能性，可以体现农户的购买意愿。

在实际研究中用 $Y=1$ 代表 $V(p,\alpha) > V(p,0)$，Logit 模型可以表示成如下形式：

$$P(Y = 1/X_i) = F(Z_i) = F(\alpha + \beta_i X_i) = \frac{1}{1 + e^{-(\alpha + \beta_i X_i)}}$$

式中，Y 为前述的二元变量，X 为自变量，X_i 表示第 i 个影响因素；α 为常数项，β_i 为自变量系数。

8.2.2　变量的选取

2012 年以前，北京市露地蔬菜保险要求投保标的物成片种植 5 亩以上，考虑到北京市蔬菜种植农户多为小规模生产，而且多数农户选择了技术水平更高的设施蔬菜生产，故户均露地蔬菜种植面积较小，很难达到该项要求。虽然自 2012 年起取消了 5 亩以上的规定，但由于此变化刚刚发生，宣传力度不够，因此加入露地蔬菜保险的农户寥寥无几，而温室、大棚保险经过了几年的发展，积累了一定的市场。综上所述，本章选择农户是否购买温室、大棚保险作为因变量。

目前，关于农业保险需求影响因素的研究已比较成熟，总的说来影响因素数目众多，如农业风险的管理方式、收入水平、收入结构、受教育程度、国家扶持力度、务农年限、对农业风险的认知、对政策性农业保险的了解程度、心理因素等。在借鉴前人相关研究的基础上，并结合蔬菜生产的特点，本章选择如下变量作为影响农户对政策性蔬菜保险（温室、大棚保险）需求的解释变量。

（1）**受教育水平**

受教育程度越高，对农业保险的理解也就越深刻，会更容易正确认识农业保险的作用，对农业保险的需求起正向推动作用。

（2）**受访者年龄**

年长者对新事物的接受能力较差，会降低购买农业保险的可能性。但从另一个角度来看，也有可能务农时间越长，对农业灾害损失的感受也越深，更希望能通过保险来分散风险。

（3）**设施蔬菜生产的年限**

设施蔬菜生产的年限越长，经验越丰富，抵御各种风险的能力也就越强，因此，购买农业保险的可能性会下降。

（4）**是否有外出务工人员**

农户家庭如果有外出务工人员，一方面可能会由于眼界的开阔，增加对农业保险的了解，增加购买农业保险的可能性；另一方面也可能通过非农收入的增加，降低蔬菜生产损失对农户的影响程度，进而，对农业保险的购买产生负影响。

（5）**是否有村干部**

村干部作为领导者，一般而言，文化程度较高，同时也是政府推行政策性农业保险的执行者之一，对农业保险的了解应该更加深刻，因此购买的可能性更高。

（6）收入水平

指农户的人均年收入、蔬菜生产的收入占家庭总收入的比例。一般情况下农户对农业保险的需求与收入水平成正比，因为收入水平越高，可支配的收入也就越多，购买农业保险的能力也就越强，但张跃华等学者（2005）认为，当收入水平初始值低的时候，这种正影响是存在的，但是当财富的存量超过一定点的时候，农业保险需求是呈下降趋势的。蔬菜生产收入占家庭总收入的比例可以反映蔬菜生产收入对农户家庭的重要性，如果该比例较大，则说明当农户因自然灾害遭受的经济损失对效用的影响会很大，因此也就更容易购买政策性蔬菜保险。

（7）规避农业风险的手段

农户规避农业风险的手段种类越多，对农业保险的替代性越强，这可能会在一定程度上削弱农户对于蔬菜保险的需求。但是从另一个角度看，农户选择规避农业风险的手段越多，说明其对农业风险的认识程度越高，想要抵御农业风险的愿望更加强烈，故也可能对农业保险需求产生正的影响。

（8）对农业风险的认知程度

农户认为由农业风险造成的损失对其生产、生活影响越大，通过购买农业保险来规避风险的可能性也就越大。

（9）对温室、大棚保险的认知程度

农户对温室、大棚保险的内容了解得越详细，信息越完全，购买该项保险的积极性就越高。

表 8-4 列出了 Logit 模型中各被解释变量、解释变量与预期作用方向。

表 8-4　变量定义与预期作用方向

变量名称	变量标示	变量定义	预期作用方向
农户是否购买温室、大棚保险	Y	购买＝1；未购买＝0	待定
农户年龄	X_1	调研数据（岁）	待定
受教育程度	X_2	小学及以下＝1；初中＝2；高中＝3；大学及以上＝4	正向
是否有村干部	X_3	有＝1；无＝0	正向
是否有外出务工人员	X_4	有＝1；无＝0	待定
人均纯收入	X_5	调研数据（元）	待定
设施蔬菜生产收入占总收入比重	X_6	调研数据（%）	正向
设施蔬菜生产年限	X_7	调研数据（年）	反向
农业风险对生产、生活的影响	X_8	没有＝1；微乎其微＝2；不太大＝3；比较大＝4；非常大＝5	正向
对温室、大棚保险的了解程度	X_9	从未听过＝1；听过但不了解＝2；基本了解＝3；非常了解＝4	正向
风险规避手段的数量	X_{10}	调研数据整理	待定

8.2.3　资料来源与描述性分析

本研究所采用的数据来自于 2012 年对北京市蔬菜主产区大兴、顺义和通州的 30 个村 106 个样本农户的问卷调查。问卷共包含四个部分：农户及家庭的基本情况、对农业风险的认知、对政策性蔬菜保险的了解、农户对政策性蔬菜保险的购买意愿和实际购买情况。为了更加有效地了解农户购买温室、大棚保险的影响因素，样本农户选取时要求满足温室、大棚保险标的物的要求，最终回收有效问卷 100 份。有效问卷中购买温室、大棚保险的有 51 户，49 户未购买，对于未购买农户又进一步了解了其决策产生的原因（表 8-5）。其他样本农户特征的重要指标分布情况见表 8-6。

表 8-5　农户不购买政策性蔬菜保险的原因

原因	损失能承受	未设置想选险种	赔付比例低	不了解	理赔麻烦、索赔困难	对保险公司不信任	保险期限设置不合理
被选频数	12	7	17	24	5	11	3

表 8-6　农户特征的重要调查指标分布

农户特征	类型/均值	百分比/标准差
年龄（岁）	50.93	6.42
受教育程度	小学及以下	19%
	初中	72%
	高中	9%
	大学及以上	0
是否有外出务工人员	是	47%
	否	53%
人均纯收入（元）	11 972	7 920.84
设施蔬菜生产的收入（元）	33 430	20 809.49
设施蔬菜生产的年限	11.96	7.24
农业风险对生产生活的影响	几乎没有	7%
	微乎其微	24%
	不太大	42%
	比较大	21%
	非常大	6%
对温室、大棚保险的了解程度	从未听过	12%
	听过但不了解	57%
	基本了解	26%
	非常了解	5%
农业风险规避手段的数量	3.06	1.26

8.3 农户购买保险的意愿分析

使用 Eviews6.0 软件对调研数据进行 Logit 回归分析，得到的结果如表 8-7 所示。

表 8-7 模型估计结果

Variable	Coefficient	Std. Error	z-Statistic	Prob.
C	−8.179519	3.690515	−2.216362	0.0267**
X1	0.040554	0.052176	0.777241	0.4370
X2	0.672135	0.643683	1.044202	0.2964
X3	0.303956	1.434417	0.211902	0.8322
X4	−1.836310	0.653688	−2.809155	0.0050***
X5	−4.32E-05	4.23E-05	−1.020785	0.3074
X6	0.627085	1.050141	0.597144	0.5504
X7	−0.091334	0.042467	−2.150731	0.0315**
X8	0.627647	0.299465	2.095897	0.0361**
X9	1.344096	0.448605	2.996167	0.0027***
X10	0.695811	0.232417	2.993808	0.0028***

注：**、***分别表示在 95% 和 99% 置信水平下显著。

以下对 Logit 模型的回归估计结果进行进一步的分析。首先使用期望预测的方法考察模型预测结果的准确性，结果见表 8-8。当截断值取 0.5 时，模型预测到没有购买温室、大棚保险的有 40 户，而实际有 49 户，模型估计的准确率为 81.63%；对于实际购买了温室、大棚保险的 51 户模型预测到了 39 户，预测准确率为 76.74%。总体来说，该模型的恰当比例为 79%，预测效果较好。下一步对已建模型进行拟合优度的检验，结果如下：H-L Statistic 为 5.8023，其相伴概率是 0.6694；Andrews Statistic 为 28.9343，相伴概率是 0.2313。从检验结果来看不能拒绝原假设，即认为模型的拟合精度是很高的。

表 8-8 截断值为 0.5 时模型的期望预测结果

	实际观察值		
	未购买	购买	合计
模型预测未购买（户）	40	12	52
模型预测购买（户）	9	39	48
合计（户）	49	51	100
正确预测（户）	40	39	79
正确率（%）	81.63	76.47	79.00

上述分析验证了所得模型预测结果的合理性，从表 8-4 至表 8-8 可以看

出，是否有外出务工人员、设施蔬菜生产的年限、农业风险对农户生产、生活的影响、农户对温室、大棚保险的了解程度以及风险规避手段的数量均对农户购买温室、大棚保险的决策有显著性影响。其中设施蔬菜生产的年限，农业风险对农户生产、生活的影响及农户对温室、大棚保险的了解程度这三个影响因素对农户购买决策的作用方向与理论预测相符，即设施蔬菜生产的年限越长，购买温室、大棚保险的可能性越低；农业风险对农户生产、生活的影响越大，农户对温室、大棚保险了解的程度越深，购买温室、大棚保险的可能性越大。在前文的理论预期中，是否有外出务工人员及风险规避手段的数量均有来自正反两个方向的影响共同作用于农户的购买决策，二者的影响程度大小未知，因此最终作用的方向是不确定的，而本研究得出的结论是否有外出务工人员对农户购买决策有反方向的显著作用，即如果农户家庭中有外出务工人员，则购买温室、大棚保险的可能性小；而农户使用的风险规避手段的数量对购买决策有正向的显著作用，即随着农户使用风险规避手段数量的增多，购买温室、大棚保险的可能性也会加大。

本研究中，年龄、受教育程度、是否有村干部、人均纯收入及设施蔬菜生产的收入占总收入的比重这五个因素对农户购买决策的作用不显著。笔者认为原因可能有以下几个方面：①年龄、受教育程度及农户家庭是否有村干部对购买决策起正向作用，但并不显著，这可能是由于北京市农民的素质有所提升，消费更加理性。②人均纯收入对购买决策起反向作用，而设施蔬菜生产的收入占总收入的比重则起正向作用，两者均不显著，这很大可能是因为目前温室、大棚保险对标的物的要求比较苛刻，有资格参与的农户一般而言经济水平都比较高，因此，相比而言收入水平对于购买决策的影响也会比较小。

8.4　本章小结

本章对北京市蔬菜政策性保险进行了研究。以 Von Neumann-Morgenstern 效用理论为基础，通过对实际调研数据进行了 Logit 模型的实证分析。主要研究结论是，影响温室、大棚保险购买意愿的主要因素有是否有外出务工人员、设施蔬菜生产的年限、农业风险对农户生产生活的影响、农户对温室和大棚保险的了解程度以及风险规避手段的数量。其中，前两个因素对购买意愿的影响是反向的，而后三个因素则起正向作用。在调研中发现，未购买政策性蔬菜保险的农户所反映的主要原因是：未设置想选险种、赔付比例低、理赔麻烦索赔难、对保险公司不信任等。提出以下几点关于促进北京市政策性蔬菜保险发展的建议：①加大对政策性蔬菜保险的宣传力度。农户投保的前提就是对政策性蔬菜保险有一定的了解，国家和保险公司应利用形式多样、通俗易懂的宣传手段，帮助农民认识保险、了解保险和接受保险，提高农民对农业保险益处的了解，增强风险的防范和转移意识，实现积极参保。②有针对性地选择推广对象。本研究发现农户家庭如果有外出务工人员，则购买政策性蔬菜保险的可能性会有所下降，因此，政策性蔬菜保险的潜在客户应当是以蔬菜生产为主的农村家庭。③规范理赔操作，提高保障水平。保险公司应不断完善理赔流程，规范理赔操作，农户遭受损失时确保赔付的完全与及时。另外，政府也应该提高对保险公司扶持的力度，适当地提高赔付的比例。总之，建立农户对保险公司的信任，是政策性蔬菜保险进一步推广的重中之重。

主要参考文献

Coble，KeithH.，ThomasO. Knight，RulonD. Pope，JefferyR. Williams. 1996. Mode ling Farm-level Crop Insurance Demand with Pannel Date [J] . American Journal of Agricultural Economics，78 (2)：439-447.

Serra，T.，B. K. Goodwin，A. M. Featherstone. 2003. Modeling Changes in the U. S. Demand for Crop Insurance during the 1990s [J] . Agricultural Finance Review，63 (2)：109-125.

陈妍，凌远云，陈泽育，郑亚丽 . 2007. 农业保险购买意愿影响因素的实证研究 [J] . 农业技术经济 (2)：26-30.

方伶俐，李文芳 . 2008. 不同地区农作物保险购买影响因素的比较实证研究 [J] . 生态经济 (7)：28-32.

侯玲玲，穆月英，曾玉珍 . 2010. 农业保险补贴政策及其对农户购买保险影响的实证分析 [J] . 农业经济问题 (4)：19-25.

李彧挥，孙娟，高晓屹 . 2007. 影响林农对林业保险需求的因素分析——基于福建省永安市林农调查的实证研究 [J] . 管理世界 (11)：71-75.

孟阳，穆月英 . 2013. 北京市政策性蔬菜保险需求的影响因素分析——基于对蔬菜种植户的调研 [J]，中国蔬菜 (20)

宁满秀，邢鹂，钟甫宁 . 2005. 影响农户购买农业保险决策因素的实证分析——以新疆玛纳斯河流域为例 [J] . 农业经济问题 (6)：38-44.

曾玉珍 . 2011. 中国政策性农业保险的发展评价与可持续性研究[D]. 北京：中国农业大学 .

张跃华，顾海英，史清华 . 2005. 农业保险需求不足效用层面的一个解释及实证研究 [J] . 数量经济技术经济研究 (4)：83-91.

张跃华 . 2007. 农业保险政策性运作的经济学分析——以上海市青浦区南美白对虾保险为例 [J] . 上海保险 (1)：6-9.

第9章

北京蔬菜供应圈五省份
蔬菜生产的比较

蔬菜是城乡居民生活必不可少的重要农产品，保障蔬菜供给是重大的民生问题。改革开放以来，我国蔬菜产业发展迅速，在保障市场供应、增加农民收入等方面发挥了重要作用。同时，必须看到，蔬菜产业发展还存在市场价格波动大、产品质量不稳定等突出问题。党中央、国务院高度重视蔬菜产业发展，2010年国务院出台三个文件，对加强蔬菜生产流通、保障市场供应等工作提出了一系列要求。并于2011年12月制定了《全国蔬菜产业发展规划（2011—2020年）》，以进一步明确产业发展的指导思想、基本原则和发展目标；对大中城市提高蔬菜供应保障能力提出要求；划定产业优势区域；明确生产、流通及质量安全体系发展重点，和制定相应的保障措施。

在综合考虑地理气候、区位优势等因素的基础上，规划将全国蔬菜产区划分为华南与西南热区冬春蔬菜、长江流域冬春蔬菜、黄土高原夏秋蔬菜、云贵高原夏秋蔬菜、北部高纬度夏秋蔬菜、黄淮海与环渤海设施蔬菜六个优势区域，重点建设580个蔬菜产业重点县（市、区），提高全国蔬菜均衡供应能力。其中把黄淮海与环渤海定为设施蔬菜优势区域。此产区一共包括8个省（份），分布在辽宁、北京、天津、河北、山东、河南及安徽中北部、江苏北部地区，共有204个蔬菜产业重点县（市、区）。该区域冬春光热资源相对丰富，距大城市近，适宜发展设施蔬菜生产。

2010年8月国务院召开常务会议要求全国各地要制定完善蔬菜市场的供应应急预案，建立蔬菜储备制度，确保重要的耐贮藏蔬菜品种5～7天消费量的动态安全。在2011年提出的《全国蔬菜产业发展规划（2011—2020年）》中提到，要大城市蔬菜自给能力和提高全国蔬菜均衡供应能力。北京作为首都，也是我国特大城市之一，保证北京市一定程度的自产蔬菜供给也就显得特别重要。

本章基于2012年对北京市及其周边山东省、河北省、辽宁省和天津市的蔬菜种植户的调研数据，对五省份蔬菜生产和蔬菜供应进行比较分析。

9.1 五省份蔬菜生产的基本情况

9.1.1 各地区样本数

本研究于 2012 年 4—9 月对北京市及其周边山东省、河北省、辽宁省和天津市的蔬菜种植农户 2011—2012 年的蔬菜生产进行了调研。剔除问题及无效问卷,有效问卷1 120份,省市区县的样本分布见表 9-1。基于此次的调研,对北京及其周边共五省份蔬菜生产的现状及特点进行分析和比较。

表 9-1 各地区样本数

单位:个

省份	县区数	乡镇数	村数	农户数
北京	7	34	61	208
山东	6	13	39	333
河北	4	12	27	88
辽宁	6	18	31	300
天津	5	14	26	191
合计	28	91	184	1 120

9.1.2 北京市蔬菜生产及发展现状

北京市是我国蔬菜生产的重要省份,也有着悠久的蔬菜生产的历史。从图 9-1 可以看到,1978—2002 年北京市蔬菜的播种面积总体呈上升趋势,在 2003 年以后到 2011 年,呈下降趋势;蔬菜的产量,也随着蔬菜的播种面积的变化呈现出相同的变化趋势。近 10 年来,北京市蔬菜的播种面积从 2002 年的 11.5 万公顷减少到 2011 年的 6.7 万公顷,与 2002 年比播种面积减少了 41.74%,年均播种面积减少 0.48 万公顷。蔬菜产量也从 2002 年的 507.4 万吨减少到 2011 年的 296.9 万吨,与 2002 年比产量减少了 46.81%。

近年来,北京市蔬菜产值在两个产值(即农业产值和农林牧渔产值)中比重的变化可以分为以下三个阶段,第一个阶段是平稳上升阶段,即 1994—2000 年,蔬菜的产值从 1994 年的 27.5 亿元上升到 2000 年的 51.9 亿元,而且其占农业产值和占农林牧渔的总产值比重逐年增加;第二阶段为 2001—2005 年的平稳波动阶段,这 5 年间,蔬菜总产值较稳定变化较小,其占农业产值的比重和占农林牧渔的比重也有小范围波动;第三阶段为 2006—2011 年,这 6 年间蔬菜产值总体呈上升趋势,到 2011 年北京市蔬菜产值达到 59.5 亿

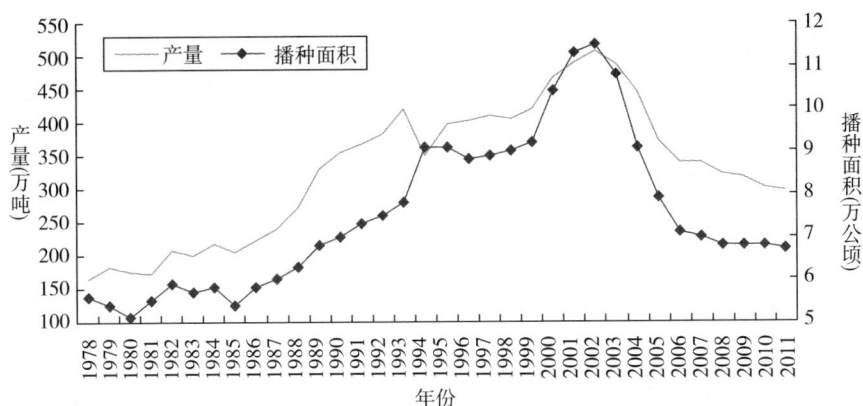

图 9-1　北京市蔬菜产量及播种面积变化
资料来源：历年《北京市统计年鉴》。

元，但其占农业产值的比例和其占农林牧渔产值的比重总体呈降低趋势，2011年北京市蔬菜产值占农业产值的比重为 36.4％，占北京市农林牧渔业总产值的 16.4％。

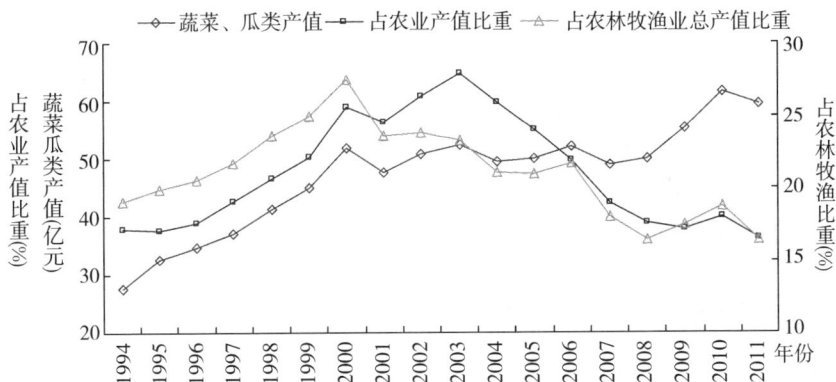

图 9-2　北京市蔬菜产值及其占各产值的比重
资料来源：历年《北京市统计年鉴》。

9.1.3　辽宁省蔬菜生产及发展现状

辽宁省以设施生产为主要特征的蔬菜生产发展迅速，在种植业中的地位日渐提高，现在已成为在全国具有重要地位的蔬菜生产大省，其中曝光温室生产在全国位居领先地位。2010 年，辽宁省蔬菜播种面积达到1 253.6万亩，总产量3 764.3万吨，蔬菜总产值 555.3 亿元，其中设施蔬菜播种面积 842.69 万亩、总产量2 675万吨、总产值 434.77 亿元。设施蔬菜分别占辽宁省蔬菜播种面积、总产量和总产值的 67.2%、71.06%和 78.3%。

2010 年全省各项蔬菜生产投入补贴资金达 14.5 亿元。2010 年年底，辽宁省已建日光温室小区 5.5 万个，设施面积 400 万亩，播种面积 700 万亩。全省设施蔬菜小区投入接近 1000 亿元，政府、企业与农民的投资结构比例为7.3：5.7：87。

辽宁省蔬菜每年省内约消费1 100万吨，2 700万吨需要外销。蔬菜国内主要销往北京、天津、吉林、黑龙江等，外销主要销往俄罗斯、蒙古、韩国、日本及欧洲国家。

9.1.4 山东省蔬菜生产及发展现状

山东省蔬菜生产自然条件优越、品种资源丰富，素有"世界三大菜园"之称。蔬菜生产基本实现了由以城郊生产为主到以建设农区大基地生产为主，由以秋菜生产为主到以冬春菜生产为主，由以大路菜生产为主到以精细菜生产为主，由以省内消费为主到以供应省外和出口为主的转变，并因其量大质优而逐步确立了全国"大菜园"的地位。目前山东省蔬菜有 100 多个种类，3 000多个品种，70%以上销往省外，出口量占全国的 1/3。2011 年，全省蔬菜播种面积达到2 686.81万亩，产量为 918.09 万吨。其中，潍坊、济宁、泰安、聊城及菏泽五个市的蔬菜播种面积都超过了 200 万亩①。潍坊市的寿光市是中国著名的蔬菜之乡，其首创的"冬暖式蔬菜大棚"全国闻名，其蔬菜种植水平始终居于全国前沿水平，市场营销范围辐射全国。目前蔬菜种植面积发展到 80 万亩，其中有机蔬菜 65 万亩，蔬菜年产量 40 亿千克，产值 40 亿元。

9.1.5 河北省蔬菜生产及发展现状

河北省蔬菜产业布局分为三个区，分别为北部的夏秋露地蔬菜优势产区、中东部的冬春棚室蔬菜优势产区以及东南部的春秋中小棚蔬菜产区。河北蔬菜生产历史悠久，而且品种较多，除供应本省市场外，还供应北京以及天津市场。

9.1.6 天津市蔬菜生产及发展现状

天津市于 2008 年启动实施了设施农业"4412"工程，从 2008 年开始，用 4 年时间建设 40 万亩高标准的设施农业、发展 12 个具有相当规模和辐射带动

---

① 山东农业信息网，http://www.sdny.gov.cn/col/col151/index.html。

作用的设施园区。截至 2011 年年底，天津市蔬菜占地面积为 81.5 万亩，以设施蔬菜为主的设施农业累计总面积已达 60 万亩，播种面积达 161.23 万亩，蔬菜年产量 554.3 万吨，年产值 68.6 亿元。2012 年，天津市为贯彻落实市委九届十二次全会和市农村工作会议精神，全面提升"4412"工程建设成果，加大现代农业建设力度，提高"菜篮子"质量，转变农业发展方式，建设全国一流、独具特色的都市型现代农业，全年当地产蔬菜上市品种多达 180 个，主要蔬菜自给率高达 90%以上。有效确保了蔬菜设施化生产能力的大幅提升，这不仅保证了市场的有效供给，而且对加快农业产业化进程，实现农业增效和农民增收，以及社会稳定起到了重要作用。

9.2　蔬菜种植户的基本特征分析

9.2.1　五省份农户年龄比较

在北京市 208 户从事蔬菜生产的农民中，户主年龄分布为 30～69 岁，平均年龄为 48.83 岁，也是各省份中从事蔬菜生产的农民户主平均年龄最大的；辽宁省的农户户主平均年龄为 46.52 岁，是五省份中最小的。各省份蔬菜生产农户户主平均年龄相差不大。山东省是我国蔬菜发展较早，有一定历史，而且较成熟的省份，所以山东一些年龄较大的农民也在从事蔬菜生产。近年来辽宁省较重视蔬菜发展的工作，新民市等一些蔬菜生产发展较好的地方还提出了在"十二五"期间打造辽宁寿光的目标，在许多村整体推进蔬菜的生产，而且产业扶持的政策相对较好，一些村里多数劳动力都在从事蔬菜生产工作，所以这可能导致平均年龄较其他省市小了一些。

表 9-2　五省份农户年龄比较

单位：户，岁

省份	户数	最小	最大	平均
北京	208	30	69	48.83
山东	333	26	77	47.13
河北	88	17	65	46.66
辽宁	260	28	70	46.52
天津	191	30	69	47.93

9.2.2　五省份农户教育程度比较

农民的受教育情况也是社会及国家关注的问题，农民受教育的情况会影响农民对知识以及技能的学习和应用，甚至影响农民的收入和农村的经济发展。但是农民受教育的情况，不仅存在个体的差异，还会因为地区的不同，表现出不同的情况。从表9-3可以看到，五省份农户大多为初中文化程度，初中及以下文化程度的农民占各地的80％以上。把各省份农户调研中的小学及以下的文化程度按6年教育时间计算，得到各省份的农户平均受教育年限，可以看出北京以及天津两个直辖市的农户受教育年限分别为9.20年与9.06年，其他省份均不到9年，京津两个直辖市要高于其他三个省份，这可能也与两地经济发展水平和城市综合发展水平有一定关系。在调研中也发现，五省份蔬菜生产农户的户主绝大多数为普通农民，村干部和党员较少。

表9-3 各省份农户户主受教育程度比例

	北京	山东	河北	辽宁	天津
小学及以下	12.50％	21.49％	18.18％	26.15％	17.80％
初中	69.23％	59.10％	65.91％	70.00％	64.92％
高中	17.31％	18.81％	14.77％	3.08％	14.66％
大学及以上	0.96％	0.60％	1.14％	0.77％	2.62％
平均受教育年限（年）	9.20	8.96	8.97	8.35	9.06

9.2.3 五省份农户家庭从事蔬菜人数比较

通过比较分析五省份农户家庭从事蔬菜生产的人数，可以看到各省份农户从事蔬菜生产平均人数都在2人左右，且各省份蔬菜生产的农户中多为2人生产。在五省份的比较中，也可以看到北京和天津的农户从事蔬菜生产的平均人数低于2人，分别为1.89人和1.99人。北京、天津和辽宁三个地区农户中，家庭从事蔬菜生产的人数在2人及以下的占总农户数的90％以上，河北与山东两省中这一比例达到了85％左右，较前边三地区低一些。

出现以上情况可能由以下原因导致，第一，现值青壮年的新生代农民，多出生在20世纪80年代和90年代，由于当时的人口政策，家庭规模并不大，三四口之家较多，家庭劳动力数有限；第二，蔬菜生产是一项比较费人工的劳动，一个人生产困难相对较大，种植规模适中的家庭中，两人配合起来进行生产劳动更有效，所以蔬菜生产以两人居多也是有一定的必然性；第三，由于近年来劳动力成本逐渐增大，越来越多的农民放弃了从事农业生产劳动而进城务工，而且农村的青少年相对于从事农业生产，更倾向外出打工；第四，从事农业劳动不仅需要付出更多，而且可能获得的回报不如外出打工高。北京和天津两个直辖市相对来说就业的机会更多、条件更便利，收入也相对其他地区高，所以这也可能是导致两地农户家庭从事蔬菜生产的人数相对其他省份较少的原因。

表9-4　各省份农户家庭从事蔬菜生产人数比例

	北京	山东	河北	辽宁	天津
1 人	15.87%	3.28%	7.95%	8.70%	9.95%
2 人	81.25%	81.79%	76.14%	83.40%	82.72%
3 人	0.96%	9.25%	13.64%	4.74%	5.76%
4 人及以上	1.92%	5.67%	2.27%	3.16%	1.57%
平均（人）	1.89	2.18	2.1	2.05	1.99

9.2.4　五省份农户家庭从事蔬菜人数比较

我国是世界上最大的蔬菜生产国和消费国。20 世纪 80 年代中期蔬菜产销体制改革以来，随着种植业结构调整步伐的加快，全国蔬菜生产快速发展，产量大幅增长。随着工业化、城镇化的推进，为保障大城市蔬菜自给能力和全国蔬菜的均衡供应能力，国家提出合理布局大城市蔬菜生产基地，稳定提高自给能力和应急供应能力的政策。北京及天津作为我国的大城市，人口压力大，蔬菜消费能力强，但土地与农业劳动力等资源相对稀缺，对保障日常供给有一定难度。所以，北京、天津的蔬菜来源不仅有当地农民种植，还有一部分来自周边省份以及气候相对适应生产的南方省市。

北京的蔬菜生产以设施蔬菜生产为主，露地生产为辅。顺义区、大兴区、通州区和房山等区县是北京市设施蔬菜的主产区县，河北、山东及辽宁三省有很大一部分蔬菜都供应到了北京和天津，辽宁有部分蔬菜供东北三省以及出口。这些地区的蔬菜生产也有一定的历史。

从表 9-5 可以看出，北京及山东、河北、辽宁四省份农户从事蔬菜生产的年限相似，平均年限均在 12 年以上，山东的农户平均从事蔬菜生产的年限最长，为 14.31 年，其次是北京 14.23 年。这四省份的农户从事蔬菜生产的年限相对于天津时间较长，天津农户平均蔬菜生产年限为 8.16 年。表 9-5 中，可以看到各省份农户从事蔬菜生产年限的四分位数分布，可以看到，北京、山东、河北及辽宁的第一、第二与第三分位数相近，但是天津的农户从事蔬菜生产的年限三个分位数上的点都比其他省份小，第一、二、三分位数分别为 2、4 和 10，与其他省份的生产年限有一定差距，可以看出天津蔬菜产业的起步较其他省份晚一些。

表 9-5　各省份农户从事蔬菜生产年数

单位：年

	北京	山东	河北	辽宁	天津
第一分位数	8	10	7.5	6	2
第二分位数	13	15	12	11	4
第三分位数	20	19	20	19.5	10
平均	14.23	14.31	13.13	12.45	8.16

9.2.5　五省份家庭收入情况

　　蔬菜产业属于劳动密集型产业，转化了数量众多的城乡劳动力的同时，蔬菜作为商品其商品率高，比较效益高，也是农民收入的重要来源之一。据国家统计局统计，2010 年全国蔬菜播种面积占农作物播种面积的 11.9%，总产值 1.2 万亿元，占种植业总产值的 33%。另据农业部测算，2010 年蔬菜对全国农民人均纯收入贡献 830 多元，占农民人均收入的 14%。

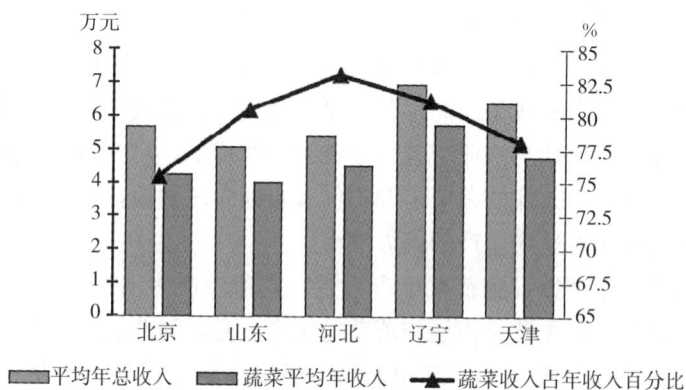

图 9-3　五省份农户平均年收入及蔬菜收入

　　在北京、山东、河北、辽宁及天津五个省份的调研中，辽宁从事蔬菜生产的农户家庭收入最高，家庭平均年收入为 6.98 万元，其次是天津 6.45 万元，最少的是山东，农户家庭平均年收入为 5.09 万元。在这五个省份中，从事蔬菜生产的农户家庭蔬菜平均年收入也是辽宁最高，为 5.76 万元，其次是天津 4.80 万元，再次为河北、北京与山东，分别为 4.56 万元、4.24 万元和 4.03 万元。五省份从事蔬菜生产的农户中，农户蔬菜收入占家庭总收入的比例河北最高，为 83.10%，其次是辽宁 81.16%、山东 80.47%、天津 78.03%、北京 75.45%。可见，同样是种菜比较集中的地区，北京市农户对种菜的收入依赖程度相对低些，影响到农户对种菜经营和技术采用的积极性。

辽宁作为新兴的蔬菜大省，这些年来加大了对设施蔬菜的投入，并且政府对设施蔬菜生产的政策有所倾斜，而且辽宁农用耕地相对其他省份多，一些区县进行蔬菜设施的统一建设，一个设施大棚占地面积为 10 亩，种植面积为3～4 亩，这样农户的种植规模就相对较大。而且许多村对蔬菜的生产进行整体统筹和规划，生产的蔬菜品种大体相同，成熟时间相近，这样就省去了销售成本，一些收购商直接开车来地头收购，为农民节省了不少时间，所以家庭的收入以及种菜获得的收益就相对较高。

通过对五个省份的农户蔬菜收入占家庭总收入的比重进行比较，可以发现，北京及天津两个直辖市排在了最后两位。这也可能是由以下原因引起，首先，两地经济相对发达，农民相对更容易获得兼业的机会，一些农户在农闲时可能会从事一些兼业活动；其次，家庭年轻的劳动力更倾向于到城市就业，加上大城市工资相对较高，这样可能导致蔬菜生产的收入比例相对于家庭年平均收入的比例降低。

9.2.6　五省份农户蔬菜种植规模比较

蔬菜的生产与大田作物具有不同的特性，种植规模也各异。通过对五省份农户蔬菜种植规模的统计可以发现，总体来看，各地区农户家庭蔬菜占地规模主要在 5.0 亩及以下，其次是 5.01～10 亩，10 亩以上的农户很少。从五省份平均情况来看，有 65.06% 的农户蔬菜占地在 5.0 亩及以下，10 亩及以下的平均达到 91.41%，只有 8.59% 的农户种植规模在 10 亩以上，可以看出，多数地区农户种植蔬菜以小规模为主。

从各地来看，北京农户在 5.0 亩及以下的农户相对其他省份比例较低，为55.29%，低于平均数近 10 个百分点，但是在 5～10 亩的比例高于其他各省，10 亩以上的农户仅次于天津。可以看出，北京的农户蔬菜规模以 10 亩以下为主，但是 10 亩以上的农户所占比例也较高。这可能也与京津两市的农业政策有一定关系，政府鼓励种植大户进行生产，所以制定了相应政策，吸引了更多的农业企业参与到农业生产中来，进行规模化的生产，导致了两地的 10 亩以上农户较其他地区比例大。

表 9-6　各地不同生产规模农户比例

	5.0 亩及以下	5.01～10.0 亩	10.01～20.0 亩	20 亩以上
北京	55.29%	33.65%	3.37%	7.69%
山东	66.07%	30.03%	3.90%	0.00%

（续）

	5.0 亩及以下	5.01～10.0 亩	10.01～20.0 亩	20 亩以上
河北	65.91%	28.41%	5.68%	0.00%
辽宁	71.54%	17.31%	9.62%	1.54%
天津	66.48%	22.35%	9.50%	1.68%
平均	65.06%	26.35%	6.41%	2.18%

表 9-7 中可以看到，五个地区生产规模在 5.0 亩以下的占地面积在 3 亩左右，规模在 5.01～10.0 亩的占地面积约为 7 亩，但是规模在 10.01～20.0 亩以及 20 亩以上的各地差异较大。20 亩以上规模的农户分布在北京、辽宁和天津三个地区，北京平均规模为 135.22 亩，其次是天津 63.33 亩，最后是辽宁 27.80 亩。北京和天津的规模较辽宁大许多，主要是因为这两个地方有蔬菜公司，从事蔬菜生产的土地规模比较大。辽宁相对京津两地规模要小很多，但是也有些大户，主要是因为，辽宁的一些农村在整体推进蔬菜产业的发展，集体规划蔬菜产业园，而且一些农村大棚种植面积很大，一个棚的占地面积达到 13～15 亩，这都可能导致辽宁蔬菜占地规模较大。

表 9-7　各地蔬菜生产面积

单位：亩

	5.0 亩及以下	5.01～10.0 亩	10.01～20.0 亩	20 亩以上
北京	2.95	7.24	12.71	135.22
山东	2.98	7.27	12.14	—
河北	2.81	7.02	13.00	—
辽宁	2.81	7.67	16.13	27.80
天津	3.16	7.61	13.49	63.33
平均	2.94	7.36	13.49	75.45

由于各地农户以 10 亩以下的家庭生产为主，所以剔除 10 亩以上生产大户，对五省份蔬菜种植面积进行了统计。发现，各地蔬菜种植设施面积多于露地，因为果类蔬菜多为设施种植，所以这也可能与此次调研的蔬菜种类有关。北京农户种植面积最大，为 4.43 亩，其次是天津 3.84 亩，种植面积最小的是山东 3.25 亩。各地平均大棚种植面积最大，为 1.52 亩，露地最少，为 0.94 亩，平均种植面积为 3.71 亩。

表 9-8　10 亩以下农户种植面积

单位：亩

	露地	大棚	温室	合计
北京	1.03	2.19	1.21	4.43
山东	0.45	1.04	1.76	3.25
河北	1.38	1.24	0.91	3.53
辽宁	1.26	0.76	1.48	3.5
天津	0.58	2.37	0.89	3.84
平均	0.94	1.52	1.25	3.71

9.3　四种果类蔬菜的分品种分地区成本收益比较

我国蔬菜产业已经从昔日的"家庭菜园"逐步发展成为主产区农业农村经济发展的支柱产业，蔬菜的经济效益也成为农民关注的热点和焦点。通过对北京、山东、河北、辽宁和天津五个省份的番茄、黄瓜、茄子和青椒四种果类蔬菜 2011—2012 年每亩每茬的生产成本及收益调研，可以对不同种类蔬菜的生产成本及收益情况进行大致的了解。

蔬菜生产成本中，有很大一部分是大棚与温室的建设固定成本，因为本次调研重点考察单种蔬菜每亩每茬的成本收益情况，故未将固定成本计入成本；更换棚膜与地膜发生在哪个茬口就计入相应茬口的费用，因为棚膜更换的年限不同，也有的可以修补，所以为了计算方便没有将棚膜的使用年限进行折算。表 9-9 中的种子种苗费包括两项，分别为购买种子然后进行育苗的费用和购买菜苗的费用；肥料费是化肥、有机肥以及农家肥三项支出的总和；把蔬菜后期的整理和包装的费用以及销售的油费、入场费等计入流通费用。

9.3.1　五省份番茄每亩每茬生产成本及收益比较

在四种果类蔬菜的生产中，番茄因其栽培技术成熟，营养价值丰富，为人们所认可程度高而在全国得到了广泛的种植，在这五个地区中，从事番茄生产的农户占到了很大比重。

北京、山东、河北、辽宁及天津五个省份，2011—2012 年的番茄生产成本及收益如表 9-9 和图 9-4 所示。从表 9-9 可以看出种子种苗费、肥料费和农膜费三项费用在生产成本中占了很大比重，病虫害防治费用以及雇工费用居次，其他费用所占比重相对较小。五省份番茄生产成本每亩为 4 500～7 000 元，这可能与当年当地农资及劳动力的价格有一定关系。产值每亩每茬为 14 000～

24 000元，由于番茄种植时间不同，产量以及价格都受外界因素有很大影响。农资和劳动力的价格以及市场的供需量以及生产中外部自然条件的不同都会导致生产的成本及产值有一定的差异。通过比较五省份番茄每亩每茬的净收益，可以看到除河北的净收益较其他地区略低以外，其他四个省份的每亩每茬的净收益均在1万元以上，且相差不大。

表 9-9　五省份番茄每亩每茬生产成本及收益比

单位：元

项目	北京	山东	河北	辽宁	天津
种子种苗费	496.04	1 501.23	987.84	759.87	567.81
机耕费	81.53	211.86	89.49	170.20	104.00
肥料费	1 327.52	2 394.20	2 978.73	1 340.83	1 153.37
农膜费	1 479.24	1 335.43	1 788.48	1 776.91	1 237.92
防病虫费	538.45	693.25	719.13	615.83	674.75
水电费	213.17	213.94	216.25	214.90	258.62
雇工费	549.88	164.70	230.88	601.97	459.90
流通费	127.34	246.93	190.58	42.69	441.17
总成本	4 716.95	6 514.61	7 013.06	5 498.88	4 523.21
总产值	15 088.73	23 358.45	14 095.70	15 576.85	14 651.02
净收益	10 371.77	16 843.85	7 082.64	10 077.97	10 127.81

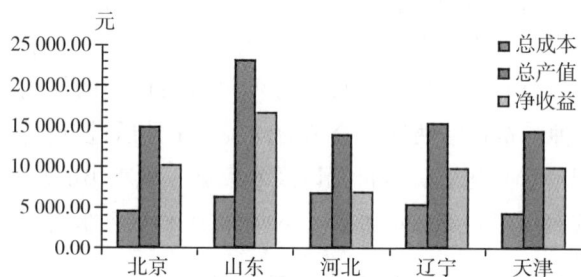

图 9-4　五省份番茄成本收益比较

9.3.2　五省份黄瓜每亩每茬生产成本及收益比较

黄瓜广泛分布于我国各地，并且为主要的温室产品之一，在四种果类蔬菜的生产中也占有很重要的地位。表 9-10 和图 9-5 对北京、山东、河北、辽宁及天津五个省份 2011—2012 年的黄瓜每亩每茬的生产成本及收益进行了统计和比较，发现黄瓜的肥料投入较高，能占总成本的一半，除河北与天津两地外，其他地区肥料投入均在3 000元左右；其次是农膜费病虫害防治费以及种子种苗费，其他费用占的比例较小。通过统计可以看到五个省份中，河北黄瓜每亩每茬总成本平均最高为15 707.59元，天津最低为4 235.84元，其余省份成本相差很小都为8 500元左右。除天津在2011—2012年的黄瓜每亩每茬总产值较低为16 641.17元外，其他四省份产值在30 000元左右，相差并不太大。这也可能与天津遭受了一定的自然灾害有一定的关系。通过对五省份黄瓜的净收益进行比较，可以发现北京的每亩每茬净收益最高为26 134.15元，天津的最低为12 405.33元，其余地区净收益相差不大。

表 9-10   五省份黄瓜每亩每茬生产成本及收益比较

单位：元

项目	北京	山东	河北	辽宁	天津
种子种苗费	1 406.22	1 332.62	1 971.10	493.66	770.99
机耕费	121.76	136.51	97.17	238.29	99.38
肥料金额	2 914.92	3 548.02	7 696.30	3 016.53	740.10
农膜费	2 015.53	1 886.15	1 897.36	1 723.43	1 441.70
防病虫费	1 534.77	1 387.90	2 269.29	1 184.12	139.78
水电费	485.95	230.38	465.19	194.60	218.84
雇工费	179.32	272.44	1 298.35	1 575.54	820.77
流通费	91.67	182.66	414.11	459.97	22.74
总成本	8 667.72	8 822.40	15 707.59	8 430.73	4 235.84
总产值	34 801.88	28 291.25	32 788.57	25 490.87	16 641.17
净收益	26 134.15	19 468.84	17 080.98	17 060.14	12 405.33

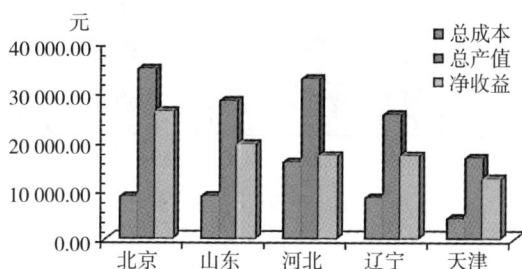

图 9-5   五省份黄瓜成本收益比较

9.3.3   五省份茄子每亩每茬生产成本及收益比较

相对于番茄与黄瓜，茄子与青椒的种植面积相对较小。表9-11和图9-6对五省份茄子每亩每茬的生产成本及收益进行了比较，可以发现肥料、农膜以及种子种苗费依然是投入的主要费用。各地的产值及净收益也相差较大，可能是因为北京和天津等地种植茄子的农户较少，代表性不够广泛，出现了一定程度的偏差；也可能因为各地的市场及自然情况不同引起的产值和收益有着一定程度的差别。

表 9-11　五省份茄子每亩每茬生产成本及收益比较

单位：元

项目	北京	山东	河北	辽宁	天津
种子种苗费	445.25	1 266.13	824.97	1 238.82	679.17
机耕费	98.02	181.49	82.02	166.91	75.00
肥料金额	1 020.88	4 243.13	4 414.03	5 713.20	683.33
农膜费	1 162.87	1 694.27	1 179.81	1 700.05	920.83
防病虫费	340.17	1 324.84	1 169.31	1 207.10	233.33
水电费	208.85	294.95	325.23	190.27	65.83
雇工费	671.08	778.00	837.77	479.64	80.00
流通费	153.33	300.51	83.10	152.16	37.50
总成本	3 960.45	9 881.70	8 833.14	10 701.45	2 745.00
总产值	13 801.41	28 285.87	18 035.28	39 655.05	8 800.00
净收益	9 840.96	18 404.16	9 202.13	28 953.60	6 055.00

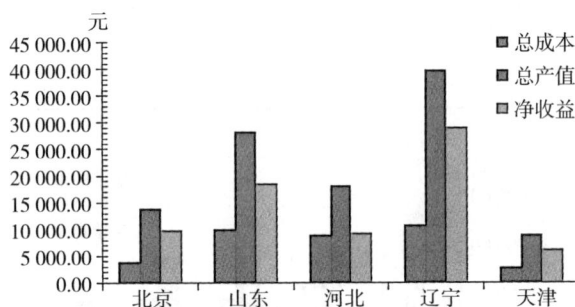

图 9-6　五省份茄子成本收益比较

9.3.4　五省份青椒每亩每茬生产成本及收益比较

在调研的五个省份中，北京、河北及天津从事青椒生产的农户较少，主要集中在山东和辽宁二省。表 9-12 和图 9-7 汇总了青椒的成本收益情况。可以看出，除了辽宁的每亩每茬的生产成本较高一些，其余省份相差不大，辽宁的青椒生产成本高可能因为，辽宁的青椒生产调研的地点集中供给到北京市场，青椒品种较好，质量高，所以在种苗投入以及肥料的投入上就比其他省份高一些，由此也会引起成本的提高。但是也可以看到辽宁的青椒每茬亩产值也是最高的，达到了33 999.44元，收益为26 037.96元。其次是山东，其青椒每亩每茬的总产值为25 822.51元，净收益为19 747.23元。这两个省份的青椒种植面积较其他地区广。

表 9-12　五省份青椒每亩生产成本及收益比较

单位：元

项目	北京	山东	河北	辽宁	天津
种子种苗费	1 919.44	979.84	192.50	1 005.01	372.69
机耕费	79.72	124.89	85.83	100.32	112.04
肥料金额	1 259.72	2 552.06	2 366.67	3 329.97	2 228.24
农膜费	222.22	1 237.79	995.83	1 453.64	1 385.65
防病虫费	255.56	671.14	901.67	617.84	330.09
水电费	81.94	200.12	107.08	226.18	369.44
雇工费	1 083.33	308.27	400.00	1 221.39	416.67
流通费	100.00	204.94	550.00	214.64	726.85
总成本	4 901.94	6 075.27	5 049.58	7 961.48	5 381.48
总产值	13 243.06	25 822.51	20 833.33	33 999.44	16 712.96
净收益	8 341.11	19 747.23	15 783.75	26 037.96	11 331.48

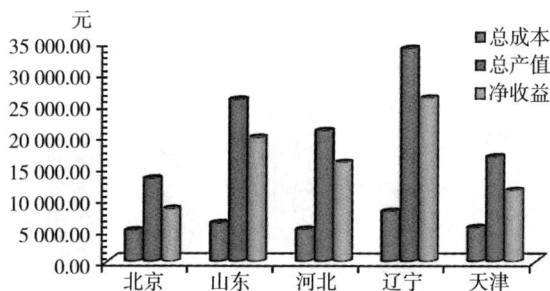

图 9-7　五省份青椒成本收益比较

9.3.5　四种果类蔬菜每亩每茬生产成本及收益比较

通过对比不同省份的单一品种果类蔬菜的投入及收益情况，我们发现了生产中的一定的共性。四种果类蔬菜的成本收益的横向对比也具有一定的共性，通过表 9-13 和图 9-8 可以看出，四种果类蔬菜投入的各项费用相差不大，其中黄瓜的各项投入费用相对高一些，可能是因为黄瓜生产周期长，进而导致各项成本的增加；总成本来看，黄瓜的投入最高为9 172.86元，其次是茄子，7 224.35元，最少的是番茄5 653.34元；从每亩每茬的总产值来看，番茄的产值最低，为16 554.15元，其余三种果类蔬菜的产值均在 2 万多元，且相差不大，黄瓜的产值最高，为27 602.75元；从经济效益角度出发来看，四种果类蔬菜的生产中，番茄的每亩单茬的净收益最低，为10 900.81元，黄瓜的净收益最高，为18 429.89元，但各品种的净收益差距并不大。这些都可能与四类蔬菜在生产和销售等方面具有相似性有一定的关系。

表 9-13　四种果类蔬菜各项投入费用及收益比较

单位：元

	番茄	黄瓜	茄子	青椒
种子种苗费	862.56	1 194.92	890.87	893.90
机耕费	131.42	138.62	120.69	100.56
肥料费	1 838.93	3 583.17	3 214.92	2 347.33
农膜费	1 523.60	1 792.84	1 331.57	1 059.03
防病虫费	648.28	1 303.17	854.95	555.26
水电费	223.38	318.99	217.03	196.95
雇工费	401.47	829.28	569.30	685.93
流通费	209.74	234.23	145.32	359.29
总成本	5 653.34	9 172.86	7 224.35	5 873.95
总产值	16 554.15	27 602.75	21 715.52	22 122.26
净收益	10 900.81	18 429.89	14 491.17	16 248.31

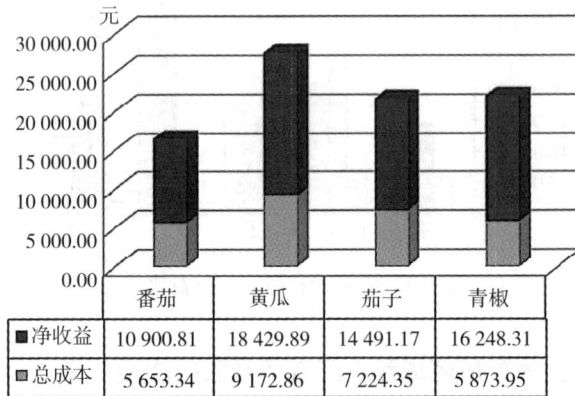

元	番茄	黄瓜	茄子	青椒
■净收益	10 900.81	18 429.89	14 491.17	16 248.31
□总成本	5 653.34	9 172.86	7 224.35	5 873.95

图 9-8　四种果类蔬菜成本收益比较

9.3.6　五省份四种果类蔬菜平均每亩每茬生产成本及收益比较

四种果类蔬菜在生产上有一定的相似性，所以把各地的四种果类蔬菜每亩每茬的平均成本和收益进行分析比较，得到表 9-14 的计算结果。可以看到北

京和天津两地的总成本较其他地区低，每亩每茬平均生产总成本分别为
5 561.77元和4 221.38元；河北最高，为9 150.84元，其次是辽宁和山东。通
过比较各项成本发现，北京和天津两地的肥料投入费用和病虫害防治的费用比
其他省份显著低，可能因为这两个地方科技机构多，一些地方进行地测土配方
施肥，所以施肥就相对更有针对性，并且两地农民可能意识到化肥施用得有些
过量，所以在肥料的投入上并没有其他地区多；北京和天津的病虫害防治费用
也较其他三个省份低，可能是因为北京和天津的补贴政策实施得较好，北京许
多农户和示范户都有病虫害防治的补贴，免费发送黄板、蓝板等防治病虫害的
工具，在一定程度上也降低了成本。五个省份中，辽宁四种果类蔬菜每亩每茬
的总产值最高，为28 680元，天津的总产值最低，北京总产值为19 233.77元。
北京市四种果类蔬菜每亩每茬的净收益居中，为13 672.00元。

表 9-14   五省份果类蔬菜平均成本收益比较

单位：元

项目	北京	山东	河北	辽宁	天津
种子种苗费	1 066.74	1 269.95	994.10	874.34	597.66
机耕费	95.26	163.69	88.63	168.93	97.60
肥料费	1 630.76	3 184.35	4 363.93	3 350.13	1 201.26
农膜费	1 219.97	1 538.41	1 465.37	1 663.51	1 246.53
防病虫费	667.24	1 019.28	1 264.85	906.22	344.49
水电费	247.48	234.85	278.44	206.49	228.18
雇工费	620.90	380.85	691.75	969.63	444.33
流通费	118.08	233.76	309.45	217.37	307.07
总成本	5 561.77	7 823.50	9 150.84	8 148.13	4 221.38
总产值	19 233.77	26 439.52	21 438.22	28 680.55	14 201.29
净收益	13 672.00	18 616.02	12 287.37	20 532.42	9 979.91

9.3.7   五省份在全国的蔬菜产业的地位及变动（两个时期）

为了对北京市蔬菜产业的地区比较优势进行系统的、综合的、定量的分
析，本研究采用灰色系统评估法进行模型构建、指标构建和运算评估。灰色系
统评估法是对研究对象进行综合性比较并做出高、中、低等评判的一种数量经
济分析方法。这一分析也是把比较优势理论、资源禀赋理论加以量化表现。

根据灰色系统评估的原理以及数据资料的可得性，构建了评价指标体系
（表9-15）。数据来源于《中国统计年鉴》和《中国农业年鉴》。分别评估了
2000—2005年和2006—2010年的两个时段的全国31省份蔬菜的地区比较优
势（受篇幅所限，本书中未能列入具体方法）。依据评估结果绘制了图9-9的

两个时期、31省份的蔬菜地区比较优势。

表 9-15　蔬菜产业地区比较优势评价指标

指标名称	单位
蔬菜播种面积占自省份的作物总播种面积比重	％
某一省份蔬菜播种面积占全国蔬菜播种面积比重	％
某一省份蔬菜产量占全国蔬菜总产量比重	％
各省蔬菜的单产	千克/亩
各省蔬菜产量年增长率	％
各省乡村人口平均的蔬菜生产量	千克/人

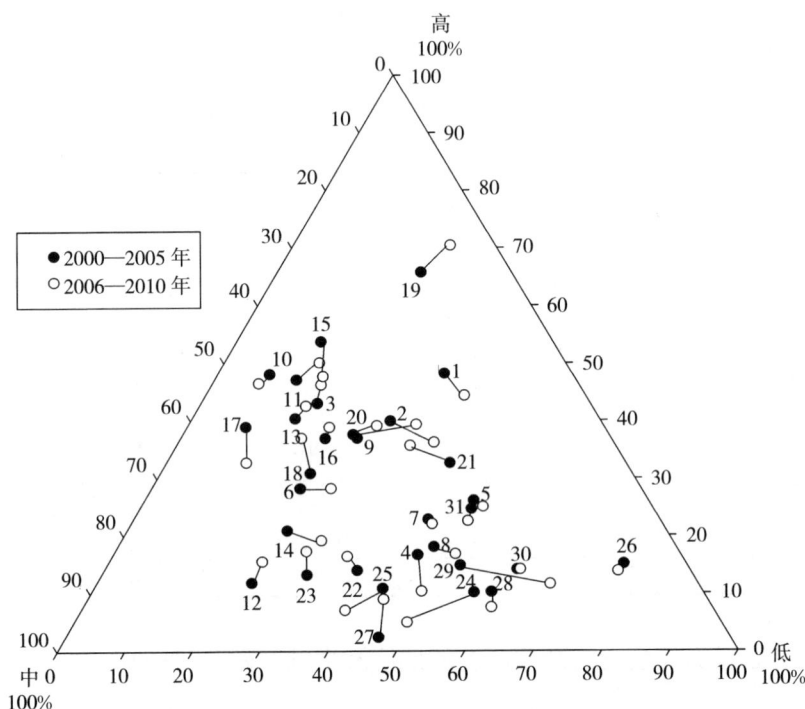

图 9-9　各省份两个时期蔬菜产业比较优势灰色评估结果

注：数字代表的是按《中国统计年鉴》对31省份的编号，
1代表北京、2代表天津、3代表河北、6代表辽宁、15代表山东。

按每个时期分别来看，以三角形三边中点50％处做中垂线，把31个省份分为高、中、低三个类型：图9-9的上边部分为高类区，左下部分为中类区，右下部分为低类区。五个省份比较，北京、天津、河北和山东均处于高类地区，辽宁处于中类地区。两个时期比较，除河北外，其余四省份的后一个五年的空心圆圈比前一个五年的实心圆圈呈现出向右下方的趋势，灰色评估结果显示，这四个省份蔬菜产业在全国的优势从 2001—2005 年时期至 2006—2010 年时期呈下降趋势，若不采取对策措施，这种态势仍会持续。虽然近年来科技不断发展，从一定程度上提高了作物的产量，但是五省份蔬菜生产优势大多呈现出下降的趋势，这也可能是因为这些地区相对较发达，近年来随着城市化工业化的推进，农用土地被大量挤占，导致了蔬菜播种面积的减少，而且化肥和农药的过量使用也会导致土壤肥力降低，影响蔬菜的生产。这些不利的影响不仅对我国蔬菜产业的发展产生很大影响，而且也会对我国农业的可持续发展也提出很大挑战，所以要在保证耕地面积的同时，科学组织，可持续发展地生产，这样才能保持我国农业健康稳定的发展。

9.4　蔬菜流通方式及农民专业合作社的比较

蔬菜的生产环节固然重要，但销售也很关键。通过调研看出农户蔬菜销售的渠道主要有以下 8 种，如图 9-10 和图 9-11 所示。图 9-10 是北京农户蔬菜销售渠道的统计，可以看到农户销售蔬菜呈多种方式结合，但以在田间地头等中间商收购的方式为主；其次是农户自己运输到本地的市场进行出售，有条件的农户早晨就将蔬菜运到本地市场或送批发市场出售产品，以期卖个较高的价格取得更好的收益；再次，就是由合作社收购、

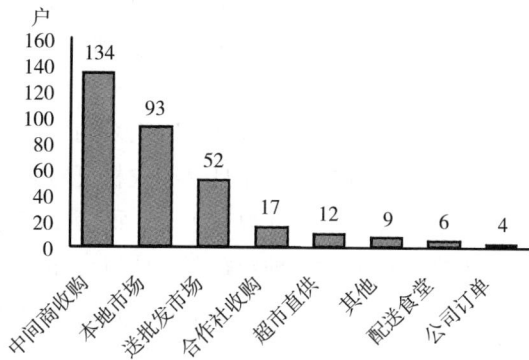

图 9-10　北京市农户蔬菜销售渠道

直供超市、专门配送到单位、公司订单收购和其他方式进行出售，不过这些方式相对较少，从调研情况来看，一些种植规模较大的农户或公司，在供应本地市场的同时还有以上这几种方式结合销售。

其他地区中蔬菜的销售方式（图 9-11）和北京相似，以中间商收购和自己送到本地的批发市场或农贸市场销售为主，还有一些供应到合作社或超市等地。北京、山东、河北、辽宁和天津五地的果类蔬菜通过合作社出售的比例分别为 8.67％、3.30％、1.14％、6.92％和 15.18％。可以看到农民通过合作社销售的蔬菜量所占的比例很小，平均在一成以下。农户每茬蔬菜的流通费用平均为 237 元。

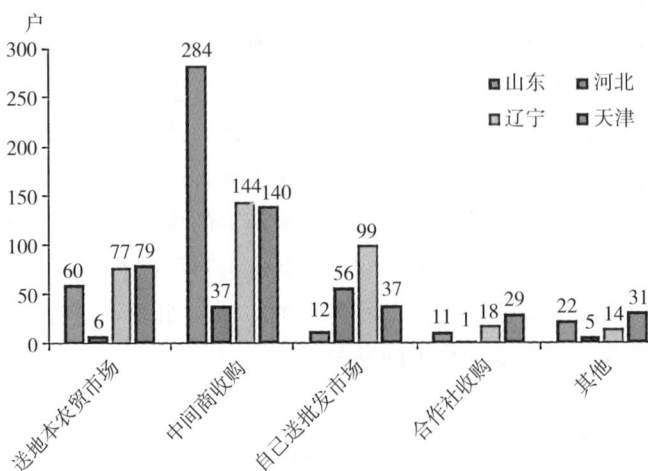

图 9-11 山东、河北、辽宁及天津蔬菜主要销售渠道

表 9-16 对各省份的蔬菜专业合作社进行了汇总,可以看到各地合作社比例各不相同,调研的地区中,天津从事蔬菜生产的合作社比例最高,为 61.54%,其次是山东和辽宁,均达到了 50% 以上,最低的为河北,仅为 29.63%,五省份平均拥有合作社比例为 46.12%。北京周边虽然进行蔬菜种植的农户不少,但是很少有辽宁和山东两省进行整村规划种菜的模式,从事蔬菜种植的农户相对分散,而且一些农村可能并不以蔬菜生产为主导产业,所以可能导致蔬菜专业合作社数量不多;而山东和辽宁是两个蔬菜的主产大省,许多村里的特色产业就是种植蔬菜,所以合作社比例就会相对高一些。

表 9-16 各地合作社数量

	合作社数(个)	村数(个)	百分比
北京	19	61	31.15%
山东	22	39	56.41%
河北	8	27	29.63%
辽宁	14	27	51.85%
天津	16	26	61.54%
平均	—	—	46.12%

在有蔬菜专业合作社的村中,不能切实尽到为其成员服务,提供农业生产资料的购买,农产品的销售、加工、运输、贮藏以及与农业生产经营有关的技术、信息等服务的合作社往往社员较少一些;而一些地方的农民专业合作社搞

得非常好，农民通过加入蔬菜专业合作社能够切实从中获得好处，就会有相对较多的农户加入合作社。合作社在帮助农民购买化肥、农药、种子等生产资料，提供相应的技术支持以及销售蔬菜方面提供的服务较多。虽然各地都有一些蔬菜专业合作社，但是大多合作社的运作并不专业，不能够发挥其应有的服务及带动作用。

9.5　基于五省份比较的北京市蔬菜产业发展的 SWOT 分析

下面运用 SWOT 分析法，对北京市与其他四省份蔬菜产业进行对比分析。SWOT 分析法是进行企业或产业发展战略分析的有效方法之一，通过对被分析对象的优势 S（Strengths）、劣势 W（Weaknesses）、机会 O（Opportunities）和威胁 T（Threats）等加以综合评估与分析得出结论，通过内部资源、外部环境有机结合来清晰地确定被分析对象的资源优势和缺陷，了解对象所面临的机会和挑战，从而在战略与战术两个层面加以调整方法、资源以保障被分析对象的实行以达到所要实现的目标，形成两种发展战略（SO 战略和 WO 战略）和两种发展对策（ST 对策和 WT 对策）。

根据对北京市蔬菜生产的地位及产业发展中问题的调研及分析，运用 SWOT 分析方法构建北京市蔬菜产业发展战略 SWOT 分析矩阵见表 9-17。

表 9-17　基于五省份比较的北京市蔬菜产业发展 SWOT 分析

内部条件因素 ＼ 外部环境因素	机会因素（O） 1. 科研院校数量多 2. 市民的消费需求大 3. 蔬菜需求从量到质的转换 4. 安全性食品的需求 5. 蔬菜市场价格上升 6. 观光型农业的发展 7. 市果类蔬菜创新团队	威胁因素（T） 1. 自然灾害风险 2. 食品消费方式的改变 3. 外来蔬菜的竞争 4. 价格波动的市场风险 5. 前期投入大 6. 补贴农资质量不能保证
优势因素（S） 1. 气候条件适宜 2. 设施蔬菜比重大 3. 政策支持力度强 4. 农业基础设施条件好 5. 生产技术水平高 6. 劳动力文化程度高 7. 蔬菜种植技术认知度高 8. 具备城郊优势 9. 示范户带动效果明显	SO 战略：主动进攻 （发挥优势，抓住机会） 1. 强化设施蔬菜生产 2. 高品质新技术蔬菜的生产安全性蔬菜生产 3. 发展观光采摘蔬菜产业 4. 与北京市企业的合作 5. 产学研一体化发展	ST 战略：对应防御式 （发挥优势，规避威胁） 1. 发展蔬菜的加工业 2. 试验示范无土栽培 3. 建立农超对接 4. 构建蔬菜价格稳定基金 5. 创建北京蔬菜地域品牌 6. 强化蔬菜生产的多功能性 7. 加强对农资质量的监督

（续）

劣势因素（W）	WO 对策：渐进式	WT 对策：防守或撤退
1. 水资源匮乏	（抓住机会，改变劣势）	（克服劣势，规避威胁）
2. 城镇化中耕地被占用	1. 防病虫品种的开发和采用	1. 蔬菜产业的机械化
3. 生产经营成本高	2. 农村产业结构调整	2. 蔬菜保险业发展
4. 蔬菜种植后继乏人	3. 合作社强化对菜农的服务	3. 给予年轻人和高学历蔬菜生
5. 蔬菜品牌化程度低	4. 适口性蔬菜品种的采用	产者以政策支持
6. 农户收入对种菜依赖低	5. 节省投入的技术的采用	4. 在市内发展大型直销市场
7. 蔬菜的产业化经营水平低	6. 政府调整农业支持结构	5. 北京市市场的充分利用

注：内部条件因素和外部环境因素是相对而言，相对于北京以外的四个省份或相对于蔬菜以外的其他产业。

9.5.1 北京市蔬菜产业发展的内部条件

北京作为首都，在蔬菜生产的许多方面都有得天独厚的优势，实现蔬菜产业的发展前景乐观，但是在发展过程中也存在一定的弱势因素阻碍蔬菜产业的发展，要把握优势避开弱势，才能更好地实现产业发展。

（1）优势因素分析

气候适宜，可周年生产且产量稳定。北京的气候为典型的暖温带半湿润大陆性季风气候，夏季高温多雨，冬季寒冷干燥，春、秋短促。以 2007 年为例，全年平均气温 14.0℃（北京市气象局）。1 月－7～－4℃，7 月 25～26℃。极端最低－27.4℃，极端最高 42℃以上。全年无霜期 180～200 天，西部山区较短。适宜的气候不仅保证了蔬菜能周年生长，而且保障了蔬菜产量的稳定。

设施蔬菜比重大。以资本密集型技术的温室和大棚为例，截至 2011 年，北京市设施蔬菜面积为 32 462 公顷，占蔬菜播种面积的 48.60%[①]。

政策支持力度强，农业基础设施条件好。北京市政府加强了对设施蔬菜产业发展的支持力度，制定了一系列有利于蔬菜产业发展的政策，并且加强了水利灌溉设施的建设，其农业基础设施的建设要优于其他省份。2002 年以来，我国相继对良种、农机、粮食和农资进行了综合补贴，但是不同地区资金和补贴范围也不相同。北京作为首都，经济发展水平在全国处于领先，而且支农资金相对充裕，所以对农民蔬菜种植的补贴较其他地区实施得范围广，补贴的力度大。不仅提供温室大棚的建设补贴，而且对化肥、农膜、保温被、黄板、蓝板等应用较多的农资进行补贴。在生产方面进行的补贴也从一定程度上提高了农民从事蔬菜生产的积极性。

---

① 《北京统计年鉴 2012》。

　　蔬菜生产技术水平高。北京有众多的高校和科研机构，有着较高的新技术研发水平和完善的技术推广机构，对农业生产技术的推广有着辐射带动作用。从技术的获得角度来看，北京和天津的农户技术主要获得渠道为技术员的指导，其次是周围农户的交流，而其他省份的农户以自学和与相近农户的交流为主。北京和天津是我国的主要大城市，从事科学技术工作的人员相对较多，而且，对科技发展农业的工作比较重视，所以发达地区的农户就会更容易得到技术人员的帮助和指导。

　　劳动力文化程度和蔬菜种植技术认知度高。大城市的受教育情况比其他地方好，通过表9-3的统计，可以看出北京的农户平均受教育年限最长，为9.20年。北京从事蔬菜生产的农户对蔬菜的相关种植技术最了解，这可能也与北京农户受教育的程度高有关。一个人的受教育情况在一定程度上反映了农户学习能力以及接受新事物和新技术的能力，在一定的范围内，受教育的程度越高，其对相关知识的认知能力就会越强。

　　具备城郊优势。我国政府长期强调的"菜篮子工程"的主要内容包括在大城市的郊区发展蔬菜生产，保障对城市的蔬菜供应。这也反映了城郊具有较高的蔬菜发展适宜性。

　　示范户带动效果好。北京实施设施蔬菜高产高效创建工作以来，北京市创新团队在各地树立优秀的典型为高产高效示范户，通过示范户在生产及销售上的带动作用引导附近村民进行科学的生产和销售。由于示范户从事蔬菜经验丰富，而且通过定期组织的学习，他们获得了更先进的技术，通过与周围农户的交流，把技术传递给周围农户，带动更多的人进行学习。通过示范户的带动作用，农民不仅对田间的管理更下工夫了，而且进行技术交流也更加频繁，一些农户的亩产量也得到了提高。示范户通过对相应技术的示范，以及技术的交流和传播，对周围农户起到了很大的带动作用，提高了农民种植蔬菜的积极性。

　　农业生产是自然再生产和经济再生产的结合，农产品的地区比较优势是构成其产业竞争力的主要方面。

　　前述图9-9表示的是两个时期、31省份的蔬菜地区比较优势。图中可以看出，北京、天津农、辽宁、山东和河北这五省份中，北京、河北和山东均处于高类地区，辽宁处于中类地区，天津从2000—2005年的高类地区变为2006—2010年的低类地区。两个时期比较，除河北外，其余四省份的后一个五年的空心圆圈比前一个五年的实心圆圈呈现出向右下方的趋势，灰色评估结果显示，包括北京在内的四个省份蔬菜产业在全国的优势从2001—2005年时期至2006—2010年时期呈下降趋势，若不采取对策措施，这种态势仍会持续。

（2）**劣势因素分析**

北京的蔬菜生产在技术、资金以及农户受教育情况等方面有着很强的优势，但是作为我国政治、文化、教育和国际交流中心。与其他省份相比，其人口众多、资源相对有限，对蔬菜的生产也会产生一定的影响。

水资源匮乏。从自然条件来看，2010 年，北京市多年平均降水 585 毫米，平均降水总量 98.28 亿立方米，形成地表径流 17.72 亿立方米，地下水资源 25.59 亿立方米，当地自产一次水资源总量 37.39 亿立方米。境内五大水系除北运河发源于本市外，其他四条均发源于境外。多年平均入境水量 16.06 亿立方米，出境水量 14.52 亿立方米。北京属资源型重度缺水地区，属 111 个特贫水城市之一，是水库存水量全国下降最快的三个城市之一，人均水资源占有量不足 300 立方米，是世界人均水资源量的 1/30、全国人均水资源量的 1/8，远远低于国际人均 1000 立方米的缺水下限。水资源紧缺已成为制约经济社会可持续发展的第一瓶颈。而且地下水长期超采，使水环境和水生态平衡受到威胁，加上水污染，更加剧了水资源紧缺的局面。但是蔬菜生产对水的需求量非常大，这就与水资源的匮乏形成了很大的矛盾。所以水资源的短缺是现在也会是长期制约北京蔬菜生产和人民生活的一个很大问题。

城镇化中耕地被占用。2010 年北京市常住人口达到 1961 万人，成为我国的超级大都市。一方面，众多的人口的衣食住行各方面必然会对城市的设施提出更高的要求，需要大量的土地来满足工作、生活和娱乐，导致土地供应的紧缺；另一方面，伴随着城市工业发展步伐的加快，城市从中心向郊区迅速的外延也占据了大量的耕地。这些都使北京郊区土地尤其是可用的耕地变得越来越少，这对蔬菜生产就会造成很大的影响。

蔬菜生产经营成本高。蔬菜生产是劳动和资本密集型产业，设施、劳动力等生产要素的大量投入以及北京劳动力短缺导致的雇工成本的增加，使得蔬菜生产总成本增加。

蔬菜种植后继乏人。前述表 9-2 表示的是农户户主年龄。可以看到，在调研的五省份中，北京市蔬菜种植者的平均年龄为 48.83 岁，是最高的。而且调研可以发现，年轻人基本不愿意从事农业生产，更不愿从事体力劳动繁重的蔬菜生产。

蔬菜的品牌化程度低。北京市蔬菜的品牌化程度不高，与山东寿光等蔬菜品牌比还有待进一步发展和提高。

农户收入对种菜的依赖程度低。前述图 9-3 表示的是农户家庭平均年收入和蔬菜收入。从图中可以看出，北京市菜农的蔬菜收入占农户平均年收入的75.45%，是五省份中菜农对种菜的依赖程度最低的地区，而河北农民的收入对蔬菜种植的依赖度较高，为83.1%。

蔬菜的产业化经营水平低。一个地方蔬菜专业合作社的水平可以在一定程度上反映当地的产业化经营程度，前述表9-16表示的是各地调研的村庄数、拥有的合作社数以及合作社数占村庄数的比重。从表中可以看到，北京市蔬菜专业合作社的比例为31.15%，仅高于河北，优势不明显。北京市蔬菜产业化经营处于初始阶段，蔬菜生产、流通、加工和消费各环节的系统化和一体化水平都较低，不利于蔬菜产业的发展。

9.5.2　北京市蔬菜产业发展的外部环境

北京市蔬菜产业发展受到外部环境的影响，外部机会为其发展提供了良好的契机，而外部威胁则使其面临考验与挑战。蔬菜产业的发展与完善是一个长期的过程，在充分利用其外部条件的同时，必然要规避甚至是克服外部环境的不利因素。

（1）机会因素分析

科研院校数量多。北京有众多的高校和科研机构，对蔬菜生产和发展创造了很好的机会。

北京市对蔬菜的消费需求量大。随着人们生活水平和对食物营养合理搭配的要求的提高，市民对蔬菜的需求量增大。

对蔬菜需求发生了从量到质的转换，安全性要求提高。尽管人们对蔬菜的需求量在增大，但是人们对高品质蔬菜需求的增加速度更快，所以蔬菜的生产也要提升品质，切实减少农药残留，以保证蔬菜的安全性需求。

蔬菜市场价格上升。近年来的蔬菜价格的上涨为蔬菜生产者增加蔬菜销售额提供了可能，提高了蔬菜生产者的积极性。

观光型农业的发展。北京发展都市型农业、观光型农业是必然趋势，蔬菜是绿色植物，是发展观光农业的内容之一。目前北京市蔬菜观光采摘实现门票及产品销售收入达1.3亿元[①]。

北京市果类蔬菜创新团队。北京市果类蔬菜创新团队为北京市蔬菜生产、流通和加工等各方面发展提供了良好的政策支持，创造了很好的外部条件。

（2）威胁因素分析

---

① 北京市农业技术推广站。

自然灾害风险。自然灾害是农业发展面临的共同问题，但蔬菜生产投入大，所以自然灾害带来的损失和风险就更大。

食品消费方式的改变。近年来，随着人民收入水平的提高和生活水平的提高，居民在外用餐也有很大程度增加，食品消费西洋化、多样化。对我国传统食品中食用大量蔬菜的方式有所改变，增加了肉食和西方面包的消费，在某种程度上影响到对蔬菜的消费需求。

外来蔬菜的竞争。目前北京市场上，自产蔬菜的市场份额并不高，大量的蔬菜来自河北、山东、辽宁、内蒙古及南方省市，与北京自产蔬菜在市场上形成了竞争。

价格波动的市场风险。蔬菜市场价格波动非常频繁，影响到蔬菜生产者的种植决策，更影响到蔬菜生产者能否获利，再加上蔬菜不易贮藏，给蔬菜生产者的收入带来了一定程度的风险。

前期投入大。蔬菜生产尤其是设施蔬菜和生产前期新建设施会投入很大的成本，尤其是日光温室大棚的建设成本很高。

9.5.3 北京市蔬菜产业发展的对策

根据上述北京市蔬菜产业的内部条件和外部环境的四种因素，发现北京市蔬菜生产既有优势，也有不足，要继续更好地发展北京市蔬菜产业就要通过对各种因素的有效匹配，提出北京市蔬菜产业的 SO 主动进攻型战略（发挥优势，抓住机会）、ST 对应防御型战略（发挥优势，规避威胁）、WO 渐进式发展对策（抓住机会，改变劣势）、WT 防守或撤退式发展对策（克服劣势，规避威胁）。表 9-20 右下部分表示的是北京市蔬菜产业发展的各种战略和对策，将其主要部分综合归纳为以下对策和建议：

第一，发挥北京市蔬菜产业的多功能性，发展都市观光采摘蔬菜的生产。现代蔬菜产业不仅具有生产性功能，还具有改善生态环境质量，为人们提供观光、休闲、度假的生活性功能。通过发展观光和采摘蔬菜的生产，不仅能迅速产生农业收入和旅游收入双重的经济效益，而且二者的结合使得其效益优于传统农业。

第二，利用北京的地缘优势，创建有安全保障的品牌蔬菜。通过发展当地品牌，充分利用北京本土市场，既能加强农户与合作社以及企业之间的联系，也会进一步改善蔬菜产业经营一体化的发展。通过企业品牌蔬菜与超市与大型直销卖场的直供连接，既降低了中间的流通损耗与成本，也增加了产品的附加值，提高了农民的收入。与此同时，也加大了对农药使用的监管力度，加强对蔬菜生产环节的监督，在一定程度上保证蔬菜的质量安全。

第三，继续加大蔬菜生产的科技支撑，提高蔬菜的科技含量。通过加大在蔬菜生产的科学力度，改善种苗质量，提高产品的抗病性和质量，提高生产的效率。对相关新技术进行试验和示范，鼓励大户、表彰先进个人，树立标杆作为示范，对农民形成带动，以进一步发挥优势，规避威胁。在此基础上，北京市也要继续完善科技技术培训服务体系，确保蔬菜种植技术的推广。虽然目前北京相对其他地区的技术培训及推广工作做得较好，但是技术的普及还有很长的路要走，有很大一部分农户对技术的了解程度亟待提高。政府应鼓励农业技术服务人员向农村转移，将北京地区各高校或科研院所与各蔬菜生产区结成"一帮一对子"，定期安排科研院所技术人员就专项技术做指导，通过理论培训、组织观摩和田间指导等多种方式的支持，大力推进农业技术，以促进农民增加收益从而提高农民的种植蔬菜的积极性。

第四，保障北京市蔬菜种植用地，合理引导农户种植，确保蔬菜供应。随着城市化进程的快速推进，北京郊区的大量农用耕地被划为工业以及住宅等用地，从而减少了蔬菜的用地，农民不知何去何从。所以，城市用地应该高度科学统筹规划，在保证农业用地的范围内，对其他土地合理规划，做到经济与农业、工业的协调发展。政府也要尽快建立和完善农产品信息服务平台，合理引导农民种植规划。帮助农民能更快更方便地了解市场信息，进而对农民的种植决策进行积极合理地引导，避免由于信息不对称导致的供求不平衡，价格不稳定，给农户造成经济损失。

第五，加快完善北京蔬菜流通体系，降低流通环节成本。虽然在蔬菜生产方面政府出台了一系列惠农措施和财政补贴，保证了蔬菜的生产，但由于流通成本和用工成本的上升，造成了一些低价蔬菜烂到地里也没人去收获，给农民带来了巨大的经济损失。虽然近年来我国加大力度进行鲜活农产品绿色通道的建设，但与发达国家相比，我国流通体系的建立还相差很远，所以要加快建设和完善蔬菜市场的流通，降低销售流通的各项成本，以切实增加菜农的收入。

第六，继续加大对蔬菜产业的财政支农力度，建立和完善农业保险制度，防范蔬菜生产风险，促进蔬菜增产与农民增收。目前农民蔬菜生产成本大部分来自种子、化肥、农药及农膜的投入，所以要保证菜农的利益一方面就是提高蔬菜的价格，另一方面就是降低生产的成本。而蔬菜的价格是由市场决定的，这样，通过降低蔬菜生产的成本来增加农民的收益是一种很直接的方式。所以，应继续扩大良种补贴和农资综合补贴的农户的范围以及增加补贴的金额，进而提高农户从事蔬菜生产的积极性，保障首都蔬菜的自给能力。并在此基础上，建立和完善农业保险制度，减少由于风、雨、雪等极端自然灾害对蔬菜的生产、流通以及销售等方面的影响，增强农民抵御风险的能力。避免由于灾害造成的农户生产受损，蔬菜价格波动剧烈，导致农户和消费者两头利益受损这些情况的发生。政府部门应在考虑农民实际情况的基础上与保险公司三方一起制定一个具有普适性的农业保险政策，以减少由于意外给蔬菜生产带来的损失，使保险真正能对农户遭受自然灾害和意外事故所造成的经济损失提供保障，使农民能中真正获得实惠。

第七，积极引导蔬菜专业合作社发展，发挥农民合作组织作用。我国的农民专业合作社尚处于起步阶段，各地农民专业合作社的运营和管理大多并不科学，不能发挥出其应有的作用。政府应在对合作社主要管理者进行培训的同时，也要从政策上加大对合作社的支持，从合作社的质量和数量方面齐下手，使农民专业合作组织迅速成熟起来，并成为能真正指导农民合理种植、规范管理和促进销售的惠农、帮农组织，以更好促进蔬菜产业的发展。

9.6　本章小结

本章基于2012年实施的对北京蔬菜供应圈的北京、天津、山东、河北和辽宁的县(区、市)访谈调研数据、农户的问卷调研数据，对以下几个问题进行了分析：首先，对五省份蔬菜生产的基本情况比较分析；其次，对蔬菜种植户基本特征分析；第三，对四种果类蔬菜进行分品种分地区的成本收益比较分析；第四，对蔬菜流通方式及农民专业合作社进行比较分析；第五，基于五省份比较的北京市蔬菜产业发展的 SWOT 分析。通过与其他四省份的比较分析，明确了北京市蔬菜种植户的基本特征，北京市果类蔬菜成本收益、蔬菜流通方式与其他省份相比较的特点，此外，基于 SWOT 分析法对北京市蔬菜产业发展的内部因素和外部条件的分析，提出了北京市蔬菜产业发展的对策建议。

主要参考文献

穆月英，沈辰，郭卫东，赵亮 . 2010. 北京市蔬菜产业发展的 SWOT 分析 [J] . 中国蔬菜，(21) 13-16.

赵霞，穆月英，潘凤杰，孙倩，李小林 . 2011. 北京市自产蔬菜供需平衡分析——基于批发市场层面的初步测算 [J] . 中国蔬菜 (21) 12-17.

赵霞，穆月英，李小林 . 2011. 2000 年以来北京市蔬菜产业发展趋势研究 [J] . 中国蔬菜 (5)：7-10.

流 通 篇

LIUTONG PIAN

第 10 章

北京市自产蔬菜流通模式和流通渠道

蔬菜是居民的基本消费品，蔬菜产业又是北京市农村的重要产业和农户收入的重要来源，因此，蔬菜的生产发展和供应保障关系国计民生。但是，近年来，蔬菜市场价格暴涨暴跌、农户蔬菜滞销等现象屡屡发生，蔬菜从农业生产、市场流通到居民消费等产业各环节的问题涉及多方利益，影响到产业的整体发展，引起各界高度关注。本研究基于近年来对北京市自产蔬菜涉及的农户和基地蔬菜种植、销售渠道，批发市场、超市等的实地调研资料，对北京市自产蔬菜流通模式和流通渠道进行比较分析，并提出相应的政策建议。

10.1 蔬菜的流通模式类型

北京市自产蔬菜的流通模式类型主要可以分为分散型蔬菜生产的流通模式和规模型蔬菜生产的流通模式。后者是近些年来蔬菜产业不断发展演变出的新型模式。

10.1.1 分散型蔬菜流通模式

由于北京市耕地资源所限，加之蔬菜生产本身属资本和劳动密集型产业，因此北京市农村农户的蔬菜生产以小规模分散经营为主。表 10-1 汇总了对北京市 7 个区县 196 个蔬菜种植户不同规模的蔬菜种植面积分布，可以看出，有 134 个农户种植规模在 5 亩及以下，占调查总户数的 68.36%，可见大多数农户以小规模经营为主，蔬菜平均种植面积为 2.74 亩；种植规模在 5.1 到 10 亩的农户为 45 户，占调查总户数的 22.96%；也就是说种植规模在 10 亩以下的占 91.32%。种植蔬菜 10 亩以上的农户仅为 18 户，说明多数农户属于小规模种植蔬菜。

小规模分散经营的农户所生产的蔬菜如果自己直接上市到批发市场或其他市场，会受到运输工具、信息获取等条件的限制，这种背景下，中间商收购和合作社销售成为农户所生产蔬菜的两个主要渠道。图 10-1 显示的是分散型蔬菜生产的流通渠道。

表 10-1　不同种植规模农户分布

单位：亩，户

种植面积	户数	中位数	平均值
5 及以下	134	2.65	2.74
5.1～10.0	45	6.60	6.91
10.1～20	6	11.25	12.18
20.1～50	7	34.20	32.60
50 以上	5	140.00	482.95

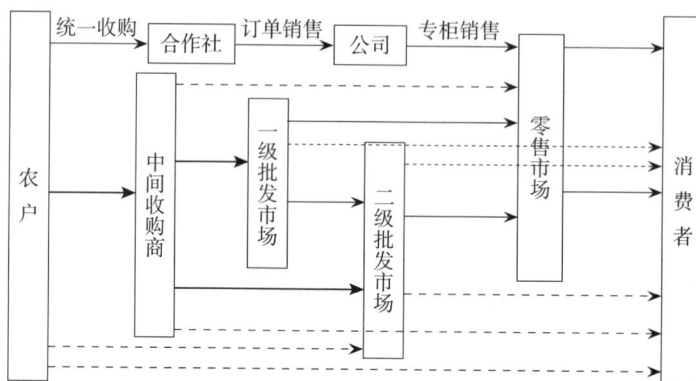

图 10-1　分散型蔬菜生产流通模式

10.1.1.1　通过中间商的蔬菜流通

承担农户蔬菜上市的主要是那些中间收购商。表 10-2 和图 10-2 显示的是 2012 年实施的对蔬菜种植户蔬菜销售渠道的问卷调查结果。可以看出，196 个蔬菜种植户中，有 134 户回答的蔬菜的主要销售渠道是通过中间商收购。中间收购商成为分散的农户生产者与批发市场之间的连接环节，收购商将从农户手里收购的蔬菜送往批发市场或其他市场。

表 10-2　北京市农户的蔬菜销售渠道

销售渠道	户数（户）	比重（%）
中间商收购	134	68.37
本地市场	93	47.45
送批发市场	52	26.53
合作社收购	17	8.67
超市直供	12	6.12
配送食堂	6	3.06
公司订单收购	4	2.04
其他	9	4.59

注：由于有的农户回答的蔬菜流通渠道在两个以上，因此表中的总频数大于调查农户总数。百分比的计算依据的是调查总户数。

中间商收购一方面解决了小规模分散型蔬菜产后的主要销售渠道问题，另一方面充当了蔬菜批发市场大批量交易的常驻商户（一般既收购北京市自产的蔬菜，同时也收购周边市县的蔬菜）。中间商收购的蔬菜有的销往零售市场，有的自己摆摊销售。

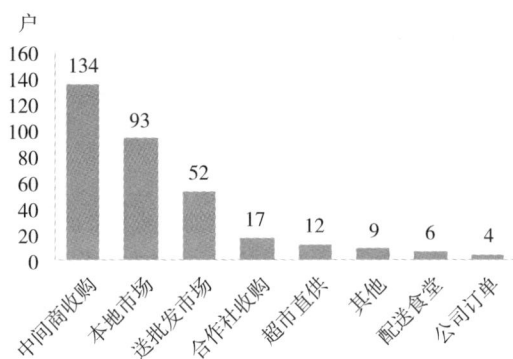

图 10-2　北京市农户蔬菜销售渠道

10.1.1.2　批发市场的作用

新发地批发市场是一级批发市场，大兴区、房山区等地距离新发地批发市场近，有的中间商从大兴区、房山区等地农户收购来的蔬菜，一部分送往新发地批发市场批发销售。新发地批发市场是全国最大的农产品批发市场，在新发地批发市场销售蔬菜的主体，有的有固定场所，大部分是运来的蔬菜整车停在市场内进行交易，从车上把一些货品用纸箱或竹篓等摆放在车的旁边作为样品以供购买者仔细考察。目前，新发地所销售的蔬菜大部分来自北京以外的地区（表 10-3）。从表 10-3 可以看出，新发地市场的蔬菜有 54.6% 是从产地农户的地头直接收购，然后送货到新发地市场，其中外地和本地各占一半；有39.4% 是在外地批发市场上进货，然后运到新发地交易；有 3.0% 是在北京本地批发市场上进货，然后运到新发地交易；有 3.0% 是从网上订货，然后直接将货运到新发地市场交给经营者。

表 10-3　北京新发地市场的蔬菜上市渠道

蔬菜上市		比例（%）
产地收购	外地	27.3
	北京	27.3
外地批发市场		39.4
北京批发市场		3.0
网上订购		3.0

资料来源：根据 2010 年 7 月和 8 月笔者的实地调研整理。

由于季节不同，在新发地市场上交易的蔬菜的产地和价格也有很大区别，以下以西红柿、青椒、黄瓜、茄子等果类蔬菜为例加以说明。

（1）西红柿

表 10-4　新发地市场西红柿的产地构成以及价格

销售月份	蔬菜产地	河北	山东	内蒙古赤峰	北京	山西	辽宁
4—8 月	所占份额	60％	25％	10％	5％	—	
	交易价格	0.6 元/千克（2010 年）					
8—11 月	所占份额	30％	5％	20％	10％	20％	15％
	交易价格	2 元/千克（2009 年）					
11 月至翌年 4 月	所占份额	15％	30％	5％			50％
	交易价格	3.6～4 元/千克（大棚，2009 年）					

资料来源：根据 2010 年 7 月和 8 月笔者的实地调研整理。

从表 10-4 可以看出，4—8 月，在新发地市场上交易的西红柿大部分是产自河北，占总交易量的 60％；其次是山东，占 25％；来自内蒙古赤峰的占 10％；另外，5％是北京产的。2010 年的这一时期，西红柿价格是 0.6 元/千克，2009 年同期西红柿价格为 1.4 元/千克。

8—11 月，在新发地市场上的西红柿产地比较分散，其中产自河北的所占比例最大，约占 30％；其次是产自内蒙古赤峰和山西的，各占 20％；产自辽宁的占 15％；产自北京的占 10％；产自山东的所占比例下降到 5％。上年这一时期的西红柿价格是 2 元/千克。

11 月至翌年 4 月，在新发地市场上的西红柿均是大棚生长的西红柿，有 50％产自辽宁，产自山东的占 30％，产自河北的占 15％，另外有 5％产自内蒙古赤峰。上年这一时期，西红柿价格为 3.6～4 元/千克。

（2）青椒

表 10-5　新发地市场青椒的产地构成以及价格

销售月份	蔬菜产地	内蒙古赤峰	山西大同	辽宁葫芦岛	河北	山东	海南	广东	北京
7—9 月	所占份额	1/3	1/3	30％	3％	—			
	交易价格	1.4 元/千克							
9 月底至 11 月底	所占份额	—		40％		60％			
	交易价格	2 元/千克							
11 月底至翌年 4 月	所占份额						50％	50％	—
	交易价格	3.2～3.4 元/千克，个别时间 5 元/千克							
4—7 月	所占份额			30％	25％	45％			少量
	交易价格	2 元/千克							

资料来源：根据 2010 年 7 月和 8 月笔者的实地调研整理。

从表10-5可以看出，7—9月，在新发地市场上的青椒主要产自内蒙古赤峰、山西大同、辽宁葫芦岛，其中内蒙古赤峰和山西大同的各占1/3、辽宁葫芦岛的占30%，还有3%产自河北。这一时期青椒价格平均为1.4元/千克。

9月底至11月底，新发地市场上的青椒大部分产自山东，占60%；另外产自山西大同和辽宁葫芦岛的占40%。这一时期青椒平均价格为2元/千克。

11月底至翌年4月，在新发地市场上的青椒大部分需要通过长途运输，产自南方，其中产自海南和广东的各占50%。这一时期青椒平均价格为3.2~3.4元/千克，有时高达5元/千克。

4—7月，在新发地市场上的青椒主要产自山东、辽宁、河北，其中产自山东的占45%，产自辽宁葫芦岛的占30%，产自河北的占25%，还有少量产自北京。这一时期青椒平均价格为2元/千克。

（3）黄瓜

表10-6　新发地市场黄瓜的产地构成以及价格

销售月份	蔬菜产地	河北	山东	辽宁	内蒙古	北京
7—11月	所占份额	80%	—	—	—	少量
	交易价格	大棚3.2~3.4元/千克，露天1.2~1.4元/千克				
11月至翌年4月	所占份额	7%~8%	40%	40%	10%	2%~3%
	交易价格	大棚4.2~4.4元/千克（3.2~5.0元/千克）				
4—7月	所占份额	45%	30%	20%	—	5%
	交易价格	大棚2.2~2.4元/千克，露天0.4~0.6元/千克，平均1.4元/千克				

资料来源：根据2010年7月和8月笔者的实地调研整理。

从表10-6可以看出，7—11月，在新发地市场上交易的黄瓜，产地主要是河北，占到80%，另外少量是产自北京的。这一时期，大棚生产的黄瓜平均价格为3.2~3.4元/千克，露天生产的黄瓜平均价格为1.2~1.4元/千克。

11月至翌年4月，在新发地市场的黄瓜均是大棚生产的，主要产自山东和辽宁，各占40%；产自内蒙古的占10%；产自河北的占7%~8%；另外有2%~3%产自北京。这一时期，黄瓜平均价格为4.2~4.4元/千克。

4—7月，在新发地上市的黄瓜，产自河北的占45%，产自山东的占30%，产自辽宁的占20%，产自北京的占5%。这一时期，大棚生产的黄瓜平均价格为2.2~2.4元/千克，露地生产的黄瓜平均价格为0.4~0.6元/千克。

（4）圆茄

表 10-7　新发地市场圆茄的产地构成以及价格

销售月份	蔬菜产地	河北（京南：廊坊、保定等市）	北京（大兴、房山、通州）	山东聊城	甘肃（武威、定西）（大棚）	河南
5—9 月	所占份额	50%	50%	—	—	—
	交易价格	1.3～1.4 元/千克				
9—11 月	所占份额	35%	15%	50%	—	—
	交易价格	1.8～2 元/千克				
11 月至翌年 4 月	所占份额	—	—	10%	90%	—
	交易价格	4 元/千克				
4—5 月	所占份额	少量	—	1/3	—	50%
	交易价格	2 元/千克				

资料来源：根据 2010 年 7 月和 8 月笔者的实地调研整理。

从表 10-7 可以看出，5—9 月，在新发地市场上交易的圆茄，主要产自北京以及北京周边河北各市。其中产自北京大兴、房山、通州等区县的和产自河北省廊坊、保定等京南河北各市的各占 50%。这一时期，圆茄平均价格为 1.3～1.4 元/千克。

9—11 月，在新发地市场的圆茄主要产自山东聊城和河北，其中产自山东聊城的占 50%、产自河北的占 35%，另外还有产自北京的占 15%。这一时期，圆茄平均价格为 1.8～2 元/千克。

11 月至翌年 4 月，在新发地市场上的圆茄主要是甘肃武威、定西等大棚生产的，占 90%，另外还有 10% 是产自山东聊城。这一时期，圆茄平均价格为 4 元/千克。

4—5 月，在新发地市场上交易的圆茄，主要产自河南和山东聊城，其中产自河南的占 50%、产自山东聊城的占 1/3，另外，还有少量是产自河北。这一时期，圆茄平均价格为 2 元/千克。

（5）长茄

表 10-8　新发地市场长茄的产地构成以及价格

销售月份	蔬菜产地	山东	辽宁	河北	甘肃
6—10 月	所占份额	30%	50%	20%	—
	交易价格	1.1～1.3 元/千克			
11 月至翌年 4 月	所占份额	30%	65%	—	5%
	交易价格	3.2 元/千克			
4—6 月	所占份额	20%	80%	—	—
	交易价格	1.5 元/千克			

资料来源：根据 2010 年 7 月和 8 月笔者的实地调研整理。

从表 10-8 中可以看出，6—10 月，在新发地市场上交易的长茄主要是产自辽宁、山东和河北，其中产自辽宁的占 50%、产自山东的占 30%、产自河北的占 20%。这一时期，长茄平均价格为 1.1～1.3 元/千克。

11 月至翌年 4 月，在新发地市场上交易的长茄主要产自辽宁、山东，其中产自辽宁的占 65%、产自山东的占 30%，另外还有 5%是产自甘肃的。这一时期，长茄平均价格是 3.2 元/千克。

4—6 月，在新发地市场的长茄主要产自辽宁和山东，其中辽宁占 80%、山东占 20%。这一时期，长茄平均价格为 1.5 元/千克。

新发地市场的蔬菜去向主要有四个：一是下级批发市场。新发地市场虽然是一级批发市场，但是下级批发市场从新发地的进货量平均只占新发地总交易量的 25%～27%，其中冬季 30%～40%；夏季 19%～21%。二是零售市场。零售市场从新发地的进货量平均占到新发地总交易量的 40%。三是消费者。如果包括学校、机关等的食堂或饭店等大型消费者，直接卖给消费者的蔬菜占新发地总交易量的 11%～12%；如果不包括大型消费者，直接卖给小型消费者的蔬菜占新发地总交易量的 3%～4%。四是北京以外市场。北京新发地市场是全国重要的农产品集散地，除了要供应北京市居民的蔬菜消费，还有 21%～24%要供应全国各地居民的蔬菜消费。例如冬季运往哈尔滨等地的市场，夏季运往广州、上海等地的市场。

此外，在北京市还有许多二级批发市场，如表 10-9 所示。一级批发市场的作用在流通中展现出来，可以同时将部分蔬菜转向二级批发市场进行转卖，也可以通过超市或者社区网店的采购到达零售市场进行零售环节的流通，还可以通过配送中心直接到达消费者手中；二级批发市场同样也是如此，只是各项流通量由于被拆分而减少了。

表 10-9　北京市农产品批发市场名称和地区分布

区县	农产品批发市场	属性
丰台	新发地批发市场	一级批发市场
顺义	石门批发市场	二级批发市场
丰台	岳各庄批发市场	
通州	八里桥批发市场	
朝阳	大洋路批发市场	
昌平	回龙观大钟寺批发市场	
昌平	昌平水屯批发市场	

（续）

区县	农产品批发市场	属性
石景山	锦绣大地批发市场	
海淀	清河镇农产品批发市场	
房山	房山永安批发市场	二级批发市场
石景山	玉泉路批发市场	
朝阳	坤江批发市场	
朝阳	盛华宏林批发市场	

10.1.2.3 通过合作社的蔬菜流通

前述图 10-1 表示的农户分散型蔬菜生产的流通模式中，农户与市场连接的一种模式是合作社蔬菜销售。针对这种销售模式，本研究赴顺义区绿奥合作社进行了调研。

绿奥蔬菜合作社在经历起步、发展、成熟的不同发展阶段之后，目前承担着生产技术指导、蔬菜销售、生产资料购买监测、市场信息传递等功能，并且形成了合作社销售蔬菜的"绿奥模式"。图 10-3 显示的是绿奥蔬菜合作社的销售模式。

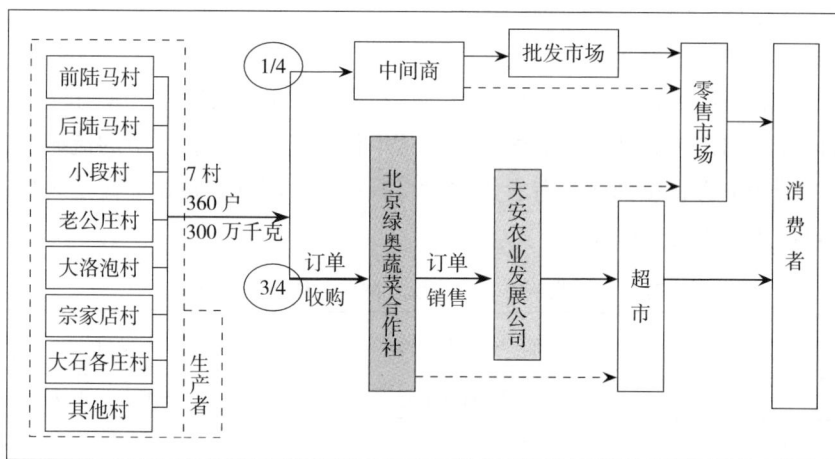

图 10-3　合作社蔬菜流通的"绿奥模式"
资料来源：根据笔者的访谈调研整理而成。

从图 10-3 可以看出，合作社组织的蔬菜销售涉及顺义区大孙各庄镇 7 个村 360 户 1 500 亩的蔬菜种植面积，每年通过合作社销售的蔬菜达 300 多万千克，占 7 个村蔬菜总量的 3/4。这 7 个村正是大孙各庄镇的蔬菜集中产区，可见合作社在蔬菜销售流通中的重要作用。

　　对农户来说，通过加入合作社时为数不多的入股金的缴纳，可以不必担心所生产的蔬菜卖不出去或卖不出好价钱，从而减少蔬菜的市场风险，并且农户能得到合作社统一组织购买的化肥和农药，生产出的蔬菜更易符合无公害蔬菜标准，能够让消费者安心。绿奥合作社所有蔬菜的销售对象是小汤山天安农业发展有限公司，形成了蔬菜销售的农户＋合作社＋龙头企业的销售链条。而蔬菜供给量的确定却呈相反方向，即龙头企业→合作社→农户，天安公司先确定蔬菜需求量，并与合作社签订配送合同，然后合作社据此配送需求量与农户签订种植合同，明确农户的蔬菜种植品种和数量。这样，体现了合作社的信息传递功能，将市场需求信息传递给农户。

10.1.1.4　订单农业、农超对接

　　分散型流通模式下，也存在订单农业和"农超对接"。由于农户蔬菜生产的分散性，往往通过合作社进行农户与消费者，或农户与超市之间的连接（如图 10-1 最上端表示的流通渠道）。顺义区杨镇松各庄瓜菜专业合作社是松各庄村农户韩学斌为法人代表的合作社，于 2010 年下半年成立，目前加入合作社的农户有 167 个农户，本村的所有农户加入了合作社，蔬菜耕地面积 1 000亩。近年来，通过北京市农优站作为媒介，合作社与裕农公司签订了蔬菜销售订单，2011 年该村种植的生菜中有 20％通过这种订单销售出去，既保证了销路，也保证了生菜的销售价格。根据调查了解到，农户生产的生菜，通过加工，最终供应麦当劳、肯德基和必胜客等快餐店。

　　此外，在图 10-1 表示的流通渠道中，也存在用虚线箭头表示的少量的菜农直接向一级蔬菜批发市场和二级蔬菜批发市场的蔬菜供应渠道。在这种流通模式中，还存在产后的蔬菜食品加工企业对于中间收购商或者一级批发市场上的蔬菜进行采购，再进行初加工与深加工（产品包括冷冻蔬菜、脱水蔬菜、蔬菜汁、蔬菜罐头等）。随后也存在少量的蔬菜加工制成品的出口贸易。

10.1.2　规模型蔬菜流通模式

　　近年来，一方面北京市城市化进程继续不断推进，另一方面全国性 CPI（消费者价格指数）的增长带来的农用生产资料价格的不断上涨，此外北京市的水、土地等资源的稀缺性不断增加，诸多导致与蔬菜生产紧密相关的北京市的自然资源要素、劳动力要素以及资本要素的价格不断提升，对蔬菜生产的效益造成冲击，也波及北京市蔬菜的整体供应。在政府、企业、农业生产者等多方作用下，北京市规模型蔬菜生产也得到发展。规模型蔬菜生产模式多以合作

社、蔬菜园区或农业公司为主体，形成规模化蔬菜基地。这种生产模式由于比一般农户的种植规模大，蔬菜的销售和流通模式也不同于分散型农户所生产的蔬菜的流通模式，从而形成规模型蔬菜生产的流通模式。图 10-4 表示的是规模型蔬菜生产的流通模式。

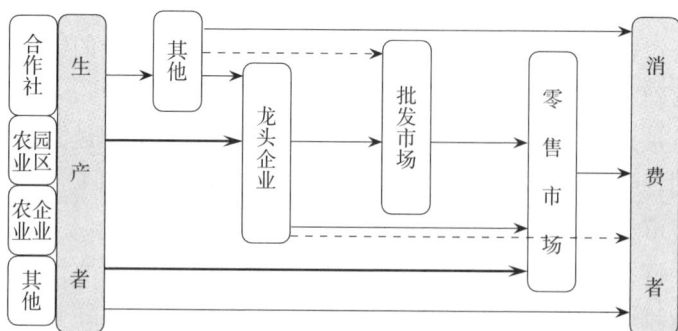

图 10-4　规模型蔬菜生产流通模式

从图 10-4 可以看出，生产者有合作社、农业园区或农业企业等多种形式的主体，其中，以蔬菜生产合作社为纽带形成的蔬菜生产主体，农户以资金或土地入股，并受雇于合作社从事有专业化指导的蔬菜生产；蔬菜生产园区是在政府的支持下形成的蔬菜生产主体；农业企业从事蔬菜生产，所雇用的劳动力也往往是以当地的农民为主。随着规模化蔬菜生产的发展，形成了与此对应的规模性蔬菜流通模式。这种模式下蔬菜的主要流通渠道有四个：一是生产者与零售市场的直接连接，比如近几年提倡发展的农超对接、社区便民菜车；二是通过龙头企业的蔬菜流通，比如一些蔬菜生产园区通过北京天安公司的蔬菜销售；三是一些大规模种植户通过合作社等渠道销售蔬菜；四是一些大规模种植户通过实施采摘方式、或直接向饭店发送或通过礼品菜等形式向消费者的直接销售。规模型蔬菜生产流通模式便于蔬菜生产与需求的很好对接，也缓解了小规模生产模式下的小生产与大市场之间的矛盾。与此同时，由于通过批量生产形成最终代表生产者利益的较强的卖方议价能力，从而保障蔬菜生产者的收益。规模化蔬菜生产模式在蔬菜流通过程中的另一个特点是有的蔬菜经过一定程度的加工环节，这种高端蔬菜也满足了北京市居民不断增加的对于质量安全的要求以及高端蔬菜的购买要求。图 10-4 中的龙头企业主要指以蔬菜为核心的加工流通型企业，企业将蔬菜采摘之后进行品质类型的分类，再分别进行蔬菜的初加工与深加工。由此形成的蔬菜产品一部分按常规流通到蔬菜的各级批发市场，进而向下流通至消费者；也有一部分直接供给到超市的蔬菜货架，或者通过配送形式直接向政府机关、企事业单位进行流通。

10.2　不同类型蔬菜流通模式的比较

北京市蔬菜流通的分散型蔬菜流通模式和大规模型蔬菜流通模式存在差异，这种蔬菜流通的模式与渠道的区别主要来自产业链的构成主体。如果进行分散性的种植就倾向于通过地头收购商向一级批发市场、再向二级批发市场、进而向零售环节流通；如果进行蔬菜龙头企业（或间接作用于蔬菜专业合作社）带动的规模化生产则更倾向于顺着企业的脉络进行蔬菜的标准化生产，从而进行有针对性的加工之后向特定的市场和消费人群流通传递。

从图 10-1 与图 10-4 的比较看，以上北京市自产蔬菜的主要两种流通模式在流通的渠道和环节上相近，但是由于分散型与规模型的不同生产基础，以及差异化的管理，形成了不同流通模式之间的中心主体分别呈现为一级批发市场和蔬菜龙头食品企业。规模型蔬菜生产流通渠道由于在流通中的主体为蔬菜龙头企业，相对于分散型蔬菜生产流通渠道而言，更有市场力量，在进行交易的过程中，更有议价能力。分散型蔬菜生产的流通模式中交易的蔬菜产品属于菜农分散决策的产物，由于较少获得技术指导等资源，生产成本仍然由传统的要素成本组成，蔬菜产品多数为广泛消费的普通蔬菜；而规模型蔬菜生产由于从生产环节就进行用种、生产过程的技术等集中控制，使得其蔬菜产品的专业化程度较高，便于建立可追溯体系，高投入所对应的高产出的理性要求使得其产品多数属于高端品行的蔬菜产品。而且由于后者占有更多的市场信息、技术指导等资源，更能进行蔬菜在包括生产、加工等前产业链进行有针对性、有计划的管理控制，可以独立地直接与批发市场、零售市场甚至消费者进行差异化的对接。

另外，为实现北京市蔬菜的安全有效的自给能力，提升农业现代化水平、提高农民收入，北京市各级政府极为重视设施农业的发展，从 2007 年开始实施新建设施补贴政策，加大对设施建设的补贴力度。截至 2010 年，北京市设施蔬菜的播种面积达到了 17 709 公顷，占北京市蔬菜总播种面积的 26.22%，而总的设施蔬菜的产量也达到了 66.68 万吨，占北京市蔬菜总产量的 22%[①]。本研究采取问卷调研和实地现场调研两种方式对 2007—2008 年新建设施在 50 亩以上的区、镇、村进行了调研，受访农户 372 户，追踪了其设施蔬菜的流通

---

① 根据 2011 年《北京市统计年鉴》计算整理得到。

在各渠道的比例。作为北京市主要的特色蔬菜生产方式，其流通对于分析北京市自产蔬菜的流通渠道有着重要的意义。

表 10-10　各区县设施蔬菜的主要销售渠道

区县	地头市场（%）	农贸市场（%）	批发市场（%）	其他（%）
房山	60.8	14.3	16.7	8.4
密云	20.0	10.0	51.4	18.7
怀柔	42.8	2.4	0.0	54.9
大兴	38.9	4.2	54.2	2.8
顺义	83.3	0.0	16.7	0.0
昌平	53.3	46.7	0.0	0.0
平谷	91.3	0.0	5.6	3.2
通州	52.8	0.0	30.7	16.5
延庆	46.2	49.4	0.0	4.4
合计	54.4	14.1	19.5	12.1

注：①调研时间为 2009 年 11 月 14 日至 2010 年 1 月 30 日。②"其他"包括企事业单位、超市、合作社、加工企业、自销、观光采摘、政府收购、出口等。未列出的朝阳区和海淀区调研的主要是企业，经营模式与农户不同，销售渠道以超市、加工、采摘等为主，产值较高。

　　表 10-10 所显示的是调研各区县以及全市的设施蔬菜最终的流通渠道比例结果的汇总情况。由此可以看出，所调研的北京市设施蔬菜整体的中间商收购比例最高，为 54.4%，流通到批发市场的渠道占 19.5%，居于第二位，运往附近农贸市场的占 14.1%。其中，房山区、密云县、大兴区的调研情况显示其生产的蔬菜流通渠道最为发散，各种流通渠道都有所涉及；怀柔县、平谷区、通州区、延庆县居中，而顺义区、昌平区的设施蔬菜流通渠道最为集中。表 10-2、表 10-3 以及图 10-1 结合来看，不难发现，无论是北京市自产蔬菜总体的流通渠道还是其中的设施蔬菜的流通渠道选择以及所占的比例都呈现类似的情况。即以地头收购商为主要的流通渠道，向就近的批发市场进行流通的渠道次之，最后是向就近的农贸市场或者直接与消费者进行派送对接等流通的渠道。这也从侧面说明，目前，北京市自产蔬菜的生产者的整体市场力量较小，在地头收购市场的议价能力较差；批发市场是发现蔬菜价格的主要渠道；对于就近农贸市场进行的直接流通渠道并不主要；与特定的零售环节与消费主体的直接对接的渠道正在逐渐不断地发展中。

10.3　典型蔬菜不同流通环节利益分配和价格比较

北京市是蔬菜供应的大城市中心，其一级蔬菜批发市场为全国性蔬菜流通的中心市场，每天有大量全国各地的蔬菜品种涌入北京市的一级批发市场，为蔬菜流通价格的稳定提供了有效的保障。但是，在蔬菜流通中必然带来期间的运输费、损耗费、管理费等的成本加价，从而造成不同环节的蔬菜差价，形成不同蔬菜类型的不同利益增值格局。

（1）2012 年 8 月的各环节利益调研

2012 年 8 月 19—24 日，本研究人员赴大兴区、顺义区的农户进行了蔬菜销售问卷调研，并对丰台岳各庄批发市场、顺义石门批发市场、大洋路批发市场以及大兴区产地批发市场（沙窝批发市场）进行了走访调研。表 10-11 和图 10-4 表示的是北京市自产蔬菜从地头收购到批发市场，再到零售环节的加价率以及利益分配。

表 10-11　北京市典型蔬菜流通环节的均价与增值率

单位：元/千克，%

品种	地头收购价格	批发市场		超　市	
		平均价格	增值率	平均价格	增值率
番茄	2.46	7.70	214.63	9.08	17.31
黄瓜	2.00	7.40	270.00	8.84	19.46
茄子	2.20	5.40	145.45	10.04	85.93
青椒	2.40	4.00	66.67	6.46	61.50
豇豆	3.40	4.00	17.65	12.70	217.50

注：农户或地头收购价格来自 2012 年 8 月 19—20 日对大兴区和顺义区的实地调研；批发市场价格是通过同期丰台区岳各庄批发市场、顺义石门批发市场以及大洋路批发市场的平均价格获得；零售市场价格是对北京市易初莲花、超市发、生活超市以及美廉美超市调研所获价格的平均价格。

表 10-10 和图 10-5 中以典型的几种蔬菜为例，追踪了在地头收购的生产者价格，进而进一步到邻近的批发市场进行了调研，最后到北京市主要的几家连锁超市集中调研了蔬菜零售环节的销售价格。根据调研数据的整理可以看出，番茄、黄瓜和茄子的共同特点是，从农户的收购价到批发市场的加价率高于从批发市场到超市的加价率，豇豆从农户的收购价到批发市场的加价率低于从批发市场到超市的加价率；青椒的两个加价率接近。图 10-5 表示在蔬菜流通各环节的利益分配中，所有的蔬菜都是农户的利益最低，获得利益较多的是零售环节的超市。但是，值得指出的是，通过调研看出，即使同一天同一时

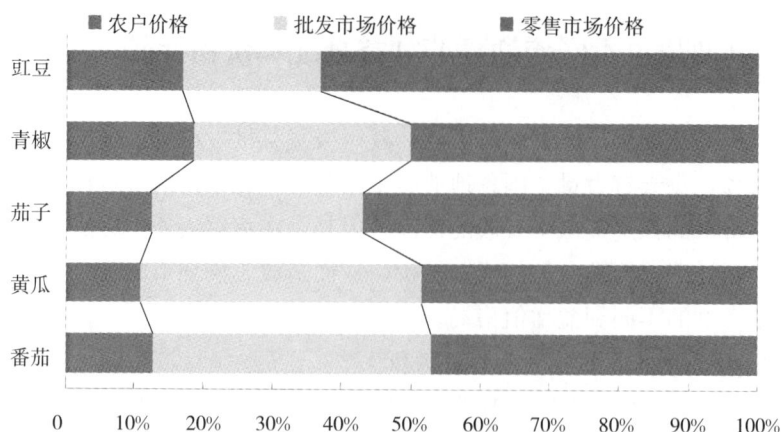

图 10-5　北京市典型蔬菜流通环节的利益分配

间，不同超市之间同一种蔬菜的价格差异也很大，使得超市平均价格的代表性较差。表 10-12 汇总了 2012 年 8 月 19 日上午几个超市的蔬菜销售价格。从表中可以看出，番茄当天上午的价格在不同超市的差异较大，超市发市场的销售价格高达 20 元/千克，而易初莲花的销售价格仅为 4.56 元/千克。

表 10-12　超市的蔬菜销售价格

单位：元/千克

蔬菜品种	超　市			
	易初莲花	生活超市	超市发	物美
番茄	4.56	7	20	4.78
黄瓜	6.96	4.6	19.8	3.98
茄子	23.8	6.6	4.98	4.78
青椒、辣椒	4.96	13.96	2.9	3.98
大头菜	4.96	1.96	1.98	3.18
菠菜	20	29（小汤山）	13	7.98
生菜	10.96	11.96		7.8
大白菜	3.56	4	4.6	12.8（天地生）
土豆	13	4	1.98	3.98
胡萝卜	14	2.56	2.48	2.58
大葱	14.96	9.6	4.98	17
洋葱	2.76	4.2	15.8	3.98
金针菇	21.6	25.6	58	39.6

（续）

蔬菜品种	超　市			
	易初莲花	生活超市	超市发	物美
香菇	33.6	50	41.4	31.6
花椰菜		7	8.8	
西兰花	12	15	25.8	17.6
豆角	30	9	5.8	5.98

注：小汤山、天地生指蔬菜的品牌名称。

资料来源：根据笔者实地调研整理而成。

此外，通过对农户地头蔬菜销售情况可以看出，到同一村来收购蔬菜的中间商，往往比较固定，有的连续多年到同一村收购。农户与中间商的蔬菜交易往往是随行就市，不过在成交价的确定方面，比起农户，中间商往往占有主动地位，中间商根据当期的市场行情出价收购农户的蔬菜。走访中了解到，农户认为这种到地头收购蔬菜的方式，比起农户自己送往批发市场销售蔬菜，节约了时间，也节约了运费和蔬菜销售风险。农户认为的蔬菜销售风险，一个是找不到销路的风险，一个是价格方面的风险，农民没有渠道获得当期蔬菜市场行情，在自己的交易中不好确定价格。

笔者到大兴区庞各庄沙窝批发市场进行了调研，这个批发市场属于产地批发市场，周边的农户将自家生产的蔬菜自己运往沙窝批发市场，并在批发市场内将蔬菜销售给中间商。类似沙窝批发市场这样的产地批发市场与中间商去地头收购蔬菜，两者在交易类型方面本质上一致，只是交易场所不同，一个在地头，一个在距离地头不远的批发市场。交易的主体相同，即一方是农户，一方是中间商。定价方式也相同，往往是中间商占主导地位。

（2）2010 年各环节的利益调研

2010 年 1 月 9—16 日对北京市大兴区西红柿种植农户以及新发地批发市场和清河镇农产品中心贸易市场等零售市场的调研（1 月 9 日对农户进行调研，12 日对新发地市场进行调研，15 日、16 日对超市和清河镇农贸市场进行调研），获得北京市场西红柿各个环节的销售价格。根据调研所得到的数据，计算了西红柿各个环节的平均售价。我们将上一环节的销售价格作为下一环节的进货价格来进行分析。表 10-13 是西红柿各个环节的售价与零售环节盈利率，其中盈利率的计算公式按照以下公式进行：盈利率（％）＝（零售价格－批发价格）/零售价格×100％。

表 10-13　西红柿各环节销售价格及零售环节盈利率

		西红柿售价（元/千克）	西红柿平均售价（元/千克）	盈利率（%）	售价/进价
生产者	大兴区农户	1.4～1.6	1.5		
批发市场	新发地农产品批发市场	2.6～3.8	3.2		2.13
零售市场	清河镇农副产品交易市场	3.0～7.0	5	36	1.56
	易初莲花超市	4.98	4.98	35.74	1.56
	家乐福超市	6.3	6.3	49.21	1.97
	物美超市	5.56	5.56	42.45	1.74
品牌蔬菜	小汤山（美廉美）	14	14	77.14	4.38
	小汤山（超市发）	21	21	84.76	6.56
	绿环园	13	13	75.38	4.06
	北大荒	13	13	75.38	4.06
	天地生（超市发）	19.8	19.8	83.84	6.19
	天地生（物美）	10.4	10.8	70.37	3.38
	物美专供	9.96	9.96	67.87	3.11
	超市发专供	12	12	73.33	3.75

注：①价格信息来自对新发地、清河镇、各超市的调研数据。②通过调查可以看出，当时新发地的西红柿大多不是北京产的，而是来自京外，分析时仍然以北京当地所产西红柿出售价格进行讨论。对零售环节和品牌蔬菜的讨论则选择新发地价格作为标准进行比较。

从表 10-13 可以看出，大兴区农户的西红柿销售价格大多为 1.4～1.6 元/千克，平均销售价格为 1.5 元/千克；新发地批发市场的西红柿销售价格大多为 2.6～3.8 元/千克，平均销售价格为 3.2 元/千克；零售市场可以分为农贸市场和超市，清河镇农副产品交易市场的西红柿销售价格大多为 3.0～7.0 元/千克，平均销售价格为 5.0 元/千克，不同超市的西红柿价格也不同，易初莲花超市为 4.98 元/千克，家乐福超市为 6.3 元/千克，物美为 5.56 元/千克；各超市中的品牌西红柿的价格较高，大多为 10～20 元/千克。

从表 10-13 中的盈利率可以看出，在农贸市场销售的西红柿，在生产环节、批发环节和零售环节的利益差不多，各占 1/3，其中零售环节稍微多一些；在超市销售的普通西红柿，价格在 3 个环节的分配也差不多，各占 1/3，零售环节多一些；在超市销售的品牌西红柿，价格在 3 个环节分配不均，零售环节的利益占到整个流通环节的将近 80%，生产环节和批发环节差不多，各占 10%。

10.4 蔬菜流通存在的问题和对策建议

10.4.1 问题

北京市自产蔬菜在流通过程中面临如下的几个问题：

（1）目前北京市自产蔬菜仍然以中间商收购为主要渠道，产后流通渠道缺乏保障机制，中间收购价格一旦受到市场价格的影响反馈给菜农的价格波动较大，不利于北京市从蔬菜生产环节对于蔬菜自给能力进行基本保障。

（2）北京市自产蔬菜的流通模式复杂，效率低，浪费较大；从各流通环节间的加价率比较可以看出，农户作为生产者处于利益链条中的不利地位，缺乏稳定的销售渠道，也缺乏销售价格保障机制。

（3）各级批发市场缺乏及时有效的本地蔬菜来源信息，与国外批发市场的硬件和软件形成较大的反差。北京市批发市场中设备设施落后，管理不规范；缺乏健全的市场信息登记、统计和发布制度，致使批发市场的功能较难正常发挥。

（4）农民的组织化程度低，致使分散经营的农户的蔬菜销售产生障碍。前述一些农民专业合作社在蔬菜流通中发挥了重要的作用，但是，目前的总体情况是，要么缺乏农民专业合作社，要么一些既有的专业合作社形同虚设，导致农民的组织化程度低下。

（5）北京市自产蔬菜的冷链运输体系、质量安全体系以及可追溯体系建设不完善，自产蔬菜在进入消费环节后，同种蔬菜质量与相应价格相差较大，难以进行界定和控制，导致最终消费价格与产地采收价格相差甚远。

10.4.2 对策建议

针对北京市自产蔬菜流通体系建设，提出以下对策建议：

（1）进行全市范围内蔬菜供应网络的规划设计，健全蔬菜流通体系，流通体系的建设要着眼于保障农户生产蔬菜的稳定销路和城市居民稳定的蔬菜销售价格这两个方面。

（2）提高农户蔬菜种植的专业化程度。目前总体上北京市农户蔬菜种植属于小规模分散经营类型，从前述分析可以看到，分散型生产的农户，健全流通体系尤为重要。但是，从另一角度讲，若提高农户的蔬菜种植专业化程度，让蔬菜种植成为农民的职业，这样有利于提高农户对新技术采用的积极性，促进蔬菜的稳定供应，并且进而便于产后蔬菜流通体系的建设。

（3）强化蔬菜批发市场的硬件和软件建设、健全批发市场的功能，让批发市场在蔬菜流通中发挥核心作用。国外批发市场的功能中有一个内容就是价格形成功能。在批发市场形成的价格反映整个市场的供给和需求，也与生产者价格及零售市场价格紧密关联，这样会促使蔬菜从生产、流通到消费的各环节利益得到平衡。此外，批发市场的信息统计和发布也极为重要，从调研中得知，许多批发市场对蔬菜的产地来源不进行系统的登记，不仅影响蔬菜的流通，也影响蔬菜的质量安全管理。

（4）政府支持农户通过农民专业合作社统一销售蔬菜。建立和完善农民专业合作社，提高农民组织化程度，形成农户蔬菜的稳定销售渠道。目前农户蔬菜的主要销售渠道为中间商收购，中间商收购存在随意性、偶然性，缺乏规范性，不利于农户利益的保障。分散经营的农户通过合作社联系批发市场或其他渠道，促使蔬菜形成稳定的销售渠道。政府可以对农户通过合作社统一销售蔬菜加以鼓励，像日本就对这种销售渠道的蔬菜实施了统一上市奖励金，通过蔬菜的合作社统一上市，既保证了农户的蔬菜销路，也能够保证批发市场的蔬菜货源。此外，近几年政府在提倡"农超对接"，实践证明，由于农户是分散经营，合作社可以成为农户和超市的连接纽带，因此，通过健全合作社功能，促进发展"农超对接"。

（5）政府对蔬菜市场价格的调控。政府调控蔬菜价格不是采用传统的计划强制手段，而是通过对上市量和供应量的调控而进行市场式的间接调节。就北京市而言，自产蔬菜对市场的供应力毕竟有限，这样北京市对上市量和供应量的调控可以考虑多个途径：一是通过类似新发地等大型批发市场的把握和调控；二是在北京以外建立蔬菜供应基地，既保障北京蔬菜供应，也便于对蔬菜上市量和供应量的调节，从而促进蔬菜市场价格稳定。

此外，政府在原有的蔬菜流通支持政策的基础上，考虑保障蔬菜产后的蔬菜收购渠道的措施，积极促进对于各蔬菜流通环节的规划和包括划分产地品种的上市量与上市价格等信息的及时发布，进一步加大蔬菜流通相关的冷链运输等的财政投入，健全蔬菜质量安全与可追溯体系。

10.5 本章小结

本章主要依据对农户、合作社、蔬菜生产园区、各级批发市场、零售市场等的实地调研和问卷调研数据，分析北京市自产蔬菜的流通体系。主要的研究内容包括：首先，将北京市自产蔬菜分为分散型蔬菜生产的流通模式和规模型蔬菜生产的流通模式。在对分散型流通模式的分析中，侧重于对各级农产品批发市场、中间商收购、农民专业合作社等进行了分析。规模型蔬菜流通模式是近些年来蔬菜产业不断发展演变出的新型模式。其次，对分散型流通模式和规模性流通模式的不同类型流通渠道进行了比较分析。第三，对典型蔬菜不同流通环节的利益分配和价格进行了比较分析。第四，分析了蔬菜流通存在的问题并提出了对策建议。

主要参考文献

穆月英，赵霞，段碧华，马骥，乔娟 . 2010. 北京市蔬菜产业的地位及面临的问题分析 [J]. 中国蔬菜 (21)：7-12.

穆月英 . 2013. 日本蔬菜流通体系的启示——基于对批发市场与农户的调研 [J]. 中国蔬菜 (1)：9-12.

穆月英，笠原浩三 . 2006. 日本的蔬菜水果流通及其赢利率的调查研究 [J]. 世界农业 (2)：31-34.

第11章

北京市蔬菜价格变动及影响因素 *

蔬菜已成为北京市的重要农作物之一，是一些区县农村的支柱产业，蔬菜又是居民重要的生活必需品，因此，蔬菜产业对北京市农业乃至国民经济的发展起着至关重要的作用。但是近几年来，蔬菜价格起伏波动频繁，当蔬菜价格过度上涨，会导致居民消费者特别是中低收入者的利益受损；而当蔬菜价格过分下跌，又会损害菜农的切身利益，即"菜贱伤农"。蔬菜价格问题引起各界高度关注。通过探讨蔬菜价格波动的原因，为稳定蔬菜价格的政府决策提供参考依据。

目前为止，关于蔬菜价格问题的研究多集中于以下两个方面：一是对价格波动规律的研究。有的对北京市蔬菜批发市场上一些蔬菜品种价格的季节性变化规律进行了分析（刘瑞涵等，1998；闰晓军等，2002；赵友森等，2010）；有的对我国蔬菜生产、供给及价格波动情况进行了分析（安玉发，1999；谭向勇等，2001；辛佳琳等，2009）。二是对蔬菜价格波动影响因素的研究。李锁平等（2006）利用蛛网模型对蔬菜的供给与价格间的关系进行了研究；陈彦峰（2008）描述性分析了蔬菜价格的上涨与农业生产资料价格、燃油价格、运输费用、经营成本、生活成本等的增加，蔬菜的内在价值大幅度提升等原因有关；杜俊（2008）运用小波分析法、层次聚类法和变异系数法分析了江苏省的蔬菜价格波动及其与气候的关系；陈晓莉（2009）从供给和需求角度分析了油菜子和菜子油的价格波动影响因素；孙倩等（2011）分析了北京市蔬菜价格的变动特征、上市量与价格的关系等。

本章在对北京市蔬菜价格波动特征和原因进行分析的基础上，对蔬菜价格的影响因素进行理论分析，最后，运用逐步回归分析法对蔬菜价格的影响因素进行实证分析。

＊ 本章基于"潘凤杰，穆月英.2011.北京市蔬菜价格变动的特征及影响因素，中国蔬菜.（22/24）"和"孙倩，穆月英.2011.蔬菜价格变动、影响因素及价格预测——以北京市批发市场为例.中国蔬菜（9）"整理而成。

11.1 北京市蔬菜价格变动的特征

11.1.1 蔬菜价格的长期趋势

从图 11-1 中 2007—2010 年北京市蔬菜价格变动来看，总体呈现上涨趋势，由 2007 年 6 月的 1.42 元/千克，上升到 2010 年 2 月的 3.49 元/千克，涨幅为 145.77%。用直线回归来拟合蔬菜价格的上涨趋势，得到图 11-1 中直线为价格趋势线。回归估计结果的统计有效性较好，反映直线回归方程斜率的回归系数为 0.03，表明北京市蔬菜价格平均每月增长 3%。因此，从长期看，蔬菜价格呈现上涨趋势，也就是逐年上涨。

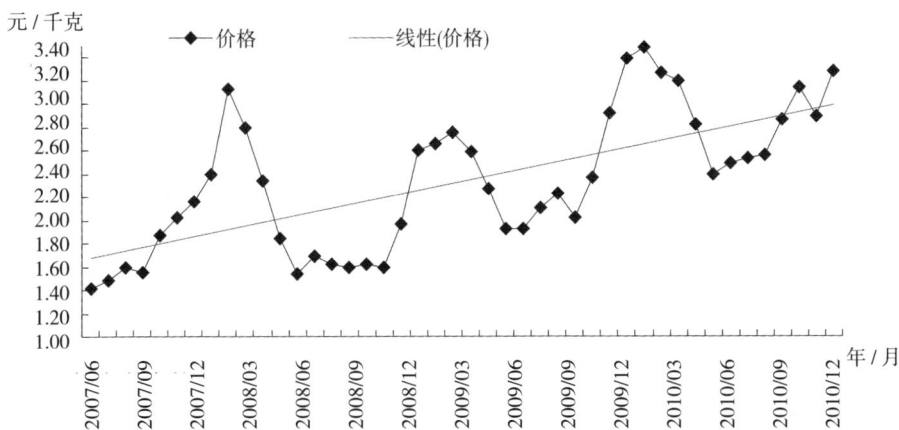

图 11-1 2007—2010 年北京市蔬菜总体平均价格的走势

资料来源：北京市市场协会网站。

从图 11-2 中可见，北京市蔬菜主要品种的蔬菜价格均呈现出与蔬菜总体类似的变动趋势，即价格的长期变动呈现上涨趋势。其中黄瓜价格的上涨幅度最大，由 2007 年 6 月的 1.14 元/千克上升到 2011 年 1 月的 3.53 元/千克，涨幅达 208.98%；番茄价格由 1.28 元/千克上升至 3.61 元/千克，涨幅达 182.82%；茄子的涨幅为 93.90%，青椒的涨幅最小，为 78.45%。

11.1.2 蔬菜价格的波动

首先，蔬菜价格存在着季节波动。从图 11-3 可以看出，每年 1—12 月，蔬菜平均价格一般呈两头高、中间低的趋势，具有较明显的季节性波动特征。每年 2 月蔬菜价格较高，3 月后开始下降，5—7 月价格较低，处于谷底，然后缓慢回升；在我国重要节日（中秋、国庆节）前后又恢复高价位，并以上涨趋

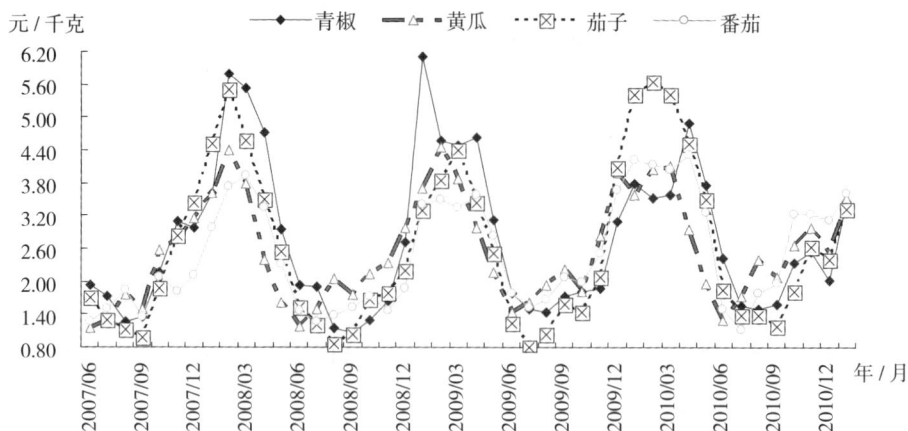

图 11-2　2007 年以来北京市四种果类蔬菜的按月平均价格

势维持到年末，春节前的价格往往会达到一年中的最高值，春节后又开始下跌。蔬菜价格的季节性波动主要来自蔬菜生产的季节性和传统节日对蔬菜需求的季节性。夏季气候适宜蔬菜生产，促进蔬菜供应量增加，再加上蔬菜容易腐烂、贮藏时间短等原因导致蔬菜价格下降；而北方冬季气温较低，露地蔬菜无法生长，只能依靠大棚蔬菜或从路途遥远的南方运来，再加上冬季我国传统节日较多（尤其春节前后），居民的蔬菜消费量较大，拉动价格上涨。

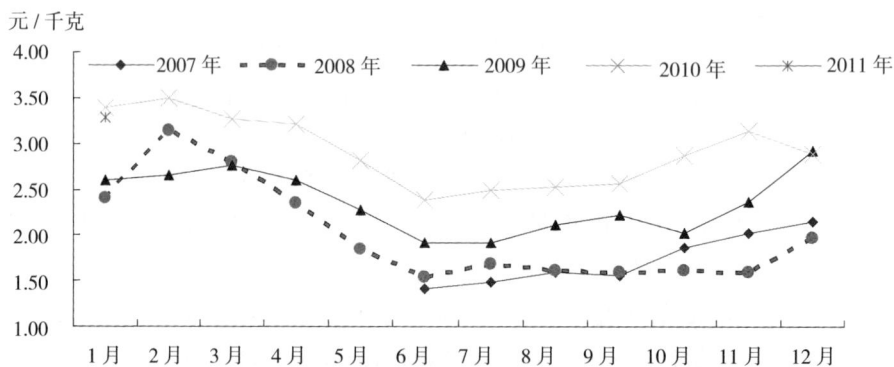

图 11-3　北京市蔬菜总体的按月平均价格的年度对比

其次，蔬菜价格存在超常波动。图 11-3 反映的是北京市蔬菜按月平均价格变动情况，2009 年年底出现了蔬菜价格的突发性上涨，从当年 11 月的 2.36元/千克，涨到 12 月的 2.92 元/千克，上涨幅度达 23.73%，与当年冬季雪灾对温室蔬菜产量造成的影响有很大关系；2010 年 11 月开始，蔬菜价格出现下

跌，由 11 月的 3.13 元/千克，下跌到 12 月的 2.89 元/千克，下跌幅度达
8.30％。这种蔬菜价格的剧烈波动，属于价格的超常波动。在历年全国蔬菜价
格的变动中，2008 年 2 月份蔬菜价格出现突发性上涨，从当年 1 月份的 2.62
元/千克猛涨 3.07 元/千克，上涨幅度达 17.07％，与那一年春季南方雨雪冰
冻灾害造成对蔬菜生产的影响以及南菜北运的交通障碍有关；2010 年 10 月份
开始，蔬菜价格大幅度下跌，乃至 2011 年年初蔬菜的价格低于上一年，这与
前述蔬菜价格呈现的年度间上涨的长期趋势不吻合。

综上所述，从长期趋势看，蔬菜价格呈现上涨趋势；年度内蔬菜价格有季节性
波动，因此一定幅度范围的蔬菜价格波动属于正常波动。但历年蔬菜价格变动中，
在一些时期出现的蔬菜价格的突发性上涨或者下跌，是蔬菜价格的超常波动。

11.1.3　蔬菜价格波动的原因

由于农产品生产的特殊性，蔬菜的生长受温度等气候自然因素的影响，不
同品种蔬菜生产具有季节性，带来蔬菜价格的季节性波动。因此一定幅度范围
的蔬菜价格波动属于正常波动。此外，蔬菜的生长、储存和运输等易受突发事
件影响，例如雨雪等恶劣天气、倒春寒等自然灾害的发生，会使蔬菜价格产生
超常波动。

与发达国家相比，我国蔬菜价格波动很频繁而且波动幅度很大，这与我国
蔬菜生产、流通等环节的特殊情况有关。造成蔬菜价格波动的原因主要有以下
几方面。

（1）蔬菜生产规模小、专业化程度低，导致蔬菜产量的不稳定

首先，蔬菜生产的特点是一家一户分散经营，生产规模较小。通过对北京
市大兴区等 6 个蔬菜主产区县①的 203 户蔬菜种植户的调研得知，平均每户的
蔬菜种植面积为 5.27 亩，作为蔬菜主产区的北京市大兴区农村，每户种植的
蔬菜大棚一般在 2～3 个棚。由于小而散的蔬菜生产使得农户收入对蔬菜的依
赖程度不高，也较难做到蔬菜种植的长期规划，容易出现盲目种植的情况，农
户每年都处于种与不种，或种多少菜的抉择之中。蔬菜种植户经常根据前一年
或是前一季的蔬菜价格，或是参照邻近户的选择来进行蔬菜种植抉择，这样容
易出现跟风现象，并使得蔬菜单一品种的产量很不稳定，很容易出现大批量同
种蔬菜集中上市或是同种蔬菜上市稀缺的情况，也就是蔬菜的市场供应的大幅
度波动，导致价格大起大跌。

---

①　所调查的是大兴区、顺义区、通州区、房山区、密云县、延庆县。

其次，蔬菜产业化程度低。虽然有些蔬菜生产加工的龙头企业，但带动的农户数量少，不成规模，而且公司是以自身盈利为目的的，生产加工的蔬菜均走的是品牌化路线，直接进入超市专柜，只占居民消费的很小比重。另外，为了解决"小农户、大市场"的矛盾，国外的经验是通过农业专业合作组织将农户组织起来，可以抵御一部分市场风险，提高市场议价等能力。但是我国蔬菜专业合作组织覆盖的农户范围有限，而且合作组织的功能发挥不到位，农户参与的积极性不高，农户的组织化程度仍然很低，使得农户的蔬菜销路和销售价格得不到保障。

（2）农民的蔬菜销售以中间商收购为主，不利于维护菜农的利益

蔬菜种植户销售蔬菜，以中间商收购为主要渠道，也就是农户生产的蔬菜主要通过中间商进入批发市场环节。通过对北京市蔬菜主产区县蔬菜种植户的调研看出，在 2012 年被调查农户中，有 68.4％的农户回答了中间收购商这一销售渠道（表 10-2 和图 10-2）。蔬菜的中间收购商，主要是以菜贩子和经纪人为主，这种蔬菜流通渠道由于没有完善的规章制度约束，而且受中间商个人的主观因素影响较大，存在很大的随机性和偶然性。

另外，蔬菜种植户和中间商之间存在一定的信息不对称问题，中间收购商在议价方面占据主导地位，而且两者属于两个对立的利益主体。所以以中间商收购为主的流通形式，使蔬菜种植户的利益难以得到保证，同时也不利于稳定蔬菜价格和蔬菜销售量。

（3）蔬菜流通环节复杂，批发市场功能不健全

蔬菜流通渠道多种多样，有直接流入产地的农贸市场，有直接流入销地的零售环节，也有通过一级批发市场流入零售环节，还有经过两级批发市场才流入零售环节。错综复杂的流通环节使得蔬菜的流通成本急剧增加，曾经有报道称蔬菜产业有超过 70％的利益留在了中间流通环节。与此同时，批发市场作为蔬菜的集散地，大量的蔬菜供给和需求在这里聚集，应该很好地发挥价格形成的功能，但是我国缺乏完善的蔬菜价格形成机制，容易出现蔬菜价格的波动。我国的蔬菜批发市场由于经营主体和需求主体都太过分散，而激烈的竞争必将导致蔬菜价格剧烈的波动，不利于稳定蔬菜价格。另外，我国的批发市场建设不完善，没有明确的法律法规要求批发市场应该履行什么样的职责。而批发市场作为独立的主体，必然会在一定范围内追逐私人利益，使得蔬菜价格更容易产生波动，更容易出现市场风险，不利于蔬菜上市量以及蔬菜价格的稳定。

（4）蔬菜加工程度低，不利于蔬菜存储

由于我国消费者偏好消费新鲜蔬菜，而对干菜、腌制菜等的需求较少，所以我国蔬菜产业的加工环节相对较落后。蔬菜加工往往仅限于蔬菜清洗、包装等环节，一般不能减少蔬菜在流通领域的损耗，也不能延长蔬菜保鲜期等。

另外，我国一般的蔬菜批发市场设备较简陋，没有专门为蔬菜建立的冷藏库等保鲜设备，这样不利于调节蔬菜上市量对价格的冲击。当大批量蔬菜集中上市的时候，没有办法通过存储等方式减少蔬菜供给量；而当蔬菜上市量少的时候，也没有办法通过销售储藏的蔬菜来增加蔬菜供给。

（5）蔬菜生产地区较分散，地区间蔬菜价格相差较大

由于我国疆土辽阔，不同地区的气候、资源禀赋等条件不同，使得蔬菜生产的地区比较分散，而且不同地区间的蔬菜生长时期不同。蔬菜生产格局的形成，就要求蔬菜在各地区之间能够方便的流通，比如冬季的南菜北运、夏季的北菜南运。但是，我国近几年来频繁发生雨雪恶劣天气等自然灾害，很容易影响到蔬菜的运输，导致局部地区蔬菜供应不足、局部地区蔬菜销路不畅等情况。不同地区同时出现蔬菜供过于求和供不应求，必然会导致地区间的蔬菜价格相差较大，不利于稳定蔬菜的供给，进而更不利于稳定蔬菜价格。

11.2 北京市蔬菜价格的影响因素

在市场经济条件下，商品的供给和需求决定商品的价格。北京市的蔬菜供给和需求，分别通过其内在因素，使供给和需求相互作用，决定蔬菜价格。

蔬菜是必不可少的消费品，与粮食等农产品相比，蔬菜消费要求的新鲜度高，而蔬菜不耐贮藏、损耗率高、运输难度大，蔬菜供应更要注意时效性和质量安全。影响蔬菜供给方面的主要因素包括：第一，蔬菜上市量直接关系到蔬菜供给。第二，在蔬菜生产过程中，需要投入种子、化肥、农药、农膜等农业生产资料，这些农业生产资料价格构成了蔬菜生产成本。一般来说，农业生产资料价格上涨时，蔬菜的生产成本就会上涨，蔬菜价格就会有上涨的趋势。第三，自然灾害会影响蔬菜的生长和贮存。第四，技术进步通过作用于蔬菜的生产效率而作用于蔬菜产量，从而影响蔬菜的市场价格。

居民人均可支配收入、相关替代品价格、消费者偏好、人口数量等因素是影响北京市蔬菜价格的需求方面的主要因素。首先，居民人均可支配收入的影响。当居民手中的可支配收入高时，会更加注重身体健康和保健，从而会增加对蔬菜多样化的需求，注重蔬菜的品质、数量和质量。其次，蔬菜相关替代品的影响。当蔬菜替代品价格上涨时，会导致对蔬菜需求的增加。此外，消费者偏好也会影响到对蔬菜的需求，当人们偏好某种蔬菜品种时，对该蔬菜品种的

消费需求数量就会增加。

北京市蔬菜价格的波动还受到政府政策、流通体系和投机行为等因素的影响。

11.2.1 蔬菜价格变动影响因素分析的模型构建

根据以上理论分析可知，蔬菜价格受供求因素的影响。上述因素及一阶滞后项对蔬菜价格波动的影响可以通过建立多元线性回归模型进行分析。为了消除量纲的影响，方程两边同时取对数，即转化为对数多元回归模型。模型的形式设定如下：

$$\ln P_{sct} = \beta_0 + \beta_1 \ln Y_t + \beta_2 \ln Y_{t-1} + \beta_3 \ln Q_t + \beta_4 \ln Q_{t-1} + \beta_5 \ln CPI_t + \beta_6 \ln CPI_{t-1}$$
$$+ \beta_7 \ln P_{zlt} + \beta_8 \ln P_{zl(t-1)} + \beta_9 \ln POP_t + \beta_{10} \ln POP_{t-1} + \beta_{11} \ln P_{sc(t-1)} +$$
$$\beta_{12} DIS_t + \beta_{13} DIS_{t-1} + \sum_{i=14}^{24} \beta_i \sum_{j=2}^{12} D_{jt} + \varepsilon$$

式中，t 代表时间；β_0 是常数项；β_1，$\cdots$，β_{24} 分别为待定系数；ε 表示为随机扰动项。模型中各变量的含义及预期符号见表 11-1。

表 11-1　北京市蔬菜价格变动影响因素的变量

变量符号	变量名称	变量含义	预期符号
P_{sct}	第 t 时期蔬菜的价格	第 t 时期蔬菜的价格	
Y_t/Y_{t-1}	第 $t/t-1$ 时期居民人均可支配收入	当期/上期居民人均收入对当期蔬菜价格影响	+/+或−
Q_t/Q_{t-1}	第 $t/t-1$ 时期北京市蔬菜上市量	当期/上期蔬菜上市量对当期蔬菜价格的影响	−/+或−
CPI_t/CPI_{t-1}	第 $t/t-1$ 期居民消费价格指数	当期/上期通货膨胀对当期蔬菜价格的影响	+/+或−
$P_{lzt}/P_{lz(t-1)}$	第 $t/t-1$ 时期农业生产资料价格指数	当期/上期蔬菜生产成本对当期蔬菜价格影响	+/+或−
POP_t/POP_{t-1}	第 $t/t-1$ 时期北京市常住人口数量	当期/上期人口因素对当期蔬菜价格的影响	+/+
$P_{sc(t-1)}$	第 $t-1$ 时期蔬菜的价格	上期蔬菜价格对当期蔬菜价格的影响	+
DIS_t/DIS_{t-1}	第 $t/t-1$ 时期自然灾害	当期/上期自然灾害对当期蔬菜价格的影响	+/+
D	时期变量	反映时期因素对当期北京市蔬菜价格的影响	+或−

此外，自然灾害虚拟变量 DIS 的设定如下：当 $DIS_t = 1$ 时，发生自然灾

害；当 $DIS_t=0$ 时，未发生自然灾害。本章选取对蔬菜价格有较大影响的自然灾害月份 2008 年 1—2 月、2009 年 11 月至 2010 年 5 月、2010 年 9—10 月的 DIS 值设为 1，其他月设为 0。时期虚拟变量 D_{it} 的设定如下：假定时期变量有 12 个类别，即一年 12 月，要用 11 个虚拟变量 D_{it}，即：

$$D_{jt}=\begin{cases} 1 & j \text{ 月} \\ 0 & \text{其他} \end{cases} j=2, \cdots, 12$$

各变量值均选取 2007 年 6 月至 2011 年 1 月相应的指标值进行计算。北京市的蔬菜价格和上市量的数据来自北京市市场协会网站，每月的数据由每天的数据整理而成。居民可支配收入、人口数量和北京市居民消费者价格指数 CPI 来自北京市统计局网站。根据居民可支配收入月度数据的可获得性，选取了北京市城镇居民的可支配收入作为替代。农业生产资料价格指数来自历年统计局编制的《中国经济景气月报》，由于没有历年北京市每月的农业生产资料价格指数，本章采用全国每月的农业生产资料价格指数进行替代。

运用逐步回归法得到的回归估计结果整理于表 11-2。

表 11-2　逐步回归的第 1~9 步的参数表

回归次数	变量	系数	标准差	t	调整的 R^2	F
第 1 步	C	0.132	0.061	2.156	0.771	138.819
	$\ln P_{sc(t-1)}$	0.857	0.073	11.782		
第 2 步	C	0.186	0.056	3.323	0.822	95.645
	$\ln P_{sc(t-1)}$	0.741	0.072	10.294		
	DIS	0.147	0.042	3.537		
…	…	…	…	…	…	…
第 8 步	C	6.841	4.503	1.519	0.920	60.323
	$\ln P_{sc(t-1)}$	0.862	0.068	12.682		
	DIS	0.039	0.037	1.032		
	D_5	−0.188	0.045	−4.150		
	D_6	−0.252	0.047	−5.409		
	$\ln P_{zl(t-1)}$	−6.641	1.619	−4.102		
	$\ln P_{zlt}$	4.188	1.502	2.789		
	$\ln Q_{t-1}$	0.408	0.172	2.366		
	DIS_{t-1}	0.069	0.040	1.729		
第 9 步	C	6.622	4.503	1.471	0.920	68.657
	$\ln P_{sc(t-1)}$	0.879	0.066	13.360		
	D_5	−0.192	0.045	−4.262		
	D_6	−0.269	0.044	−6.142		
	$\ln P_{zl(t-1)}$	−6.925	1.597	−4.336		
	$\ln P_{zlt}$	4.391	1.490	2.946		
	$\ln Q_{t-1}$	0.460	0.165	2.783		
	DIS_{t-1}	0.091	0.034	2.641		

由于有北京市每月蔬菜价格相关的历史数据的限制，为避免多重共线性的影响，采用逐步回归方法进行分析。逐步回归法是以最少的变量来达成对应变量最大的预测解释力，即一些不具有统计意义的变量被逐步排除，最后一步模型中包含的所有变量就是最终进入回归模型的解释变量，变量所对应的影响因素就是影响价格的因素。根据这一原理，结合收集的数据，运用 SPSS 软件进行逐步回归，包含 9 个步骤（表 11-2）。在最初的模型设定中有 24 个解释变量（其中包含 11 个时期虚拟变量），经过 9 步回归后，最后得到的回归方程中包含了 7 个解释变量，最后的回归方程为：

$$\ln P_{xt} = 6.622 + 0.879 \ln P_{x(t-1)} - 0.192 D_5 - 0.269 D_6 - 6.925 \ln P_{zl(t-1)}$$
$$(1.471)(13.360) \qquad (-4.262) \quad (-6.142) \quad (-4.336)$$
$$+ 4.391 \ln P_{zlt} + 0.46 \ln Q_{t-1} + 0.091 DIS_{t-1} + \varepsilon$$
$$(2.946) \qquad (2.783) \qquad (2.641)$$

调整的 $R^2 = 0.920$，$F = 68.657$，$DW = 2.202$，括号内为对应参数的 t 值。

在上述回归方程中，解释变量中包括被解释变量的滞后变量，此时检验随机误差项自相关的 D-W 统计量是渐近有偏的，因此不能根据 DW 的值去判断相关性，而是根据 Durbin H 统计量进行相关性检验判断的依据。H 统计量定义如下：

$$H = \hat{\rho} \sqrt{\frac{T}{1 - T var(\hat{\alpha_1})}} = (1 - DW) \sqrt{\frac{T}{1 - T var(\hat{\alpha_1})}}$$

上式中 $\hat{\rho}$ 是 $P_{zl(t-1)}$ 的回归系数估计值，T 是样本容量，$var(\hat{\alpha_1})$ 是 $\hat{\rho}$ 的方差。

Durbin H 检验克服了 DW 检验要求回归式中不含有被解释变量滞后项的缺点，h 的值越大，越倾向于拒绝原假设，即认为存在自相关。根据 DW 值计算 Durbin H 统计量为 $|h| = 0.724 < 1.96$，所以模型不存在一阶自相关，再经 PAC 和 BG 检验也未发现高阶自相关；变量的最大方差膨胀因子 $VIF = 3.163 < 10$，表明上述模型已不存在多重共线性。因此，上式即为北京市蔬菜价格影响因素的回归方程。

回归过程分析。回归过程中变量进入的标准为因变量的 F 统计量的 p 值是小于或等于 0.10 的数。得到的回归模型共包括 7 个自变量，按照进入模型的顺序分别为 $P_{x(t-1)}$、D_5、D_6、$P_{zl(t-1)}$、P_{zlt}、Q_{t-1}、DIS_{t-1}。而 CPI、Y、POP、Q_t、DIS_t 均没有进入回归方程。具体解释如下：

当期自然灾害 DIS_t 和当期蔬菜上市量 Q_t 没有进入回归方程，可能是蔬菜等农产品生产具有一定的周期，当期自然灾害和产量的变化没有及时反应到当期蔬菜价格的变化。城镇居民可支配收入 Y 没有进入方程，可能是北京市城镇居民人均可支配收入已达到一定高度，收入对蔬菜消费影响不大。人口数量 POP、通货膨胀 CPI 均没有进入方程，可能是北京市人口数量和通货膨胀在短期内没有太大变化，对北京市蔬菜价格的变化影响不显著。

在回归过程中，经过对单个参数的显著性检验，所有解释变量的 t 统计量的值均大于 2，各变量的系数均通过显著性检验，均具有统计意义。随着变量的不断加入，R^2 值在不断增大，最终回归模型修正后的 R^2 值为 0.920，说明以上因素能够解释北京市蔬菜价格变动的 92.0%。F 值在不断变小，从138.819 下降为 68.657，但最小的 F 值的 p 值仍近似为 0，方程完全通过显著性检验。

11.2.2 北京市蔬菜价格影响因素的回归估计结果分析

由于采用的是对数线性回归方程，各变量参数值的统计意义在于说明自变量对因变量的边际弹性影响，因此参数值的绝对值越大，该变量对北京市蔬菜价格的影响也就越大。蔬菜上期价格的弹性系数为 0.879，当期农业生产资料价格的弹性系数为 4.391，上期蔬菜上市量的弹性系数为 0.460，上期自然灾害的回归系数值 0.091，说明上述变量对当期蔬菜价格有正向影响。其中，当期农业生产资料价格对当期蔬菜价格的影响最大。上期农业生产资料价格的回归系数值为 -6.925，说明上期农业生产资料价格对当期蔬菜价格产生负向影响。

总之，通过实证分析，验证了蔬菜上期价格、上期和当期农业生产资料价格、上期蔬菜上市量、上期自然灾害、5月和6月的季节因素均对北京市蔬菜价格有影响。其中，蔬菜上期价格、当期农业生产资料价格、上期蔬菜上市量、上期自然灾害与北京市蔬菜价格是同方向变动，即这些变量的值增加，蔬菜价格会上升。上期农业生产资料价格、5月和6月的季节因素对北京市蔬菜价格有负向的影响，即这些变量的变量值增加，蔬菜价格会降低。

上述结果表明，蔬菜价格受到蔬菜上市量、农用生产资料价格、季节因素、自然灾害等因素的影响，且这些因素有的对蔬菜价格的影响有滞后期，比如当期蔬菜上市量、农业生产资料价格的变动会影响到下一期的蔬菜价格。

11.3 本章小结

本章在对近年来北京市蔬菜价格变动的特征和变动原因进行分析的基础

上，对北京市蔬菜价格变动的影响因素进行了理论和实证分析。主要研究结论归纳如下：

一是北京市蔬菜价格变动的特征。从长期趋势看，蔬菜价格呈现上涨趋势；年度内蔬菜价格有季节性波动，因此一定幅度范围的蔬菜价格波动属于正常波动。但是，历年蔬菜价格变动中，在一些时期，出现的蔬菜价格的突发性上涨或者下跌，是蔬菜价格的超常波动。

二是北京市蔬菜价格发生超常波动的主要原因在于蔬菜生产以及流通环节的特殊性。在生产环节，主要是由于我国蔬菜生产较分散，而且蔬菜生产的规模小、专业化水平低，再加上地区之间蔬菜种植的差异性较大，容易造成北京市蔬菜供应的不稳定；在流通环节，主要是因为流通环节较复杂、流通渠道不规范，而且批发市场功能建设不完善，中间商收购为主的形式损害了菜农的利益，影响了蔬菜生产的稳定性。

三是北京市蔬菜价格的影响因素。从理论上分析了影响蔬菜价格的因素，主要有供给因素、需求因素和其他因素。其中，供给方面的因素主要有生产资料价格、上期蔬菜价格、自然灾害、蔬菜供给量、技术进步等，需求方面的因素有居民人均可支配收入、人口数量、替代品价格、消费者偏好等。此外，还受到政府政策、流通体系和投机行为等其他因素的影响。

四是北京市蔬菜价格变动影响因素的实证检验。通过实证分析，验证了蔬菜价格受到蔬菜上市量、农用生产资料价格、季节因素、自然灾害等因素的影响，并且这些因素有的对蔬菜价格的影响有滞后期，比如当期蔬菜上市量、农业生产资料价格的变动会影响到下一期的蔬菜价格。其中，蔬菜上期价格、当期农业生产资料价格、上期蔬菜上市量、上期自然灾害与蔬菜价格是同方向变动的。上期农业生产资料价格、5 月和 6 月的季节因素对蔬菜价格有负向影响。

本章是通过侧重于理论和数学模型视角进行研究得到的结论，今后将从蔬菜生产、流通和消费的产业链视角探讨蔬菜价格波动的原因。

主要参考文献

安玉发.1996.蔬菜产地批发市场价格波动分析［J］.农业经济问题（11）：51-53.

陈晓莉.2009.油料产品价格波动的因素分析及对策［D］.武汉：华中农业大学.

陈彦峰.2008.近年蔬菜价格上涨原因分析及蔬菜价格中长期走势预测［J］.中国瓜菜（1）：47-48.

杜俊.2008.基于小波分析的蔬菜价格波动及与气候关系研究［D］.南京：南京农业大学.

李锁平，王利农 . 2006. 我国蔬菜供给对价格的反应程度分析 [J] . 农业技术经济（5）：59-62.

刘瑞涵，绍连生，王艳霞 . 1998. 北京消费地批发市场蔬菜价格与成交量波动分析 [J] . 中国农村经济（10）：54-57.

刘振江 . 2010. 关于蔬菜价格高位运行的思考与破解之策——以大连为例提出保障蔬菜供应稳定价格的建议 [J] . 决策咨询通讯（5）：75-77.

农业部市场与经济信息司 . 2010. 主要农产品国际价格周报 [J] . 农产品市场周刊（34）.

潘凤杰，穆月英 . 2011. 北京市蔬菜价格变动的特征及影响因素 [J] . 中国蔬菜（22/24）：1-7.

潘凤杰，穆月英 . 2010. 北京市蔬菜价格变动趋势及影响因素分析 [J] . 农业展望（8）：24-28.

钱智，康芳华，张晔 . 2011. 上海市蔬菜价格持续上涨的成因及对策 [J] . 科学发展（1）：53-59.

孙倩，穆月英 . 2011. 蔬菜价格变动、影响因素及价格预测——以北京市批发市场为例 [J] . 中国蔬菜（9）：9-14.

孙倩，穆月英 . 2011. 我国蔬菜价格波动、原因及其影响因素分析 [J] . 农村金融研究（8）：21-26.

谭向勇，辛贤 . 2001. 中国主要农产品市场分析 [M] . 北京：中国农业出版社 .

万元坤 . 2011. 建设好蔬菜批发市场促进流通稳定蔬菜价格 [J] . 时代经贸（5）：131.

汪洪琼，何震 . 2010. 南充市蔬菜价格高的原因及对策 [J] . 长江蔬菜（6）：5-7.

辛佳琳，陈永福 . 2009. 近期蔬菜类农产品市场分析与预测 [J] . 农业展望（5）：8-11.

闻晓军，赵友森，等 . 2002. 北京市三大蔬菜批发市场行情研究 [J] . 中国农学通报（2）：58-66.

张玉玺 . 2011. 北京 2011 年 3 月蔬菜价格走势分析 [J] . 中国蔬菜（9）：15-16.

赵安平，曹向红，张帅，李固，彭春 . 2010. 蔬菜价格近期明显回落 [J] . 农产品市场周刊（47）：38-39.

赵友森，赵安平 . 2010. 北京市蔬菜批发市场行情变动分析 [J] . 中国食物与营养（4）：39-42.

朱万红 . 2010. 新的生产模式下稳定蔬菜合理价格的对策研究 [J] . 中国商贸（27）：60-61.

第 12 章

北京市蔬菜价格的时间序列分析*

近年来，我国多种农产品价格上涨明显，引起社会各界的广泛关注，政府部门也出台了一系列措施，抑制价格过分上涨。蔬菜作为居民日常生活中必不可少的商品，其价格的上涨给大多居民，特别是中低收入居民造成很大困扰；同时，由价格波动而带来的市场风险不利于蔬菜产业的发展（穆月英，沈辰，2010）。学界对蔬菜价格上涨的原因争论不休，胡启山（2010）认为是大量"热钱"流入我国商品市场，对包括蔬菜在内的农产品进行投机炒作，普遍推高价格水平；辛佳临等（2009）认为当年春季气温偏低，影响了蔬菜的产量，导致供给减少，价格上涨；汪洪琼等（2010）认为生产资料价格的普遍上涨、运输成本上涨等原因导致了蔬菜上市成本的上涨，推高了蔬菜价格；陈彦峰（2008）认为我国蔬菜价格长期以来均处于价格被压制的状态，蔬菜价格的上涨是价格回归价值的结果；王晶晶等（2010）认为居民对蔬菜需求的增长也是价格上涨的原因。以上对蔬菜价格上涨原因的解释，大多是从理论上的定性分析，针对近期蔬菜价格上涨定量分析的文献还为数不多。

本章基于北京市 8 大批发市场①2007 年 6 月至 2010 年 12 月的每天的蔬菜价格和上市量数据②，以蔬菜上市量为权重进行月度蔬菜平均价格计算。以月度平均价格数据为依据，在对近几年蔬菜价格进行时间序列分析的基础上，分析蔬菜上市量对蔬菜价格影响，并预测蔬菜价格的走势。

12.1 北京市蔬菜价格的时间序列

2007 年 6 月以来，北京市蔬菜的批发价格变动较为明显，年度之间价格

---

* 本章基于"孙倩，穆月英 . 2011. 蔬菜价格变动、影响因素及价格预测——以北京市批发市场为例 . 中国蔬菜（9）"整理而成。

①包括新发地农产品批发市场、昌平水屯农副产品批发市场、大洋路农副产品批发市场、八里桥农产品中心批发市场、岳各庄批发市场、顺鑫石门农产品批发市场、锦绣大地批发市场、城北回龙观批发市场。

②北京市场协会 http：//schq. bjsc. org. cn/。此外，除特别标注之外，本章数据均来自北京市市场协会。

呈现上涨的趋势，年度之内价格呈现季节性的波动，不同品种之间价格的波动
也存在不同特点。

12.1.1　蔬菜价格的年度之间比较

　　从图 12-1 可以看出，蔬菜价格在年度之间呈现上涨的趋势。2009 年蔬菜
价格比 2008 年平均上涨 21.41%，其中虽然 2、3 月份比上年同期稍微下降，
但下降幅度较小；11、12 月份上涨明显，比上年同期上涨近 48%。2010 年蔬
菜价格比 2009 年平均上涨 24.09%，除 12 月份以外，每月价格均比上年同期
有所上涨。其中 10、11 月份上涨显著，10 月份比上年同期上涨 41.27%，11
月份比上年同期上涨 32.7%。

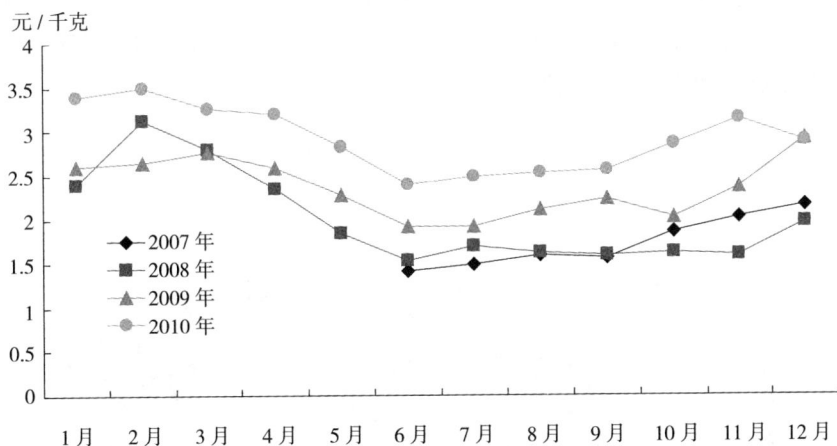

图 12-1　蔬菜整体的每月价格走势

12.1.2　蔬菜价格的年内比较

　　蔬菜价格除了在年度之间有变动，在年内也有明显的波动。从图 12-1 可
以看出，每年的蔬菜价格呈现出大致相同的波动方向。在每年的 2、3 月份，
蔬菜价格水平最高，然后呈下降趋势；在每年的 6、7 月份，蔬菜价格下降到
最低点，然后呈上升趋势。这符合农产品的生产规律，具有一定的季节波
动性。

　　但是，每年蔬菜价格的波动又不尽相同。从图 12-1 还可以看出，2010 年
蔬菜价格在 2 月份达到最高点，随后下降，到 6 月份达到最低点，随后上升，
在经历 10、11 月份剧烈上涨之后，12 月份蔬菜价格又有所下降；2009 年蔬菜
价格波动较频繁，在 3 月份达到较高点，随后下降，到 7 月份达到最低点，随

后上升，到 10 月份有所回落，随后剧烈上升，到 12 月份达到年内最高点；2008 年蔬菜价格波动与 2010 年相似，只是 7—11 月份价格出现缓慢下降的现象。

12.1.3　不同品种蔬菜之间比较

蔬菜的品种种类繁多，不同品种蔬菜的价格在同一时期会有很大差异，而且价格变动趋势也会有所差异，以黄瓜、茄子、番茄和青椒为例进行分析。如图 12-2 所示，4 种蔬菜的价格均呈现出了明显的季节性波动，但是波动幅度和波动情况均不相同。

首先，黄瓜价格每年最高值与最低值的平均差值为 3.02 元/千克，茄子价格的平均差值为 4.24 元/千克，番茄价格的平均差值为 2.67 元/千克，青椒价格的平均差值为 4.27 元/千克，从图 12-2 中也可以看出茄子和青椒价格的波动要大于黄瓜和番茄价格的波动。

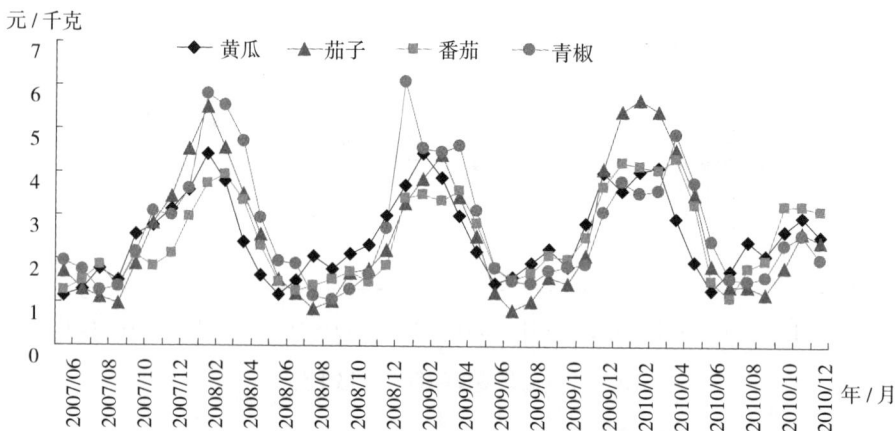

图 12-2　4 种蔬菜的每月价格走势

其次，黄瓜每年的最高价格一般出现在 2 月份（2010 年最高价格虽然出现在 3 月份，但 2、3 月份的价格相差很小），最低价格一般出现在 6 月份；茄子每年的最高价格一般出现在 2、3 月份，最低价格一般出现 8、9 月份，比黄瓜晚 2～3 个月达到最低价格；番茄每年的最高价格一般出现在 3、4 月份，比黄瓜和茄子稍晚 1～2 个月，最低价格一般出现在 7 月份；青椒每年的最高价格一般出现在 1、2 月份，随后呈下降趋势（2010 年在 4 月份价格突然上升，可能由于偶然因素作用），最低价格一般出现 8、9 月份。

再次，不同品种蔬菜价格的变动规律也不同。例如，茄子价格的波动较简单，每年出现一个高峰（2、3 月份）、一个低谷（8、9 月份）；而黄瓜价格的波动较复杂一点，每年除了一个高峰（2月份）、一个低谷（6月份）以外，在每年的9、10月份，黄瓜的价格会出现一个小的回落，而后恢复上涨趋势。

总之，蔬菜价格的变动在年度之间呈现上涨趋势，在年内呈现出明显的季节性波动，这可能是由于蔬菜生长受季节影响的结果。与此同时，不同品种蔬菜的价格变动在符合季节性波动的同时又各不相同，有各自变动的特点。

12.2　季节因素对蔬菜价格的影响分析

在对蔬菜价格的历史变动分析中，可以看出蔬菜的价格具有明显的季节性波动，这符合农产品的特点。为了精确把握季节因素对价格的影响，以下在计算季节指数的基础上，分离季节性成分，来对比分析影响蔬菜价格的季节因素。

12.2.1　蔬菜价格的季节变动

季节指数是一种以相对数表示的季节变动衡量指标，1年12个月的季节指数之和为12，平均值为1。表12-1是蔬菜整体以及2种单一品种——黄瓜和茄子的季节指数，季节指数偏离均值1的差值可以衡量季节因素对蔬菜价格的影响程度。

表 12-1　蔬菜整体、黄瓜、茄子价格的季节指数

	1月	2月	3月	4月	5月	6月	7月	8月	9月	10月	11月	12月
蔬菜整体	1.23	1.35	1.27	1.16	0.97	0.80	0.83	0.84	0.85	0.81	0.85	1.04
黄瓜	1.40	1.65	1.50	1.05	0.73	0.49	0.59	0.77	0.77	0.76	0.98	1.30
茄子	1.61	1.83	1.77	1.40	1.05	0.56	0.40	0.37	0.50	0.61	0.73	1.17

资料来源：根据计算结果整理。

从表12-1可以看出，蔬菜整体、黄瓜和茄子的季节指数均在2月达到最大值；蔬菜整体和黄瓜在6月份达到最小值，茄子在8月份达到最小值。无论是蔬菜整体，还是单个品种的蔬菜均有很显著的季节指数，而且均呈现出冬天季节指数高、夏天季节指数低的现象，这符合蔬菜生产的实际情况。同时，从表12-1还可以看出，黄瓜和茄子的季节指数偏离均值1的差值，均比蔬菜整体的偏离差值大，说明季节因素对单一品种蔬菜价格的影响比蔬菜整体价格的影响程度大。这是由于蔬菜品种繁多，不同品种的蔬菜生长周期、生长月份、上市季节也有所不同，所以蔬菜整体的价格受季节因素的影响就由于各个品种的加权平均而有所消减，但还是能显示出受季节因素明显的影响。

12.2.2 分离季节性成分的价格变动

通过分离季节性成分后的价格和实际价格的对比，可以看出剔除季节因素的蔬菜价格变动情况。从图 12-3 可以看出，价格的实际数据具有明显的季节波动，而剔除季节因素后的价格已经看不出季节性波动，而是大体上呈现出平缓上升的趋势，而且趋向于线性增长。从图 12-3 分离季节性成分后的价格可以看出，近期（2010 年 10 月、11 月份）的蔬菜价格有明显上涨的趋势，而且高于历史平均上涨幅度。这说明近期蔬菜价格的上涨有季节性减产的原因，但是同时也有其他原因导致价格上涨更高。同时，2010 年 12 月份蔬菜价格剧烈下跌，也不是由于季节性因素引起的，可能的原因从以下两个方面考虑：一是由于 2010 年 10—11 月蔬菜价格涨幅剧烈，造成蔬菜供大于求而导致价格明显下降；二是国家发展改革委员会、商务部等国家多部委为了平抑物价上涨，及时出台了一系列价格调控措施；国务院发布了"国 16 条"来稳定消费价格总水平。这一系列政策措施的效果逐渐显现，使得 12 月份的蔬菜价格明显回落。

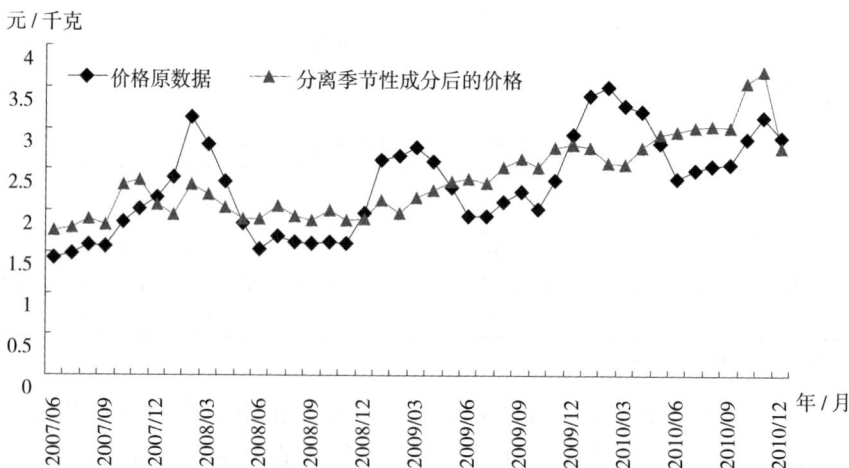

图 12-3　分离季节性成分以后蔬菜整体的价格走势
资料来源：根据计算结果整理。

12.3　上市量与蔬菜价格变动的关系

商品的供给和需求是影响价格的两个重要因素，通过之前对北京市 8 大批发市场中的一些市场调查数据的分析可以看出，蔬菜上市量在一定程度上可以很好地反映蔬菜供给的变动，蔬菜供给对价格的影响可以从蔬菜上市总量与价格变动关系以及本市上市量与价格变动的关系中反映出，本部分的分析以黄瓜为例。

12.3.1 上市总量与价格的变动关系

图 12-4 所示的是黄瓜上市总量与价格的变动关系，可以看出，每个价格的最高点基本上都对应着上市总量的最低点，而价格的最低点基本上都对应着上市总量的最高点，这说明黄瓜价格与上市总量呈现反方向的变动，这也符合供给减少导致价格上涨的经济学原理。从图 12-4 还可以看出，相对于价格的波动，黄瓜的上市总量波动比较平缓，这说明蔬菜价格对上市总量的变动比较敏感，蔬菜上市总量较小的波动就会导致价格剧烈的波动。蔬菜的生产具有很强的季节性，理论上上市量应该呈现出季节性的波动，但是，北京作为我国首都，为了保证居民对蔬菜的消费，政府利用政策手段调控对北京蔬菜的供应量，而且北京进货渠道多、交通方便、信息畅通，蔬菜上市总量的相对平稳（陈明海等，2000）。尽管如此，还是可以看出上市总量与价格的变动关系。

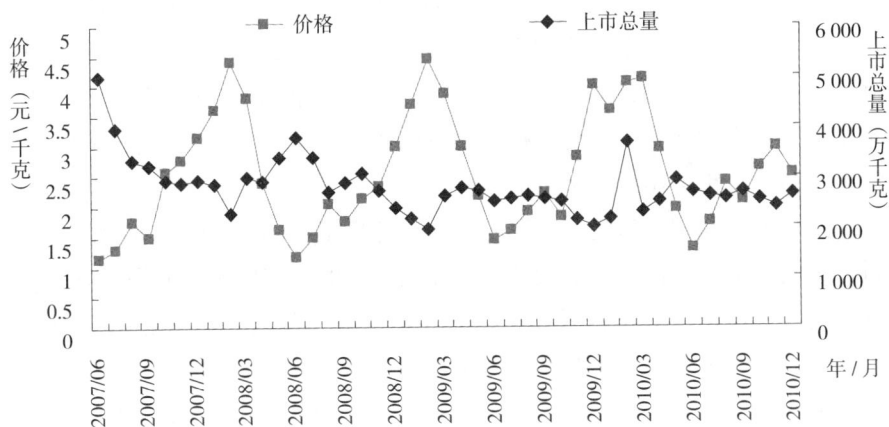

图 12-4 黄瓜价格与上市总量走势

12.3.2 本市上市量与价格的变动关系

北京批发市场上市的蔬菜可以分为本市蔬菜和外埠蔬菜，由于北京与外埠的蔬菜产业的比较优势、成本收益率均不同（穆月英等，2010），会导致蔬菜价格不同。另外，外埠蔬菜由于运输费用以及运输途中产生的成本，会导致蔬菜的成本偏高，所以当本市蔬菜供给减少时，可能会导致蔬菜的价格上涨。从

图 12-5 可以看出，黄瓜的价格和黄瓜的本市上市量之间基本上呈现反向的变动关系，本市上市量减少时，价格就呈现上涨趋势，本市上市量增加时，价格就呈现下降趋势。这说明，蔬菜的价格变动在一定程度上是由于上市成本的变动引起的，在上市量不变的情况下，上市成本的提高将导致蔬菜价格的上涨。

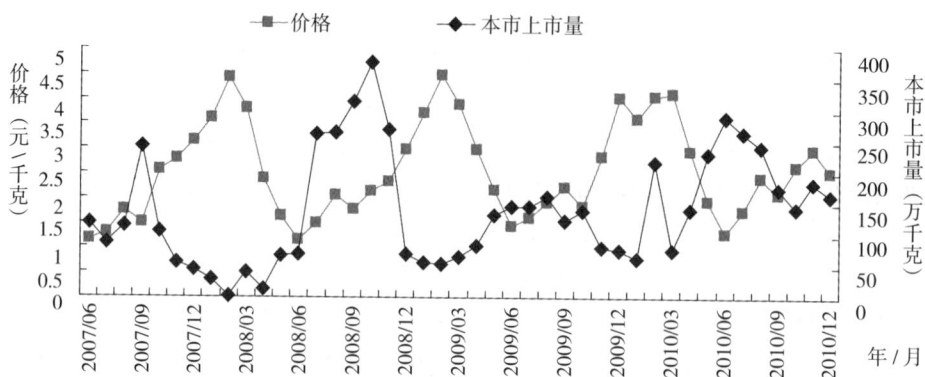

图 12-5　黄瓜价格与本市上市量走势

对上市量与蔬菜价格之间变动关系的分析，其他蔬菜品种的分析结论均与黄瓜类似。一方面，蔬菜价格与上市总量呈现反方向的变动关系，蔬菜价格的最高点对应上市总量的最低点；另一方面，蔬菜上市总量变化平稳，但是蔬菜的本市上市量变动剧烈，且与价格变动方向相反，这说明蔬菜价格变动在一定程度上是由于上市成本变动引起的。

上述根据对我国农村的实际调研资料，分析了蔬菜价格波动的原因。一般来讲，运用经济学理论，可以大致确定商品价格的决定因素。但是针对现阶段我国的蔬菜价格，其影响因素如何，需要运用数量经济学方法进行系统性分析，明确哪些因素对蔬菜价格产生影响，哪些因素不产生影响。

根据经济学原理，商品的供给和需求是影响价格的两个重要因素，通过上述分析可以看出，蔬菜价格波动的根本原因之一是蔬菜供给量的不稳定。我们的另一项研究发现[①]，北京市八大批发市场的蔬菜上市量在一定程度上可以很好地反映蔬菜供给的变动。因此，下文以北京市蔬菜为例，以向量自回归 VAR 模型为基础，根据数据的可获得性，分析蔬菜上市量、农业生产资料价格、居民可支配收入、居民消费价格指数因素对蔬菜价格的影响。由

① 孙倩、穆月英.2011.蔬菜价格变动、影响因素及价格预测——以北京市批发市场为例.中国蔬菜（9）。

于模型对各变量有内生性的要求，最终选取蔬菜价格、蔬菜上市量和农业生产资料价格指数 3 个变量，根据回归检验的结果，分析蔬菜上市量对价格的影响情况。

12.3.3　蔬菜上市量与价格关系的实证分析

(1) 序列平稳性检验及滞后阶数确定

由于 VAR 模型要求各个变量必须是平稳的，或是各变量之间存在协整关系，所以在建立 VAR 模型之前，首先要对 3 个变量进行序列平稳性检验即单位根检验，检验结果如表 12-2 所示。

表 12-2　序列平稳性检验结果

蔬菜价格		蔬菜上市量		农业生产资料价格指数	
原序列	一阶差分	原序列	一阶差分	原序列	一阶差分
非平稳	平稳	平稳	—	非平稳	平稳

资料来源：根据 Eviews 检验结果整理。

从表 12-2 可以看出，蔬菜上市量是平稳的序列，而蔬菜价格和农业生产资料价格指数都是一阶单整的序列。所以，向量自回归模型 VAR 最终选取蔬菜上市量、蔬菜价格的一阶差分序列和农业生产资料价格指数的一阶差分序列进行回归，分别用 Q、D（P）和 D（APPI）来表示。

其次，要选择模型合适的滞后阶数。先选择较大的滞后阶数 4 阶，然后根据 AIC 等值最小的原则，最终选择 1 阶滞后阶数。

(2) 格兰杰因果检验

在 VAR 模型回归的基础上，为了保证各变量的内生性，即检验是否有内生变量可以当做外生变量来对待，需要进行格兰杰因果检验。表 12-3 为格兰杰检验的结果。

表 12-3　格兰杰因果检验结果

	D（P）	Q	D（APPI）	联合
D（P）	—	5%水平下显著	不显著	10%水平下显著
Q	10%水平下显著	—	不显著	不显著
D（APPI）	5%水平下显著	5%水平下显著	—	1%水平下显著

资料来源：根据 Eviews 回归结果整理。

从表 12-3 中可以看出，在 5%显著性水平下，蔬菜上市量的波动是蔬菜价格的格兰杰原因，蔬菜价格波动和蔬菜上市量波动都是农业生产加工资料指数的格兰杰原因；在10%显著性水平下，蔬菜价格的波动是蔬菜上市量的格兰杰原因。由此可以看出，蔬菜上市量的波动会引起蔬菜价格和农业生产资料价格指数的变动，蔬菜价格的波动会引起蔬菜上市量和农业生产资料价格指数的变动。所以，3个变量相互影响，符合内生性假定。

（3）蔬菜上市量波动对蔬菜价格的冲击

由于 VAR 模型是一种非理论性的模型，它无需对变量作任何先验性约束，因此，不需要分析一个变量的变化对另一个变量的影响如何，而是利用脉冲响应函数来分析当一个误差项发生变化（即模型受到冲击）时，对系统的动态影响。从格兰杰检验中可以看出，蔬菜上市量是蔬菜价格波动的格兰杰原因，也就是说蔬菜上市量是影响蔬菜价格的重要因素。图 12-6 是蔬菜上市量波动引起的蔬菜价格增量的脉冲响应函数。

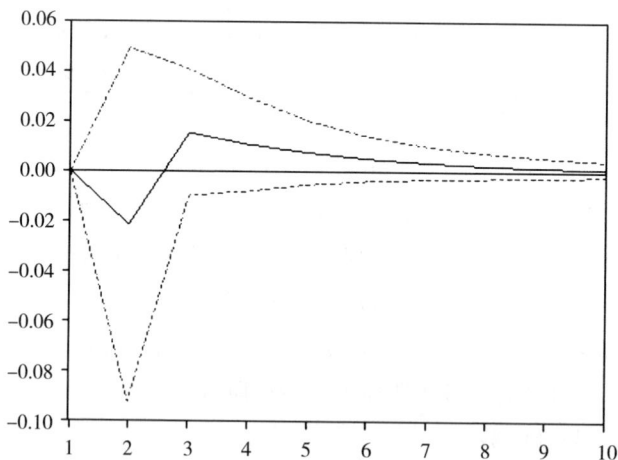

图 12-6　蔬菜价格对蔬菜上市量的脉冲响应

注：两条虚线表示脉冲函数相应的正负两个标准误差的偏离带。

资料来源：Eviews 模型回归输出图形。

从图 12-6 中可以看出，蔬菜上市量正的冲击会先给蔬菜价格造成负的影响，这种影响在第 2 期达到最大，然后在第 3 期是转变为正的影响，随后逐渐趋于 0。也就是说，当蔬菜上市量发生一个正向的波动，蔬菜价格在当期不会反应，随后价格逐渐下降，在一个月后下降到最低处，随后蔬菜价格会出现回升，在第二个月上升到最高，随后逐渐回落。这可能由于蔬菜生产周期较短，菜农可以根据蔬菜价格及时调整蔬菜种植，当蔬菜价格由于供给增加而下降时，菜农可以减少蔬菜的生产从而减少供给，使蔬菜价格回升。这也说明，蔬菜的供给量变动是影响蔬菜价格的重要因素之一。

12.4　蔬菜价格预测

从前文的分析中可以看出，在分离季节性成分以后，蔬菜的价格呈现增长的趋势，且近似于线性增长。所以，本部分采用分离季节性成分以后的价格，利用一元线性回归模型和季节指数，预测蔬菜的价格走势。

12.4.1　模型设定及回归结果

根据分离季节性成分后的价格与时间的近似线性关系，模型设定如下：

$$P_i = \alpha_i + \beta_i t_i + \varepsilon_i$$

式中，P_i 表示分离季节性成分后的蔬菜价格；t_i 表示时间编号。

将 2007 年 6 月至 2010 年 12 月 43 个月的分离季节性成分后的蔬菜价格数据、黄瓜价格数据和 1～43 的时间编号数据代入模型中，并运用 Eviews 软件采用最小二乘法 OLS 估计模型参数，计量结果见表 12-4。表中 $\hat{\alpha}_i$、$\hat{\beta}_i$ 为待估参数的估计值，括号中为对应的 t 检验值。模型中的各项参数除个别外都很理想地通过了 t 检验和 F 检验，而且符合之前的上升趋势假设。

表 12-4　蔬菜价格预测模型回归结果

	$\hat{\alpha}_i$	$\hat{\beta}_i$	R^2	调整的 R^2	F 检验值
蔬菜整体	1.665 8 (21.475 5)	0.032 4 (10.563 9)	0.731 315	0.724 762	111.594 9
黄瓜	2.394 7 (24.829 3)	0.010 7 (2.811 6)	0.161 637	0.141 19	7.904 853

资料来源：根据计算结果整理。

12.4.2　价格预测

利用预测模型回归的待估参数的估计值和蔬菜价格的季节指数，可以预测出蔬菜整体价格和黄瓜价格的走势，本章利用模型回归的结果预测了 12个月的蔬菜价格走势，如图 12-7、图 12-8 所示。从图 12-7 可以看出，蔬菜整体 12 个月的价格仍将在季节性波动中继续呈现逐年上涨趋势，未来 2 个月的蔬菜价格仍会继续上涨，随后价格会出现回落；从图 12-7 可以看出，黄瓜未来 12 个月的价格仍会呈现明显的季节性波动，但是与上年同期相比没有明显的上涨趋势，未来 2 个月的黄瓜价格仍会持续上涨，随后明显回落。

从图 12-7 和图 12-8 还可以看出，蔬菜整体和黄瓜的预测价格与真实价格大体上拟合得很好。从图 12-7 可以看出，2010 年 10 月和 11 月蔬菜整体的真实价格明显高于预测价格，而 12 月蔬菜整体的真实价格略低于预测价格，这说明近期蔬菜价格的剧烈波动并不完全是季节因素引起的，而是有随机因素的作用。通过图 12-7 和图 12-8 的对比可以看出，蔬菜整体价格的逐年上涨趋势明显高于黄瓜的逐年上涨趋势，这说明蔬菜价格的逐年上涨不完全是由于普遍价格水平上涨引起的，而是在一定程度上由于部分蔬菜品种的价格上涨造成。

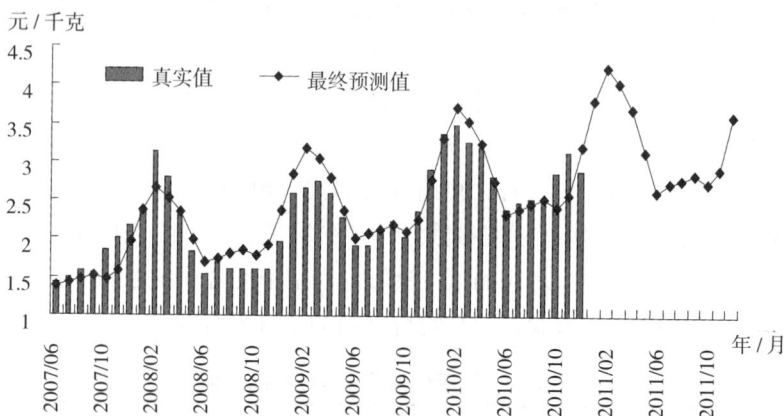

图 12-7 蔬菜整体价格预测

资料来源：根据计算结果整理。

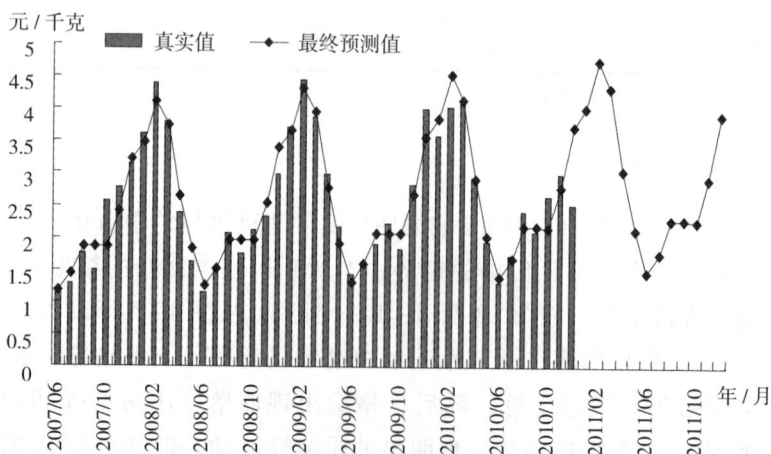

图 12-8 黄瓜的价格预测

资料来源：根据计算结果整理。

12.5　本章小结

本章在对蔬菜价格的变动及特征进行分析的基础上，分析了季节因素、蔬菜上市量对蔬菜价格的影响，最后运用计量经济学模型对蔬菜价格进行了预测，主要研究结论如下：

第一，蔬菜价格的变动在年度之间呈现上涨趋势，在年内呈现明显的季节性波动，不同品种蔬菜的价格有各自变动的特点。

第二，季节因素是蔬菜价格变动的一个主要影响因素，通过对蔬菜价格季节指数的测算可以看出，每年夏季时蔬菜价格下降到最低点，每年冬季时蔬菜价格上涨到最高点。

第三，蔬菜的供给量和蔬菜的上市成本是影响蔬菜价格的又一重要因素，蔬菜供给的减少以及上市成本的增加，都会导致蔬菜价格的上涨。

第四，通过对蔬菜价格的预测可以看出，12 个月的蔬菜价格仍将在季节性波动中继续呈现逐年上涨趋势，2 个月的蔬菜价格仍会继续上涨，随后价格会出现回落。而 2010 年 10—12 月份蔬菜价格显著波动的部分原因是由于季节性减产造成的，与此同时，还有蔬菜供求关系、上市蔬菜的成本提高等一些随机因素的作用。

此外，需要指出的是，本章对蔬菜供给减少的深层次原因没有进行分析。比如，2011 年春天气候异常、温度偏低，对蔬菜产量的影响可能是导致近期蔬菜价格上涨的一个重要原因，但是由于气候因素对蔬菜生产作用机理等方面的理论知识匮乏，气候、温度数据资料有限，在本章中没能进行分析。对这些问题的研究将作为我们今后的课题。

主要参考文献

陈明海，王秀清，司龙亭 . 2000. 我国蔬菜批发市场价格的变化规律及其影响因素 ［J］. 中国农业大学学报，5（6）：18-22.

陈彦峰 . 2008. 近年蔬菜价格上涨原因分析及蔬菜价格中长期走势预测 ［J］. 中国瓜菜（1）：47-48.

胡启山 . 2010. "蒜你狠""豆你玩"背后的思考 ［J］. 农家顾问（9）：19-20.

穆月英，沈辰，郭卫东，赵亮 . 2010. 北京市蔬菜产业发展的 SWOT 分析 ［J］. 中国蔬菜（21）：13-16.

穆月英，赵霞，段碧华，马骥，乔娟 . 2010. 北京市蔬菜产业的地位及面临的问题分析 ［J］. 中国蔬菜，2（21）：7-12.

孙倩，穆月英.2011.蔬菜价格变动、影响因素及价格预测——以北京市批发市场为例 [J] . 中国蔬菜（9）：9-14.

汪洪琼，等.2010.南充市蔬菜价格高的原因及对策 [J] . 长江蔬菜（6）：5-7.

王晶晶，陈永福.2010.2010 年我国蔬菜市场分析与预测 [J] . 农业展望（4）：21-25.

辛佳临，等.2009.近期蔬菜类农产品市场分析与预测 [J] . 农业展望（5）：8-11，26.

消费篇

XIAOFEI PIAN

第13章

北京市居民蔬菜消费需求系统分析*

随着经济发展和社会进步，人们的生活水平也日益提高，越来越注重自己的饮食结构和健康。蔬菜作为人们日常饮食重要的组成部分，是生活消费中必不可少的一部分，也是北京郊区大多数菜农的主要收入来源。研究北京市居民蔬菜消费的现状和历史变动情况，有助于优化蔬菜生产结构，促进蔬菜市场的供需平衡，进而更好地满足消费者的需求，使北京市蔬菜产业健康发展。

关于居民蔬菜消费问题的研究，目前为止多集中于以下两个方面：一是利用统计学分析方法进行研究，包括对我国居民蔬菜消费现状进行分析和预测（陈月英，2005；张峭，2006）、对无公害蔬菜的消费意愿进行研究（杨金深，2004）、从我国蔬菜市场的供求方面进行研究（唐妍，1999；朱爱萍，2001）、对居民蔬菜消费结构进行研究（陈云等，2006）。二是利用计量模型的实证分析方法对居民蔬菜消费系统进行研究，包括运用 Markov 链遍历性原理进行研究（汪晓银等，2006）；运用多重选择概率模型研究影响消费者购买地点选择的多种因素（李春成等，2005）；运用购买行为模型和支付意愿模型对蔬菜消费行为进行研究（何德华等，2007）；通过建立居民绿色蔬菜购买行为决策模型，指出我国城镇居民在绿色蔬菜消费行为上存在明显的分化现象（青平等，2006）。

基于上述考虑，本章首先分析北京市居民蔬菜消费的历史变动及现状，得出北京市居民蔬菜消费的特点，然后再运用 ELES 模型分析北京市居民蔬菜消费需求变动的影响因素。

13.1 北京市居民蔬菜消费的历史变动分析

20 多年来，随着收入水平的不断提高，北京市居民的消费结构也发生了很大的变化。这些变化不仅可以从对商品的消费量上看出，还可以从居民的生活消费支出构成中体现出来。

---

* 本章基于"孙倩，穆月英.2012.北京市居民蔬菜消费特点及消费需求系统分析.中国农学通报，28（12）"整理而成。

13.1.1 居民收入及恩格尔系数

改革开放以来，北京市居民的收入以及生活水平发生了巨大的变化，人均收入平稳快速增长，恩格尔系数逐渐下降。从图 13-1 可以看出，从 1978—2008 年，城镇居民的人均收入增长近 70 倍，农村居民的人均收入增长近 50 倍；城镇居民的恩格尔系数降低近 43%，农村居民的恩格尔系数降低近 46%，完全符合恩格尔定律。

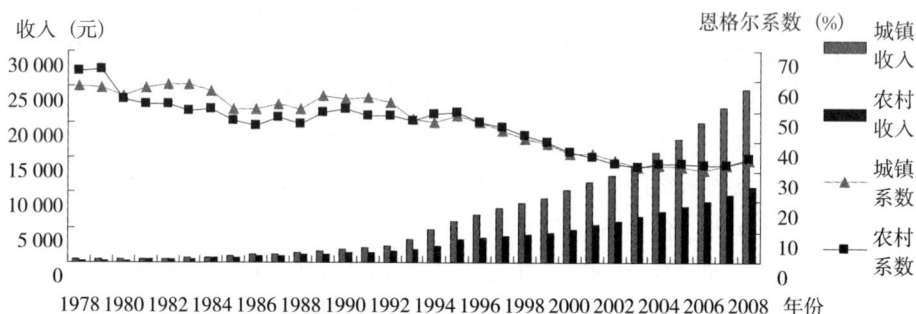

图 13-1　北京市居民人均收入和恩格尔系数变动情况

资料来源：《北京市统计年鉴》。

13.1.2 居民蔬菜消费量变动

从表 13-1 可以看出，从 1981—2008 年，城镇居民的人均蔬菜消费量增长了近 21%，平均每年增长率为 0.78%；农村居民的人均蔬菜消费量降低了近 32%，平均年增长率为 -1.19%。北京市城乡居民的蔬菜消费量虽然成不同方向的波动，但人均蔬菜消费支出都呈现逐年增长的趋势，增长幅度较小。

表 13-1　北京市居民人均蔬菜消费量变动

单位：千克

年份	1981	1986	1990	1991	1995	1999	2005	2007	2008
城镇	164.63	180.29	153	146.45	164.83	199.27	183.57	183.78	199.27
农村	145.77	178.01	176.29	139.3	112.27	103.53	97.3	91.1	99.1

资料来源：根据《北京市统计年鉴》数据计算。

随着居民收入水平和消费水平的提高，饮食观念也随之改变。从图 13-2 可以看出，城镇居民的粮食消费有所下降，而蔬菜、高蛋白食品的消费在逐渐增加，说明城镇居民越来越关注饮食健康，每日必需的热量和蛋白质摄入量不断增加，高营养价值、更方便快捷的食品消费在逐年增加（马成文等，1997）。从图 13-3 可以看出，农村居民的粮食和蔬菜消费均呈下降趋势，高蛋白食品的消费量在逐年增加。农村居民蔬菜消费量明显下降，除了受高蛋白食品的替代影响外，可能还由于蔬菜消费品种尤以水分含量较大而且容易存储的种类为主，变为以叶菜类等水分含量较少但不容易存储的种类为主。

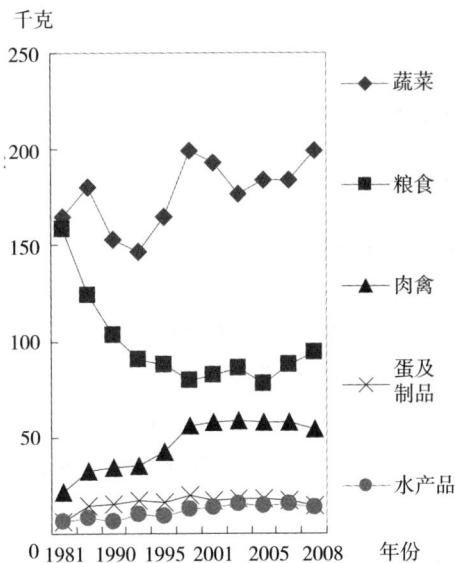

图 13-2　城镇居民人均食品消费量

资料来源：根据《北京市统计年鉴》数据计算。

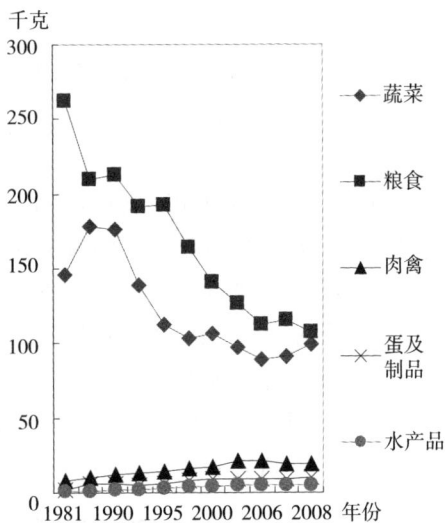

图 13-3　农村居民人均食品消费量

资料来源：根据《北京市统计年鉴》数据计算。

13.1.3　城镇居民蔬菜消费结构变动

北京市城镇居民的蔬菜消费支出发生结构性的变化。从图 13-4 可以看出，

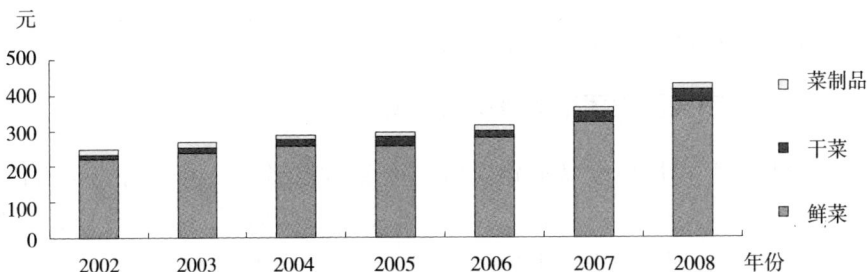

图 13-4　城镇居民人均蔬菜消费支出

资料来源：2003—2009 年《北京市统计年鉴》。

在 7 年间，城镇居民对不同种类的蔬菜消费支出也发生了很大变化，居民对鲜菜的消费支出增长迅速，而对干菜和菜制品的消费支出虽然有所增长，但是增长不显著。在城镇居民的蔬菜消费支出中，干菜消费支出所占的比重有所增加（从 2002 年的 6％增长到 2008 年的 7.7％），鲜菜的消费支出所占的比例略有增加（从 2002 年的 88％增长到 2008 年的 88.8％），而菜制品的消费支出所占的比例略有减少（从 2002 年的 6％减少到 2008 年的 3.5％）。

13.2 北京市居民蔬菜消费的特点分析

13.2.1 北京市城镇居民的蔬菜消费量较大

从表 13-2 可以看出，2008 年北京市城镇居民的人均蔬菜消费量为 199.27 千克，农村居民的人均蔬菜消费量为 99.1 千克。与全国居民的蔬菜消费量比，北京市城镇居民的蔬菜消费量大大高于全国平均水平，人均高出 76.12 千克，是全国城镇居民平均蔬菜消费量的 1.62 倍。原因一是北京市居民的生活水平和消费水平比全国平均水平要高，另外一个可能的原因是北京的流动性人口多，这些流动性人口没有算在居民家庭的人口统计中，但他们所消费的蔬菜却统计在居民家庭蔬菜消费量中。

表 13-2　2008 年北京与全国居民食品消费现状比较

单位：千克

		蔬菜	粮食	肉禽	蛋及制品	水产品
城镇	北京	199.27	94.52	54.53	14.4	13.93
	全国	123.15	—	30.7	10.74	—
农村	北京	99.1	107	19.7	10.3	4.9
	全国	99.72	199.07	18.26	5.43	5.25

资料来源：根据《中国统计年鉴》、《北京市统计年鉴》数据计算。

13.2.2 北京市居民的蔬菜消费支出比重

蔬菜是北京市居民食品消费支出的重要构成部分，但是消费支出比重却偏小。从图 13-5 可以看出，2008 年北京市城镇居民的食品消费支出中，蔬菜仅占 10％；从图 13-6 可以看出，2008 年北京市农村居民的食品消费支出中，蔬菜仅占 17％。可以看出，居民的饮食结构已经偏向于价值高、营养丰富、快捷便利的方面，在满足对食物的生理需求之后，开始关注食物的附加价值。

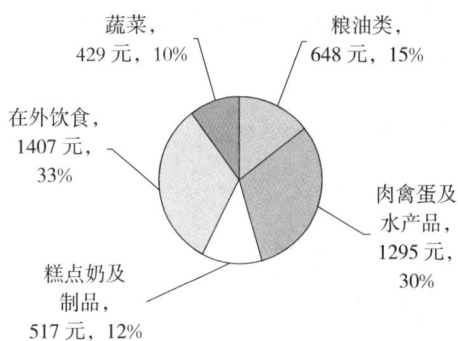

图 13-5　2008 年城镇居民人均食品消费支出
资料来源：《北京市统计年鉴》。

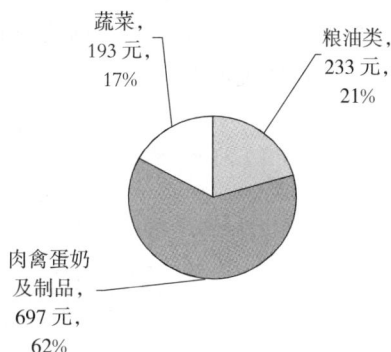

图 13-6　2008 年农村居民人均
食品消费支出
资料来源：《北京市统计年鉴》。

13.2.3　北京市居民蔬菜消费的城乡差异

北京市居民的蔬菜消费分布很不均匀，城乡居民的消费量存在很大差异，从表 13-2 中可以看出，城乡居民的人均消费量相差 100 千克；从表 13-3 可以看出，城镇居民的蔬菜消费支出是农村居民的 2.2 倍。还可以看出，城乡不同收入组之间的蔬菜消费支出也存在很大差距，收入越高，蔬菜消费支出就越大。这说明收入是影响蔬菜消费的重要因素，随着收入的提高，居民蔬菜消费支出也会随之提高。

表 13-3　北京市居民不同收入组蔬菜消费支出

单位：元

	全市平均	低收入户	中低收入户	中等收入户	中高收入户	高收入户
城镇	429	345	409	454	452	487
农村	193	144	174	189	222	248

资料来源：《北京市统计年鉴》。

13.2.4　北京市城镇居民以新鲜蔬菜的消费为主

北京市城镇居民日常对蔬菜的消费大致可分为 3 部分：鲜菜、干菜和菜制品。2008 年，北京市城镇居民人均蔬菜消费支出构成如图 13-7 所示：在蔬菜消费支出中，鲜菜占 89％、干菜占 8％、菜制品占 3％。这反映了城镇居民以鲜菜为主、干菜和菜制品为辅的蔬菜消费结构。鲜菜较干菜和菜制品新鲜，而且有更高的营养价值，维生素、矿物质等含量损失较少，更有助于膳食平衡。再加上现在存储设备和市场建设越来越完善，更有利于新鲜蔬菜的运输和存储，使得居民消费更多的新鲜蔬菜更加容易。

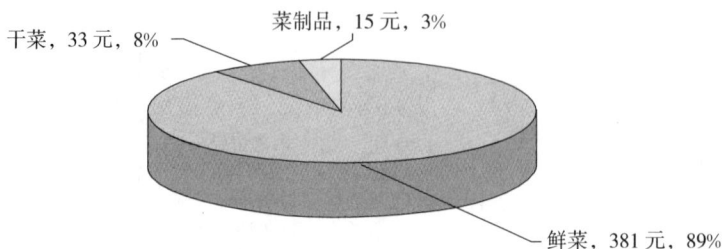

图 13-7　2008 年城镇居民人均蔬菜消费支出

资料来源：《北京市统计年鉴》。

13.3　北京市居民蔬菜消费需求系统分析

为了分析北京市居民蔬菜消费结构及蔬菜消费需求变动的影响因素，以下采用扩展线性支出系统（Extended Linear Expenditure System，ELES）模型进行分析（张文爱，2007）。选取 1981—2008 年 26 年的北京市城乡居民收入以及食品消费的时间序列数据进行实证分析，通过对需求收入弹性、自价格弹性、交叉价格弹性的测算，模拟出人均收入、商品价格、相关商品价格对消费结构的影响。

13.3.1　模型建立及解释

ELES 模型如下：

$$p_i q_i = P_i q_i^0 + \beta_i (Y - \sum_{j=1}^{n} p_j q_j^0) + \mu_i \qquad i = 1, 2, \ldots, n \quad (13\text{-}1)$$

式中：p_i 为商品 i 的价格；q_i 为消费者对商品 i 的消费量；q_i^0 为消费者对商品 i 的基本需求量；β_i 为消费者对商品 i 的边际消费倾向；Y 为消费者的收入。

此模型的经济学解释是：消费者对商品 i 的消费支出额可分为两部分，一部分是消费者对此商品的基本需求支出 $p_i q_i^0$，另一部分是消费者收入减去对所有商品基本需求支出后剩余部分中用于商品 i 的支出，所占的份额为 β_i。Y、p_i 为外生变量，q_i 为内生变量，β_i、q_i^0 为待估参数。

通过变形，得计量模型：

$$p_i q_i = \alpha_i + \beta_i Y + \mu_i \qquad i = 1, 2, \ldots, n \qquad (13\text{-}2)$$

式中，$\alpha_i = (p_i q_i^0 - \beta_i \sum_{j=1}^{n} p_j q_j^0)$；$\mu_i$ 为扰动项。对上式利用最小二乘法 OLS 可得参数估计值 $\hat{\alpha}_i$ 和 $\hat{\beta}_i (i = 1, 2, \ldots, n)$。

13.3.2　弹性系数

商品的需求弹性包括收入弹性、自价格弹性和交叉价格弹性。

商品 i 需求的收入弹性为：

$$\sigma_i = \frac{\partial q_i}{\partial Y} \frac{Y}{q_i} = \beta_i \frac{1}{p_i} \frac{Y}{q_i} = \frac{\beta_i Y}{p_i q_i} \qquad (13\text{-}3)$$

商品 i 需求的自价格弹性为：

$$\eta_{ii} = \frac{\partial q_i}{\partial p_i} \frac{p_i}{q_i} = (1 - \beta_i) \frac{p_i q_i^0}{p_i q_i} - 1 \qquad (13\text{-}4)$$

商品 i 需求的交叉价格弹性为：

$$\eta_{ij} = \frac{\partial q_i}{\partial p_j} \frac{p_j}{q_i} = -\beta_i \frac{q_j^0}{q_i} \frac{p_j}{p_i} = -\beta_i \frac{p_j q_j^0}{p_i q_i} \qquad (i \neq j) \qquad (13\text{-}5)$$

13.3.3　模型拟合结果及检验

将 1981—2008 年 26 年的北京市城乡居民人均纯收入和蔬菜、粮食、肉蛋类等重要食品消费支出的时间序列代入 ELES 模型并运用 Eviews 软件采用最小二乘法 OLS 估计模型参数，回归结果见表 13-4 和表 13-5。表中 $\hat{\alpha}_i$、$\hat{\beta}_i$ 为待估参数的估计值，括号中为对应的 t 检验值。模型中的各项参数除个别外都很理想地通过了 t 检验和 F 检验。

表 13-4　北京市城镇居民 ELES 模型的回归结果

	$\hat{\alpha}_i$	$\hat{\beta}_i$	R^2	调整的 R^2	F 检验值
蔬菜	85.689 05 (7.036 985)	0.013 721 (12.089 42)	0.858 951	0.853 074	146.154 1
粮食	122.770 2 (5.356 071)	0.020 198 (9.453 910)	0.788 316	0.779 496	89.376 41
肉蛋类	268.724 9 (6.503 685)	0.041 667 (10.819 21)	0.829 854	0.822 764	117.055 3

注：括号中为 t 检验值。

表 13-5　北京市农村居民 ELES 模型的回归结果

	$\hat{\alpha_i}$	$\hat{\beta_i}$	R^2	调整的 R^2	F 检验值
蔬菜	43.362 65 (7.245 680)	0.012 840 (10.42 139)	0.819 012	0.811 471	108.605 3
粮食	98.216 41 (5.077 038)	0.017 002 (4.268 961)	0.431 603	0.407 920	18.224 03
肉蛋类	47.264 71 (3.569 742)	0.055 209 (20.253 86)	0.944 728	0.942 425	410.218 8

注：表中数据根据估计结果整理，括号中为 t 检验值。

13.3.4　蔬菜消费需求系统分析

根据模型拟合的结果，可以得出北京市城乡居民各种食品的边际消费倾向。从表 13-6 可以看出，无论是城镇居民还是农村居民，蔬菜的边际消费倾向都是最小的，而肉类的边际消费倾向都是最大的。蔬菜和粮食属于人们生活的必需品，受收入影响较小，而肉类的营养价值丰富，价格较高，且没有蔬菜和粮食必需，所以受收入的影响较大。

另外，对比城乡的数据还可以看出，城镇居民对蔬菜和粮食的边际消费倾向均高于农村居民，而对肉类的边际消费倾向则低于农村居民，根据城乡居民对各种食品的人均消费量可以看出，城镇居民对肉类的消费量要远远高于农村居民，所以城镇居民对肉类的边际消费倾向较低也符合边际消费倾向递减的规律。

表 13-6　北京市城乡居民食品边际消费倾向比较

	蔬菜	粮食	肉类
城镇	0.013 8	0.020 2	0.041 7
农村	0.012 8	0.017 0	0.055 2

注：表中数据根据估计结果整理。

13.3.5　弹性系数测算

商品的需求弹性包括收入弹性、自价格弹性和交叉价格弹性。利用待估参数的估计值 $\hat{\alpha_i}$、$\hat{\beta_i}$ 和人均收入、商品消费支出的数据，可以计算出城乡居民对蔬菜、粮食等需求的各种弹性系数，如表 13-7 所示。

从表 13-7 可以看出，城镇居民蔬菜、粮食和肉类的收入弹性系数相差不大，这说明城镇居民的食品消费结构已经相对稳定，收入的变动对食品消费结构的影响较小；而农村居民蔬菜、粮食和肉类的收入弹性系数相差较大，其中肉类的收入弹性系数最大（0.816 9）、粮食的最小（0.398 0）、蔬菜居中（0.530 8）。这说明农村居民的食品消费结构不稳定，收入的变动会大大改变居民的食品消费结构。随着农村居民人均收入水平的提高，居民对肉类和蔬菜的需求量会快速增加，而对粮食的需求量却增长较缓慢，这样居民的食品消费将会向肉类和蔬菜倾斜，而粮食的消费比例将会降低。这也符合随着收入水平的提高，人们更加关注营养和健康，饮食结构会偏向于价值高、营养丰富、更有利于身体健康的食品。

表 13-7　北京市城乡居民食品的弹性系数

项目	地区	收入弹性	价格弹性		
			蔬菜	粮食	肉类
蔬菜	城镇	0.566 4	−0.540 8	−0.009 4	−0.020 6
	农村	0.530 8	−0.508 5	−0.014 1	−0.008 2
粮食	城镇	0.568 0	−0.006 5	−0.540 9	−0.020 6
	农村	0.398 0	−0.004 8	−0.387 1	−0.006 1
肉类	城镇	0.553 4	−0.006 3	−0.009 2	−0.537 9
	农村	0.816 9	−0.009 8	−0.021 8	−0.785 3

资料来源：据根据回归估计和相应公式计算整理而成。

从表 13-7 可以看出，蔬菜、粮食和肉类的自价格弹性系数都远大于交叉价格弹性系数，这说明三种商品的需求量变动受自身价格变动最敏感，而其他商品价格的变动对自身的需求量影响较小；同时也说明一种商品价格变动时，对自身的需求量变动影响最大，而对其他商品需求量变动的影响程度较小。另外，无论是自价格弹性还是交叉价格弹性，系数均为负数，这说明无论是哪种商品的价格提高了，都意味着居民可支配收入的下降，从而会减少所有商品的需求量。

对于城镇居民来说，蔬菜对粮食和蔬菜对肉类的交叉价格弹性系数（−0.009 4、−0.020 6）要大于粮食对蔬菜和肉类对蔬菜的交叉价格弹性系数（−0.006 5、−0.006 3）。这说明蔬菜的需求量变动对粮食和肉类价格变动的敏感程度要高于粮食和肉类需求量变动对蔬菜价格变动的敏感程度。特别是肉类，当肉类的价格变化时，对蔬菜需求量影响较大，但是蔬菜价格的变化却对肉类需求量的影响很小。

对于农村居民来说，肉类的自价格弹性系数最大（−0.785 3）、粮食的最小（−0.387 1）、蔬菜居中（−0.508 5）。这说明农村居民最关心肉类的价格，肉类的需求量受自身价格的影响最大，居民对肉类的需求也最不稳定，而粮食正好相反。虽然粮食的自价格弹性系数较小，但是由于粮食价格变动所引起蔬菜和肉类需求量的变动却较大（ -0.0141 、 -0.0218 ），而且受蔬菜和肉类价格变动的影响却较小（ -0.0048 、 -0.0061 ）。这说明粮食价格是影响农村居民蔬菜消费量的一个重要因素。

13.4 本章小结

本章在对北京市居民蔬菜消费特点进行分析的基础上，运用 ELES 模型对居民蔬菜消费的影响因素进行了分析。主要研究结论如下：

第一，北京市城镇居民蔬菜消费量有所增加，农村居民蔬菜消费量有所下降，城乡差距显著。根据北京市居民蔬菜消费量的历史变动分析可以看出，城镇居民人均蔬菜消费量在波动中呈现增长趋势，且比全国平均水平高很多，而农村居民人均蔬菜消费量在波动中呈现下降趋势，城乡之间人均蔬菜消费量的差距越来越显著。造成这种差距的原因一是由于城乡间收入水平的差距，二是城乡居民生活饮食观念的差别。

第二，北京市居民的蔬菜消费支出占食品总支出比重偏低，且逐年减少。在北京市居民的消费支出中，食品消费支出所占的比例（恩格尔系数）逐年下降，而在食品消费支出内部，蔬菜消费支出虽然每年有所增加，但是增长的幅度却很小，远没有在外饮食、肉禽类、水产品、蛋奶类消费支出增长迅速，所以蔬菜消费支出在食品消费支出中所占的比重在逐年下降。

第三，北京市城镇居民偏好消费新鲜蔬菜。在鲜菜、干菜、菜制品三类蔬菜中，城镇居民对鲜菜的偏好逐渐显现出来。近年来，北京市城镇居民对新鲜蔬菜的消费支出逐年增加，且增长迅速，而对干菜和菜制品的消费支出虽然有所增加，但增长缓慢。在蔬菜消费支出中，新鲜蔬菜所占的比重越来越大。

第四，蔬菜的边际消费倾向较小，属于生活必需品。通过 ELES 模型的分析，发现蔬菜的边际消费倾向是最小的，而肉类的边际消费倾向最大。这表明蔬菜属于人们日常生活的必需品，受收入的影响较小。而肉类属于价值高、营养丰富的食品，随着收入的增加，人们会增加对这类食品的消费，以追求更高的生活质量。

主要参考文献

陈月英 . 2005. 我国居民蔬菜消费需求现状及前景 ［J］. 中国食物与营养（7）：38-39.

陈云，顾海英 . 2006. 上海市城乡居民蔬菜消费结构变化及其影响因素探析［J］. 上海农
　　业学报，22（3）：95-98.

何德华，等 . 2007. 对武汉市民无公害蔬菜消费行为的研究［J］. 统计与决策（3）：114-
　　116.

李春成，等 . 2005. 居民消费品购买地点的选择及其特征识别［J］. 商业经济与管理（2）：
　　58-64.

马成文，司金銮 . 1997. 中国农村居民消费结构研究［J］. 中国农村经济（11）：61-64.

青平，等 . 2006. 消费者绿色蔬菜消费行为的实证研究［J］. 农业经济问题（6）：73-78.

孙倩，穆月英 . 2012. 北京市居民蔬菜消费特点及消费需求系统分析［J］. 中国农学通报，
　　28（12）：257-263.

唐妍 . 1999. 我国蔬菜市场供求特点分析［J］. 长江蔬菜（7）：4-6.

汪晓银，等 . 2006. 城乡居民年人均蔬菜消费量长期趋势分析［J］. 湖北农业科学，45
　　（2）：135-137，193.

杨金深 . 2004. 我国无公害蔬菜的市场价格与消费意愿分析［J］. 中国农村经济（9）：43-
　　48.

张文爱 . 2007. 基于 ELES 模型的四川省农村居民消费结构实证研究［J］. 农业技术经济
　　（5）：49-53.

张峭 . 2006. 中国蔬菜消费现状分析与预测［J］. 农业展望（10）：28-31.

朱爱萍 . 2001. 我国蔬菜市场需求分析［J］. 华中农业大学学报（3）：26-31.

外 部 篇

WAIBU PIAN

第14章

构建我国蔬菜生产补贴政策研究 *

近年来，以蔬菜为代表的"菜篮子"产品市场价格大起大落，成为我国各界关注的问题。蔬菜产业是我国农村的重要产业、农民收入的重要来源。如果蔬菜价格过度上涨，会导致居民消费者特别是中低收入者的利益受损；而当蔬菜价格过分下跌，又会损害农民的切身利益，即"菜贱伤农"。因此，稳定蔬菜市场价格意义重大。随着我国人口总量的增加、人民生活水平的提高，对蔬菜的消费需求也会不断增加，因此需要蔬菜的供应得到保障。

关于蔬菜产业经济问题，目前为止的研究，针对生产领域，多集中于蔬菜生产影响因素、蔬菜生产集中度等；针对流通领域，大多数研究分析了蔬菜价格波动及蔬菜价格波动原因等问题（潘凤杰等，2011；孙倩等，2011）。而从蔬菜生产、流通和价格等多视角对蔬菜产业问题、蔬菜产业支持政策进行的研究尚属少见。基于上述考虑，本章从分析蔬菜生产性因素对市场价格的影响入手，通过借鉴国外经验，对稳定我国蔬菜市场价格的生产补贴政策进行了系统研究，为政府决策提供参考依据。

14.1 我国蔬菜生产补贴政策实施的必要性

就农业补贴政策的必要性而言，由于农业在国民经济中的地位、农业的弱质性、农业的外部性、农业的多功能性，决定了实施农业补贴政策的必要性和重要性（穆月英，2008；钱加荣等，2011），这些也是我国实施蔬菜生产补贴政策的必要性所在。此外，我国蔬菜产业发展的基本目标是蔬菜供应的保障、蔬菜市场价格的稳定、蔬菜种植户的收益提高等。但是，近年来我国蔬菜市场价格波动时有发生（孙倩等，2011），蔬菜种植户和蔬菜消费者的利益受到各种影响。蔬菜价格是一种市场信号，但是，探寻价格波动的原因不能局限在市场领域，而应该拓展到整个蔬菜产业各链条，特别是关注生产性因素。

---

* 本章基于"穆月英.2012.关于蔬菜生产补贴政策的探讨——基于稳定蔬菜价格视角.中国蔬菜（19）"整理而成。

① 北京市大兴区、顺义区、通州区、房山区、密云县、延庆县。

14.1.1 蔬菜生产的专业化程度低，容易造成蔬菜供给的波动

我国蔬菜生产的特点是一家一户分散经营，生产规模较小，专业化程度低。以蔬菜为例，我们通过对北京市6个蔬菜主产区县①的203户蔬菜种植户的调研得到（穆月英等，2010），平均每户的蔬菜种植面积为5.3亩，每户拥有的蔬菜大棚一般为2～3个。由于小而散的蔬菜生产经营使得农户收入对蔬菜的依赖程度不高，这样，影响到农民对蔬菜生产的投入和管理，特别是对新技术的采用意愿。蔬菜种植的专业化程度低，极易造成农户在蔬菜的种植品种、种植面积的决策上往往带有很大的盲目性，农户每年都处于种与不种或种多少菜的抉择之中。蔬菜种植户经常根据前一年或是前一季的蔬菜价格，或是参照邻近户的选择来进行蔬菜种植抉择，这样容易出现跟风的现象。并使得蔬菜单一品种的产量很不稳定，很容易出现大批量同种蔬菜集中上市或是同种蔬菜稀缺的情况，造成蔬菜生产、供应以及价格的大幅度波动。

对日本的调研中了解到，农户专业化种植蔬菜的情况比较多。与东京紧邻的茨城县神栖市有一个地区进行专业种植青椒。大规模种植青椒的农户，以种青椒为"职业"，家庭收入主要依赖于青椒种植。大规模种植青椒的农户往往通过农业协同组合将青椒大量集中上市到东京中央批发市场。这种集中统一上市，既可以保证农户生产的蔬菜顺利进入市场流通，还可以得到来自政府的上市奖励金（占销售额的1.7%）①。而小规模的蔬菜种植户无法将蔬菜销售到东京中央批发市场，只能销售到当地的地方批发市场，并且往往只能通过个人进行上市。通过调查得知，多年来日本青椒的市场价格比较稳定，这样减少了农民种植蔬菜的市场风险。

14.1.2 农户的组织化程度低，导致蔬菜生产的稳定性差

我国蔬菜生产以一家一户的分散经营为基本格局，且这样的经营格局在相当长时期内发生根本性改变的可能性不大。为了解决"小农户、大市场"的矛盾，国外的经验是通过农业专业合作组织将农户组织起来，可以抵御一部分市场风险，提高农户在市场上的"话语权"。但是我国农民专业合作组织覆盖的农户范围有限，而且合作组织的功能发挥不到位，农户参与的积极性不高，农户的组织化程度仍然很低，使得农户生产的蔬菜销路和销售价格得不到保障。

通过农民专业合作组织，既能够促进蔬菜顺利进入流通领域，也便于农户

---

① 笔者2010年对日本茨城县青椒种植户的调研。

购买农用生产资料获得涉农市场信息。此外，农民专业合作组织也能作为政府实施政策的媒介发挥重要作用。通过农民专业合作组织，更便于政府调控市场、调整蔬菜等的上市，也更有利于农业政策的落实和执行。

14.1.3　缺乏规范的蔬菜流通渠道，影响产品销售、造成生产的不稳定

目前，蔬菜未形成较规范的流通体系。主要销售渠道是通过中间商的销售，也就是蔬菜流通中还是商贩和经纪人为主。这种蔬菜流通渠道由于没有完善的规章制度约束，而且受中间商个人的主观因素影响较大，存在很大的随机性和偶然性（穆月英等，2010）。这种不规范的蔬菜流通渠道，导致蔬菜的价格形成中生产者的利益难以得到保证（穆月英等，2006）。

14.1.4　蔬菜生产基地建设有待进一步强化

我国幅员辽阔，不同地区的气候、资源禀赋等条件不同，使得蔬菜生产方面各地表现出不同的比较优势。蔬菜的特点是所包含的种类多样，因此各地根据自身的优势条件可以发展为蔬菜集中生产的供应基地。供应基地的建立有利于促进蔬菜供应和价格的相对稳定。但是，目前为止，较为稳定和具有规模的蔬菜的主产区建设有待进一步强化。

综上所述，以上涉及蔬菜生产的多种因素，在一定程度上造成蔬菜价格的不稳定性，有必要通过蔬菜生产补贴政策的实施，来促进蔬菜产业的发展，减少蔬菜市场价格的波动。

14.2　日本蔬菜生产补贴政策的经验借鉴

14.2.1　借鉴日本的政策经验

在发达国家的政策经验借鉴中，本研究侧重于日本的政策经验，是从以下几个方面考虑的：

第一，日本相对小的农业经营规模以及家庭经营为主的经营方式，与我国有着较大的相似性，因此值得借鉴日本蔬菜生产补贴政策的经验。

第二，在发达国家中，日本对农业的保护程度是较高的，政府通过多种多样的政策措施支持本国农业的发展，多样的政策类型和丰富的政策类型，可供参考借鉴。

第三，日本在实行对农业的高度支持的同时，也在探寻符合 WTO 相关规则的农业支持政策体系。2006 年，WTO 用于反映农业支持程度的指标之一的

农业直接支付额占农业纯收入比重，日本为 28%，与美国（27%）相近，远低于欧盟（78%）。WTO 对日本 2000 年国内综合支持总量（AMS，Aggregate Measurement of Support）的约束水平为 39 729 亿日元，日本实际的 AMS 值占约束水平的比重为 16%，低于欧盟（46%）和美国（75%）的同一指标值（日本农林水产省,2010），日本在农业政策的制定方面充分研究 WTO 的相关规则。日本的这方面政策经验也值得借鉴。

14.2.2 日本蔬菜生产支持的政策目标

日本的农业政策具有明确的政策目标，并且对农业政策的详细评价也主要是围绕这些目标去进行的。

（1）提高蔬菜自给率

近年来，日本蔬菜的自给率分别为 79%，虽然比牛肉（43%）、猪肉（50%）、食用鱼（57%）等农产品的自给率高，但日本整体食品自给率低下，并且其中原因主要是因为蔬菜等"菜篮子"产品的自给率低下。日本蔬菜生产支持的政策目标是提高自给率。为此，在政策上，选择满足国内需求的蔬菜品种，实施政策支持，围绕生产发展，构建完善的蔬菜上市体系。

（2）蔬菜供应的稳定

蔬菜的稳定供应包括以下几个方面：一是提高食品的质量安全和消费者的信赖程度；二是从市场和消费方面促进各地农业发展（比如提倡地产地消）；三是克服农用生产资料及蔬菜在流通中的不利因素，促进蔬菜产业的可持续发展。

（3）蔬菜生产的可持续发展

包括以下几个方面：第一，按户进行的收入补贴以及生产经营对策，像蔬菜价格稳定制度等。第二，为了提高蔬菜生产的附加价值，提倡六次产业的发展。所谓六次产业，就是让农户通过蔬菜生产（第一次）、加工（第二次）、流通销售等（第三次）的一体化全过程来增加获利，即 1 次×2 次×3 次＝6 次产业，或者 1 次＋2 次＋3 次＝6 次产业。让农户发展六次产业，首先是以农户为单位的生产、加工、销售的一体化发展，其次是以主产区为单位的六次产业发展，此外，减少农业生产资料等的投入费用。第三，农业从业人才的培养。第四，良好土地的保证和有效利用。第五，减少农业灾害带来的损失。第六，农业基础设施的强化。

（4）WTO 相关规则的规避

日本站在一个农产品进口国的角度，极力强调本国农业发展的重要性。提出的基本理念是"多样性农业的共存"，试图基于这一理念通过国际谈判形成有利于日本农业的贸易规则，并制定国内农业政策。在 WTO 农业谈判中，日本与其他农产品进口国形成的 G10 国进行合作，共同促进有利于其农业发展的规则形成。在农业谈判中，日本强调多样性农业的共存，主要体现在两个方面：一是基于 WTO 规则促进食物供应安全的多功能农业发展；二是具有不同发展条件的各国农业发展基础的强化（日本农林水产省，2010）。在国内农业支持方面，也是侧重于两个方面：一是培育农业经营者；二是通过提高附加价值来提高农产品的国际竞争力。在农业补贴政策方面，2007 年开始将原来分产品的补贴政策，改为包括多种产品的农业补贴政策，支持对象是农业生产者，支持手段是价格补贴政策。日本政府强调这种价格政策的制定是基于与外国相比日本的生产条件存在差异而进行补贴（即生产条件不利补贴对策），这属于 WTO "绿箱"政策。日本从 21 世纪初开始，按照 WTO 有关规则将过去的价格支持等农业支持政策转换为面向农户的直接支付政策（"绿箱"政策）。

14.2.3 日本蔬菜生产支持的政策体系

财政措施：政府每年从财政支持蔬菜生产，包括支持提高农户收入、保障蔬菜供应、质量安全、实施蔬菜的产业化经营。

立法措施：日本许多农业支持政策进行了立法，用法律手段规范政策的实施。比如促进改善农业经营的金融条件的《农业改良资金补贴法》等法律。

税收措施：比如设施栽培中使用的石油的免税，属于中小企业的农业经营者在农业机械购买中的特殊税收优惠政策。

金融措施：向农户的生产、加工、销售支付属于无息贷款性质的农业改良资金；支付促进农业近代化的优惠贷款；支付用于农业信用保证保险的资金。

总之，对蔬菜生产支持是综合性的措施，除了补贴政策之外，有立法、税收、金融等措施。

14.2.4 日本蔬菜生产补贴政策的具体内容和启示

日本伴随着蔬菜生产者的高龄化，蔬菜的播种面积在减少，国内生产不能满足国内消费和加工等需要使得进口在增加。政府为了强化蔬菜生产，满足消费者的蔬菜需求，采取政策来培育生产者，并构建确保蔬菜生产、上市的相应制度（日本全国农业会议所，2007）。

表 14-1 日本蔬菜生产补贴政策

补贴的目标划分	保障对农业收入依赖程度大的农户的收入		强化主产区的蔬菜生产发展
政策作用机制	通过需求者的收入保障	通过市场的收入保障	通过价格安定制度促进产地蔬菜经营者的培育
政策名称	签约交易的稳定供给政策	紧急供需调整政策	价格安定制度
涉及的主体或品种	一方是蔬菜产地；另一方是中间商、食堂、饭店、食品加工业、零售店等	对象品种有甘蓝、白萝卜、圆葱、大蒜、胡萝卜、白菜、生菜等。分为重要蔬菜和调整蔬菜两大类	指定蔬菜：14 个蔬菜品种 特定蔬菜：34 个蔬菜品种
补贴类型	数量确保型（定量定价签约） 价格低落型（市场价格变化签约） 上市调整型（定量签约）	当出现产量大增、价格低落情况时，对产地蔬菜实行废弃处理，对此实施补贴 对于有计划地进行上市的，基于价格安定制度进行补贴	对于满足下述条件的所有产地： 1. "安定、且持续性的生产者"的播种面积的比重占60%以上，基本补贴率90% 2. 过去 3 年按照计划进行上市（过去 3 年，没有出现超过计划上市的120%）基本补贴率80% 3. "安定、且持续性的生产者"的播种面积的比重占40%以上，或不到40%的，比前两者的基本补贴率低一些 （"安定、且持续性的生产者"是指蔬菜种植规模在 4公顷以上的生产者）
补贴方法	1. 在蔬菜减产时，生产者需购买蔬菜以保证蔬菜的签约量。对购买蔬菜所需费用进行补贴 2. 当价格降低时的损失，进行补贴 3. 当产量大增价格低落时，调整过量部分的补贴	在出现产量大增的情况下： 若提前上市的补贴平均价格的 30% 若推迟上市的补贴平均价格的 30% 若用于销售给加工用的补贴平均价格的 40% 若进行产地废弃的平均价格的 40%	根据保证基准价格，当市场价格低于这一价格时，政府对生产者进行补贴 补贴 =（保证基准价—市场价格）
资金来源	国家（50%）、县级（25%）、生产者（25%）	国家（50%）、生产者（50%）	国家（60%）、县级（20%）、生产者（20%）

注：①基本补贴率是指在价格安定制度下，当指定蔬菜的市场平均销售价格低于国家指定的基准保证价格的时候，按照实际蔬菜市场价格销售比按照国家指定的基准价格销售而减少销售金额，此时，补贴资金占所减少销售金额的比率就是基本补贴率，比如若基本补贴率为 90%，就是所减少销售金额的 90%得到补贴。②日本的县级，即都道府县，相当于中国的省级。

资料来源：日本全国農業会議所．2007．平成 19 年度農政改革関連施策のあらまし，早分かり！農政改革．全国農業会議所発行．

从日本蔬菜生产补贴政策得到的启示：

（1）虽然是价格相关政策，但直接与价格和收入挂钩，规避了 WTO 相关规则的约束，属于与生产不挂钩的收入支持，为"绿箱"政策。

（2）补贴政策与培育蔬菜经营后备人才相结合。

（3）一些政策支持一定规模以上的生产者，规定只有规模在 4 公顷（北海道 10 公顷）以上的才能够申请补贴，而全日本蔬菜种植户的平均规模为每户0.644 公顷。

（4）补贴资金是中央、地方、团体、生产者共同筹集。

（5）蔬菜生产会受到自然因素等多种因素的影响，发生总产量的大起大落，为此，日本制定了紧急供需调整政策。

（6）签约交易蔬菜分不同类型进行签约，并对应有政府的补贴政策。这样，使得签约交易得到稳定发展。最终效果是保证了饭店、食堂、熟食加工业、零售店等大型需求者的蔬菜货源，也使得蔬菜生产者的收入得到保证。

（7）选定有重点支持的蔬菜品种。

（8）对于一个产地，要求达到一定比例进行蔬菜集中统一上市，才能够被作为补贴对象。对于一个产地，要求蔬菜种植面积达到一定比例以上才能作为补贴对象。

（9）接受补贴的农户或产地，每年要递交生产和上市计划，这样更便于补贴政策的实施，也便于政府对蔬菜生产的宏观调控。一种基本补贴率的确定是根据过去 3 年产品供应计划与实际之间的偏离程度不同而补贴率不同。

（10）规定了蔬菜是按照旬为单位计算市场价格和基准价格，体现了政策的可操作性。

14.3　构建我国蔬菜生产补贴政策的建议

从蔬菜生产支持政策目标、综合性支持政策、现有补贴政策的完善以及新的补贴政策的构建等几个方面进行分析。

14.3.1　我国蔬菜生产补贴的政策目标

蔬菜关系国计民生，在居民消费中必不可少，蔬菜价格的稳定对保障居民的消费水平意义重大。蔬菜生产又是农村的重要产业，关系到农民的收入。政府通过支持蔬菜产业，来促进我国农村和农业的发展以及农民收入水平的提高。此外，蔬菜的鲜活性给产品的储藏和长距离运输造成限制，不同于粮食，蔬菜通过流通和储运环节调节产品供给的空间极为有限，因此，发达国家政府对蔬菜供给的调节主要是侧重于对生产本身的调节。我国的政策目标如下：

（1）避免蔬菜生产和价格的大幅度波动

蔬菜生产和市场价格的大起大落，不仅影响到居民的生活水平，也对我国的整体 CPI 产生波及影响；蔬菜生产和价格的不稳定，也对生产者的利益产生负面影响。因此，有必要采取支持政策，来避免蔬菜生产和价格的大起大落。我国蔬菜的生产波动，与前述我国农业生产的"小而散"经营以及专业化水平不高有着一定关系，因此，在蔬菜生产补贴政策上，应该考虑从提高农户的专业化水平视角去进行政策制定。此外，自然灾害以及造成的自然风险容易引起蔬菜生产和价格的大幅度波动，也是在制定政策时需要考虑的因素。

（2）蔬菜产业的可持续发展

随着我国人口总量的增长以及居民消费水平的不断提高，要求蔬菜生产的稳定增长，因此，要通过政策，来促进蔬菜产业的可持续发展。劳动力和耕地这两大要素会直接影响到蔬菜产业的可持续发展。我国政府基本粮田的保障政策，与此相对应，也应该采取措施保证蔬菜等生产所需要的耕地，保证蔬菜的种植面积。此外，近年来，许多地方出现蔬菜生产劳动力的高龄化现象，不利于生产的可持续发展。通过政策支持，来保证蔬菜的种植面积、促进年轻的高素质的劳动力从事蔬菜生产。

（3）保障蔬菜的质量安全

比起粮食作物，近年来，我国蔬菜的质量安全性问题尤为突出，质量不安全事件屡屡发生。农业提供质量安全的食品，应该作为政府政策的目标。

（4）促进农户收入的提高

我国农业生产的基本微观经营组织是农户，蔬菜产量的稳定增长是政府的宏观目标，而农户追求的目标是收入增长。要协调好政府宏观目标和农户微观目标，需要对蔬菜生产实施支持政策。影响蔬菜生产者收入的一个关键因素是投入费用，近年来，随着全球性石油价格的上涨，生产资料价格不断上涨，造成农户的生产费用不断增加。政府有必要从生产费用视角采取政策措施，对蔬菜生产实施补贴，保证农民收入的提高。

14.3.2 我国的现行蔬菜生产补贴政策

目前，我国政府对蔬菜生产实施有一些补贴政策，包括：①促进蔬菜生产流通的价格政策；②副食品风险基金制度支持副食品生产政策；③"菜篮子"产品标准化生产政策；④支持标准园艺创建项目；⑤地方性"菜篮子"产品生产补贴政策。像北京市政府实施了新建设施补贴政策、新建菜田补贴政策等。

现行蔬菜补贴政策存在的问题：

（1）补贴政策条款有待细化，政策规定的严密性和可操作性也有待增强

现有一些蔬菜补贴政策条款缺乏细化、缺乏严密性和明确性，影响到政策实施的可操作性。比如，众所周知，仅蔬菜而言，在我国生产有许多品种，有的蔬菜属于消费者需求的大宗消费品，有的蔬菜不属于大宗消费品。而在相关政策中，大部分只笼统地提蔬菜，不像国外那样细化到品种，对不同品种进行不同的政策规定，这样更有利于引导促进蔬菜生产的发展。像日本在蔬菜补贴政策中，除重点蔬菜之外，又分指定蔬菜和特定蔬菜等，根据不同类型的蔬菜，设立不同的补贴方式。另外，补贴对象、补贴方法、补贴资金等方面的规定也要需要详细而明确的规定，像日本规定蔬菜的保证基准价格是根据过去9年的平均市场价格的一定比例进行制定的，而平均价格又是按旬为时间单位进行平均的，而生猪生产周期相对较长，其平均价格按照季度为时间单位进行平均得到。有了这些细化规定，才使得政策的可操作性更强，也能提高政策的实施效果。

（2）一些补贴以项目形式实施，缺乏政策的连贯性

像支持标准园艺创建项目等"菜篮子"产品补贴政策，是政府财政资金，但以项目的形式实施补贴。虽然这种项目式补贴有其有利的一面，但是存在弊大于利的可能，项目式补贴不利于政策的连贯性实施，并且容易导致部门机构的寻租行为，政策的覆盖面也受到限制。此外，对产品生产者来说，有失公平性的一面。因此有必要将一些项目性补贴政策改为常规性补贴政策。

（3）关于补贴方式和补贴资金来源

我国在蔬菜生产补贴政策的补贴标准的制定、补贴对象的确定以及补贴资金来源的确立等方面有待制定较为完善的制度和条例。比如设施保险补贴政策中，规定了设施的结构要求，像土墙温室不属于保险补贴的对象，但是我国北方农村使用土墙温室的蔬菜种植户占有很大比重，并且从技术上已经证明了土墙温室也有其有利的一面，所以保险补贴政策应该根据我国实际情况加以完善。稳定市场价格方面，我国基本没有明确的补贴政策。有必要借鉴日本的政策经验，对蔬菜的市场价格不进行直接干预，而是依据市场价格波动对种植户的产品上市量进行调整，并对种植户的收入损失进行补贴，从而稳定产品市场供应并避免农户的收入损失。农业经营规模的扩大对我国的有利性也是有目共睹的，因此可以借鉴日本经验将农业补贴的实施对象的确立与耕地经营规模联系起来，从而促进我国农业适度规模经营的发展。

在补贴资金来源上，目前我国更多地是来自财政的资金进行蔬菜生产补贴。我国是一个发展中国家，国家财力有限，通过多方出资建立补贴基金的方式也值得借鉴。实践证明，基金的方式更有利于补贴效果的提高。我国幅员辽阔，各地经济发展不平衡，地方政府与地方财政在农业补贴方面的作用不可忽视。

（4）缺乏蔬菜生产补贴政策的配套措施

一些补贴政策缺乏配套措施，比如若补贴对象没有按照政策规定的去做，应该如何进行相应的处理，没有作出明确规定，势必影响到补贴政策的实施效果。在实施农业补贴政策时要制定相应的配套政策措施，可以确保农业补贴资金的确实到位，并提高农业补贴政策的实施效果。

14.3.3　建立我国蔬菜生产综合性支持政策体系

蔬菜生产、供应和市场等环境所面临的问题，不是仅仅依靠政府补贴等方式就能够得到根本的解决，有的问题的解决需要农业的不断改革、农业结构的调整，许多问题的解决需要与财政政策相配套的金融、立法等措施。借鉴发达国家经验，我国也应该构建对蔬菜生产的综合性支持政策体系，特别是对食品质量安全性，需要法律等手段的配合，才能促进可让消费者放心的蔬菜生产发展。

（1）对蔬菜生产实行政策支持的"四基"

蔬菜具有鲜活性，蔬菜的生产、储藏和运输不同于粮食，蔬菜供给的调节通过流通和储运环节调节产品供给的空间极为有限，应该侧重于对蔬菜生产本身的调节。要满足蔬菜的消费需求并避免其价格的大幅波动，在战略上应"确保大路菜，稳定精细菜，丰富特色菜"。对我国蔬菜生产实行政策支持的"四基"：基本品种、基地、基金、基点。从而保障蔬菜供应、稳定蔬菜市场价格，并保证蔬菜种植户的收入水平的提高。

第一，科学排序，确立补贴蔬菜的基本品种。根据我国对不同蔬菜的消费量以及蔬菜的储藏特性，可以将我国的蔬菜品种进行科学分类。根据我国居民消费习惯，属于大宗消费品的蔬菜应该被列为国家重点保障的蔬菜品种，具体品种有土豆、白菜、萝卜、甘蓝等，作为重点支持的对象；可以把属于生产专业化较高并在我国大部分地区的居民消费中占有重要地位的蔬菜列为政府重点监测的品种，具体品种有青椒、黄瓜、茄子、番茄等；像以做调味料为主的蔬菜品种（如葱、姜、蒜、生菜等）作为日常消费调剂的蔬菜品种（像一些特色菜），可被列为指导性蔬菜品种，不作为补贴的重点，而只是对农户种植进行指导。进行生产补贴时，不同品种不能一概而论，要有保有放。

第二，建立蔬菜的大型生产基地。对于重点保障的蔬菜品种，依据城市生活圈的大小确定适宜规模的蔬菜生产基地。首先要确保大都市及中小城市的蔬菜需求，县及县以下的地区可以根据当地生产生活习惯做出自己的安排。确立基地的方法上，参照国外的经验。蔬菜供应基地的确定，不仅要看蔬菜供应量大小，还要促使保证蔬菜的稳定供应，也就是避免蔬菜供应的大起大落。具体做法是确定一个基地的基本计划供应量，实际供应量偏离计划供应量过大过小，均不利于蔬菜市场的稳定。此外，蔬菜生产也应有应急预案，提前规划重要保障品种的应急备用基地。在蔬菜产量大幅度减少等紧急情况下，对一些关系重大的蔬菜品种有必要实施紧急性应对政策，包括备用基地蔬菜的政府集团采购等。香港在内地建设蔬菜生产基地有效地解决了香港 700 多万居民对蔬菜的需求，"香港模式"值得借鉴。

第三，建立调剂蔬菜生产的补贴基金。借鉴国内外先进的蔬菜价格稳定制度、蔬菜供应紧急调整政策、签约蔬菜稳定供应政策等蔬菜生产补贴政策，建立由中央、地方、团体、生产者等多方共同筹资设立的蔬菜基金。其中，蔬菜价格安定基金的资金来源于中央、地方、生产者各自所占的份额，也有必要在政策规定中得到明确。基金的方式比财政直接补贴更有利于补贴效果的提高。利用基金的调控作用，对基地的重要保障蔬菜生产进行积极干预。蔬菜丰收年，可以安排加工企业提高加工力度，对加工企业予以补贴；也可让菜农直接将菜翻倒地里以稳定蔬菜市场的价格，通过政府补贴以避免"菜贱伤农"。这些措施也有利于打击蔬菜销售环节的投机行为。

第四，完善农产品批发市场的基点。蔬菜生产的分散性和消费的分散性特点，决定了批发市场进行蔬菜"集散"的重要性。规范的批发市场，既能发挥产品集散功能，又能发挥蔬菜价格形成功能。日本和韩国的农产品批发市场更多的是政府公立经营，协调生产者、流通业者、消费者等多方利益。对应不同的生产基地，应加大力度发展和完善蔬菜批发市场，这样才能由点及面进行综合调控。我国政府要在批发市场的设立、管理及价格形成等方面进行有效管理。对批发市场可以建立《批发市场法》，对批发市场的盈利应做出明确规定。日本等国明确了批发商只是作为农户的代理来销售蔬菜，批发商从中可以提取一定比例的手续费，这样可以避免批发商压级压价等行为的发生。

（2）完善我国蔬菜补贴政策的"三化"

第一，对所补贴的蔬菜类别细化。目前我国对蔬菜生产的补贴政策采用的是对所有蔬菜同等补贴方式。发达国家对蔬菜生产的补贴政策中，分重点蔬菜、指定蔬菜和特定蔬菜，分别计算基准价格，并规定不同的补贴标准和补贴方式。对我国居民重要的蔬菜，中央政府在补贴资金的构成中所占的比例要高一点。完善我国蔬菜补贴政策有"三化"，即蔬菜类别细化、蔬菜生产专业化、政策条款法制化，从而提高蔬菜生产补贴政策实施效果。

第二，补贴方式要有利于蔬菜生产的专业化。借鉴国外的经验，对蔬菜价格不进行直接干预，而是对基地的蔬菜销售量进行调整，并对基地蔬菜种植户的收入损失进行补贴，既稳定蔬菜的市场供应，又避免基地农户的收入损失。这就要求进行蔬菜的专业化生产，可将蔬菜生产补贴对象的确立与其经营规模相联系。比如，可规定补贴对象必须是一定种植规模以上且有一定连续种植年限的菜农。

第三，蔬菜生产补贴政策条款的法制化。现行补贴政策的一些条款缺乏严密性和明确性，影响到政策的可操作性。日本有蔬菜签约交易稳定供给政策，将签约交易划分为三种类型，对应有三种补贴方式；日本的蔬菜价格安定制度，规定基准价格是过去几年的市场平均价格，根据产品生产的周期确定补贴的周期以及平均价格的时间单位，像一般蔬菜是以旬为单位计算。规定接受补贴的蔬菜生产者，每年要递交生产计划。将政策条款法制化，也可以确保农业补贴政策的实施效果，避免中间环节或个别人员不当得利现象的发生。

14.4　本章小结

本章首先对我国蔬菜生产补贴政策实施的必要性进行了分析，然后对日本蔬菜生产补贴政策进行了较为系统的分析，在此基础上提出了构建我国蔬菜生产补贴政策的建议。在构建我国蔬菜生产补贴政策的研究中，确立了我国蔬菜生产补贴的政策目标，分析了我国的现行蔬菜生产补贴政策有待完善之处，提出建立和完善我国蔬菜生产综合性支持政策体系。提出的具体政策建议是，对蔬菜生产实行政策支持的"四基"，即科学排序，确立补贴蔬菜的基本品种，建立蔬菜的大型生产基地，建立调剂蔬菜生产的补贴基金，完善农产品批发市场的基点；完善我国蔬菜补贴政策的"三化"，即对所补贴的蔬菜类别细化，补贴方式要有利于蔬菜生产的专业化，蔬菜生产补贴政策条款的法制化。

主要参考文献

钱加荣，穆月英，陈阜，邓祥宏.2011.我国农业技术补贴政策及其实施效果研究——以秸秆还田补贴为例［J］.中国农业大学学报，16（2）：165-171.

穆月英.2012.关于蔬菜生产补贴政策的探讨——基于稳定蔬菜价格视角 [J].中国蔬菜
　　(19)：1-7.

穆月英，笠原浩三.2006.日本的蔬菜水果流通及其赢利率的调查研究 [J].世界农业
　　(2)：31-34.

穆月英.2008.中国农业补贴政策的理论及实证分析 [M].北京：中国农业出版社.

穆月英，赵霞，段碧华，马骥，乔娟.2010.北京市蔬菜产业的地位及面临的问题分析[J].
　　中国蔬菜 (21)：7-12.

日本农林水产省.2010.平成 22 年度：日本食料—農業—農村白書》 [OL].http://
　　www. maff. go. jp/j/wpaper/w _ maff/h22/index. html.

日本全国農業会議所.2007.平成 19 年度農政改革関連施策のあらまし，早分かり！[J].
　　農政改革.全国農業会議所発行.

潘凤杰，穆月英.2011.北京市蔬菜价格变动的特征及影响因素 [J].中国蔬菜 (22/24)：
　　1-7.

孙倩，穆月英.2011.蔬菜价格变动、影响因素及价格预测——以北京市批发市场为例[J].
　　中国蔬菜 (9)：9-14.

第15章

我国蔬菜产业一体化模式
及其影响分析 *

　　蔬菜作为居民生活消费的必需品，保障其供应至关重要；而蔬菜生产又是许多地方农业生产者的主业和收入的重要来源，蔬菜生产发展水平直接关系到菜农收入水平的高低。蔬菜产业作为劳动力密集型以及技术密集型产业，在生产方面有着自身的特点。为此，能够将蔬菜生产、流通、加工贯穿起来的新兴的蔬菜产业一体化模式受到各界的高度关注。

　　目前，对农业产业一体化有以下研究。郑风田等（2005）认为农业产业区是在农业区域分工的基础上，形成的专业化、规模化、特色化的农产品生产、加工、销售一体化的综合产业区；尹成杰（2006）从地方性龙头企业对于农业产业集群的角度给出了农业产业集群的定义；泰勒尔（1985）基于结构、行为、绩效的 SCP 范式对产业组织进行了框架性理论研究；包玉泽（2005）从威廉姆森交易费用理论角度分析认为农产品特性导致其资本专业化程度高、交易不确定性高以及交易频率较低的特性，并认为"农户＋公司"的纵向一体化联系形式更能提高农产品市场效率。

　　综上，针对蔬菜产业一体化模式对组织效率影响、对蔬菜产业竞争力影响的理论与实证分析尚属少见，本章将从产业竞争力的视角对于蔬菜产业模式及影响进行逐层探究式分析。

15.1　蔬菜产业一体化的研究意义

　　进行蔬菜产业一体化模式的系统性分析，首先需要对蔬菜产业一体化模式定义为初级一体化模式、中级一体化模式以及高级一体化模式。初级一体化模式是指蔬菜农民专业合作社层次，能够实现统一购买、统一生产、统一销售；中级一体化模式是指存在企业依托并实现了规模化的蔬菜生产、加工，并能保

　　*　本章基于"董莹，穆月英 . 2012. 蔬菜产业一体化模式及其影响探究——基于产业竞争力视角//农业现代化与农业科技创新——2012 年全国中青年农业经济学者学术年会论文集 . 南宁：广西人民出版社"整理而成。

证稳定的销售渠道的层次；高级水平一体化模式是指有自我研发能力的企业依托并实现中级水平基础上对消费市场需求存在信息反馈能力的层次。

目前，我国的蔬菜产业的一体化模式仍处于较为初级的发展阶段①，主要还是以初级水平模式居多，中级水平模式相对少；从发展的过程看，蔬菜生产的集聚效应在一定程度上催生了规模化、科研与消费反馈内生化的一体化模式发展。

如图 15-1 所示，2010 年，我国各省的蔬菜的产量与产值较大地区为山东、河北、河南，江苏、四川、湖南、湖北、广东，且除河北外，其平均蔬菜价格高出平均水平。图 15-2 是 2008—2010 年的各省份的蔬菜累计产值占总产值的比例，我国蔬菜生产集中度较高，各地区的蔬菜累计产值主要可分为三个部分，除产值所占百分比较高和较低的部分有明显的差异，处于两部分之间从广东到内蒙古可以分为三个产值相似的区间，不同区间内部的差异不大。

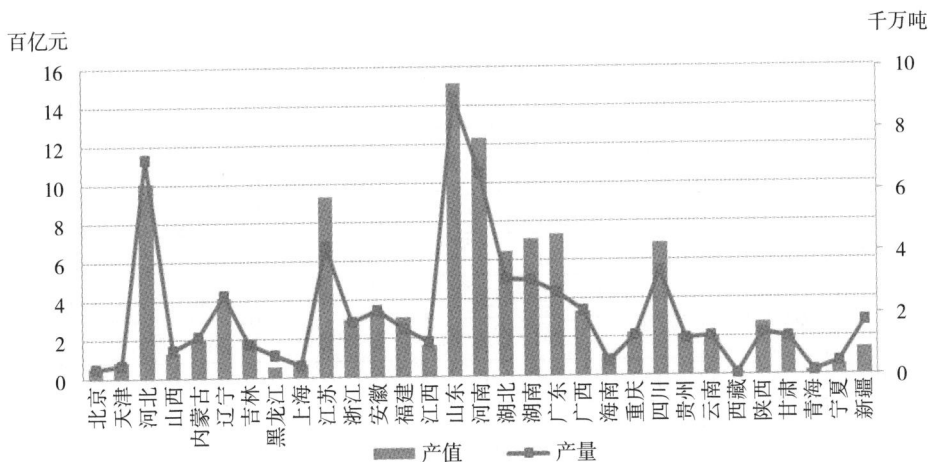

图 15-1　2010 年我国各省份蔬菜产量与产值情况

随着蔬菜产业一体化的发展，蔬菜主产省的蔬菜专业合作社数量不断增加，贸易、经销、流通型的蔬菜企业数量也在逐年增多，而为提高科学技术的转化率，政府科研机构也在逐渐通过设立项目以参与指导蔬菜生产、帮扶菜农增收，而蔬菜产业链一体化也在不断发展成熟。表 15-1 为 2011 年我国各蔬菜主产省内各类型蔬菜企业情况。其中，山东、河北、河南、江苏、湖北的总体

———————————

① 根据蔬菜产业的相关网站以及笔者的调研经验。

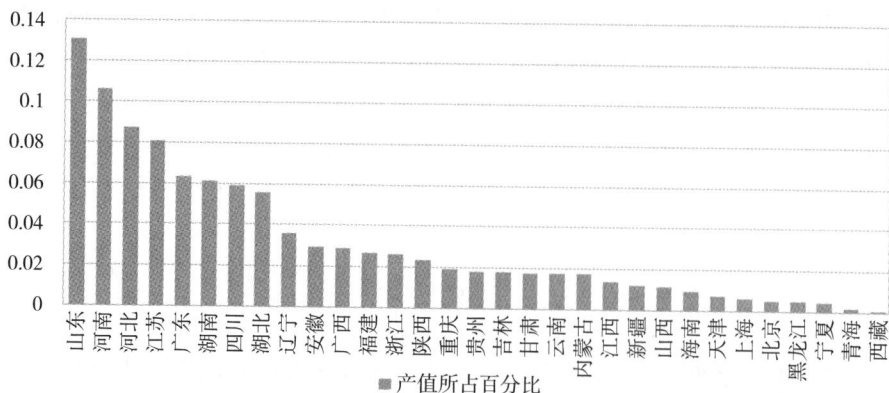

图 15-2　2008—2010 年我国各省份蔬菜累计产值所占比例排序

资料来源：2009—2011 年《中国农村统计年鉴》。

蔬菜企业数量明显较多，蔬菜各环节的发展较成熟，其中达到一体化经营模式的数量更能反映各主产省蔬菜产业一体化进程及蔬菜产业各环节内部与各环节间效率差异。

表 15-1　蔬菜主产省份各类型蔬菜企业数量统计

单位：个

省份/类型	一体化	生产型	合作社	贸易型	经销型	批发型	政府科研机构
河北	37	178	82	79	51	120	14
辽宁	4	33	86	16	16	12	3
江苏	18	90	193	24	39	12	6
山东	105	762	109	404	265	341	55
河南	37	125	97	46	45	76	7
湖北	30	46	25	28	32	24	3
湖南	10	26	72	7	19	4	1
广东	12	47	37	20	35	14	2
广西	15	27	20	10	12	5	1
四川	13	28	67	10	12	3	1

资料来源：根据中国蔬菜信息网企业名录部分数据信息整理得到。

15.2　蔬菜产业一体化新模式探究

目前，我国蔬菜从生产到最终消费各产业链链条中主体相互交叉、不规范，使得流通效率低下，最终导致菜农亏损、蔬菜供应不稳定。因此一体化模式探究成为解决问题的基础。

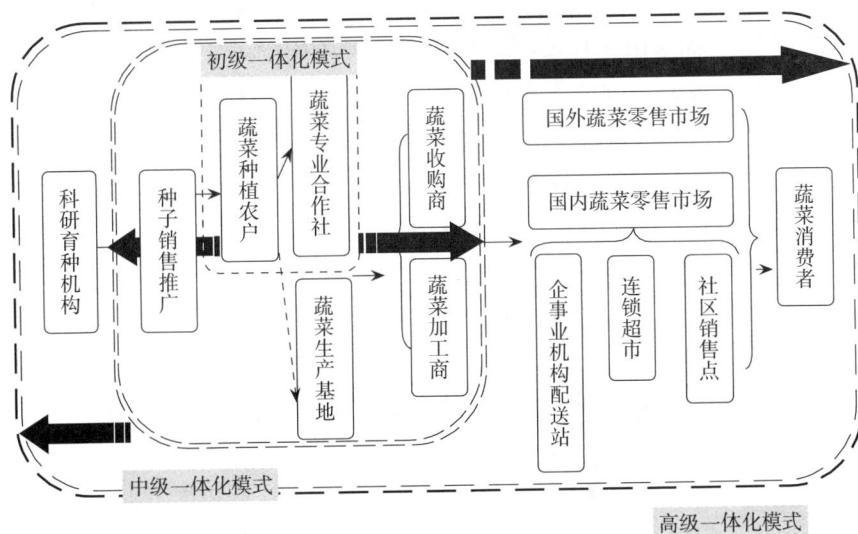

图 15-3 我国蔬菜各产业链简要模式

注：由里向外的黑色箭头分别代表的上述定义的初级水平向中级水平再向高级水平逐渐发展过程。

图 15-3 是对之前定义的三个水平的蔬菜产业一体化的简要模式图，其中各个箭头简化代表了各环节之间主要的关系与传导方向。初级水平的一体化模式对应的蔬菜的育苗和生产环节作为基础环节，处于整个产业链的最内核位置，其面对的主要是蔬菜收获之后的直接收购市场或者经蔬菜专业合作社进行统一的初加工后直接与超市等进行对接的消费市场；中级水平的一体化模式对应的是蔬菜在育苗和生产环节的规模化生产，可能是通过相关企业在主要的蔬菜产区下设生产基地并雇用当地有蔬菜种植经验的生产者方式、通过与大中型蔬菜专业合作社签订生产收购合同的方式，再利用企业的自身营销部门分级进行蔬菜的初加工或深加工，再将产品输送到消费市场或者出口国外市场，包含整个蔬菜产业的中核部分，由于企业的规模化生产保证的销售环节的一定的市场力量，更能够以稳定的价格水平和供应量提供蔬菜，主要的表现形式为"龙头企业＋蔬菜专业合作社＋蔬菜种植户"、"公司＋基地＋蔬菜种植户"等；高级水平的一体化模式是以上模式的外延，包含了整个蔬菜产业的外核，即将育苗前阶段的购种及研发以及销售市场的消费者对于蔬菜质量以及品种的需求和消费潜力内生化，形成良好的生产、营销和消费者反馈的循环，根据市场的需求不断更新蔬菜产业各环节，对于蔬菜的安全有效供给以及菜价的大幅度波动平抑有一定的主动控制能力。

需要着重指出的是，蔬菜作为不易储藏的农产品，在各个产业链条之间衔接的过程中均存在很大比例的损耗。由于我国目前冷链运输设备缺乏，损耗比例在 25% 左右，而美国、日本等发达国家的该比例仅为 2% ～ 5%[①]；蔬菜生产对劳动和技术以及天气的要求相对高，例如对于外部的自然条件、土壤消毒、病虫害防治等技术有很强的依赖性，而分散化种植很难有效避免以上因素缺失可能带来的蔬菜产量与品质负面影响；另外，如果未实现或不完全实现蔬菜产业一体化模式，则会出现各环节间主体不同、目标不同现象，使蔬菜价格波动以及传导过程因相互作用反而不易达成各自目标，蔬菜稳定价格下的安全供给难实现。

15.3 我国的蔬菜产业一体化对竞争力影响的理论分析

对应上述三个水平的蔬菜产业一体化模式而言，其对蔬菜产业竞争力的影响主要存在以下三个层次：①提高蔬菜生产效率、保障蔬菜生产者价格以及稳定供应；②抑制蔬菜的消费价格波动、降低各环节间的损耗成本，开发潜在的高端蔬菜相对普通蔬菜的消费替代竞争力；③通过市场机制有效保障蔬菜的质量安全，且使得有质量保证的优质蔬菜能够有效地扩充蔬菜消费市场的潜力，延长蔬菜产业的生长周期。

针对初级水平的蔬菜产业一体化模式而言，蔬菜专业合作社统一经营的模式有利于在一定程度上保证蔬菜生产者的稳价收购渠道的通畅及蔬菜生产效率的提升。稳价收购及生产效率提升两者共同作用，对蔬菜生产决策及产量波动具有稳定作用。

中级水平的蔬菜产业一体化模式作为目前主要在促进发展的模式，这种准纵向一体化的模式在我国比较常见。这种模式相对于蔬菜专业合作社、松散型的"公司＋农户"模式准纵向一体化模式来说，存在其自身的竞争力优势。由于龙头企业拥有丰厚加工处理蔬菜技术以及成熟的销售渠道，对于其所面对蔬菜消费市场，拥有信息更全面，市场分析能力强，能有效抑制蔬菜消费价格波动、降低各环节间的成本损耗，最终以高端蔬菜替代普通蔬菜。主要体现在以下两个方面：①在面临突然消费市场波动情况下，由于其可能的保鲜储藏能力以及转换出售市场（深加工收购市场、出口市场等）能力，对不同生产周期的蔬菜的供给和价格的波动起到一定的抑制作用。②由于这种紧密型联合模式通

---

① 孙倩 . 2012. 我国蔬菜供给及其影响因素分析 . 北京：中国农业大学 .

过合作社对蔬菜生产进行车间性监控，或"公司＋基地"模式通过合同监控蔬菜生产环节，从交易费用的角度看，蔬菜产业所面临的资产专用性、不确定性高以及交易发生频率低的特点，使得这种准纵向一体化的模式存在降低交易费用的作用，尤其是绿色、有机等高端蔬菜。③随着城市居民消费水平的不断提高，对蔬菜质量安全方面要求逐渐提升，偏好消费质量高的绿色、有机类等高端蔬菜，而消费总量基本不变，使高端蔬菜对普通蔬菜需求乃至生产供给存在替代效应。

当蔬菜产业的一体化进入高级水平的阶段，更希望通过积极促进高端蔬菜的认证体系及可追溯体系向消费者发出高端信号，扩大高端蔬菜消费市场潜力，使蔬菜质量安全体系各主体共同促进蔬菜认证体系的完善与产业的未来发展。

15.4　我国的蔬菜产业一体化对竞争力影响的实证分析

以下是对三个模式下竞争力的提升因素进行实证的探究与验证的过程。初级水平一体化模式对蔬菜产业竞争力影响实证分析中，采用 2002—2010 年 9 年的 10 个包括山东、河南、河北、江苏、广东、湖南、四川、湖北、辽宁、安徽以及广西的蔬菜主产省份的蔬菜年产量、年平均价格及消费指数等数据取对数后建立面板数据模型对蔬菜收购市场价格指数进行固定效应的计量回归，通过剔除蔬菜消费水平变动及蔬菜供给变动两大主要原因（表 15-2），得到各省份蔬菜收购价格的波动扩大或抑制的固定效应结果（表 15-3）。结果显示，蔬菜产量及消费指数的波动对蔬菜收购价格的波动贡献率分别为－0.59 和 0.41，各省份自身因素（体现在固定效应上）对收购价格的存在抑制或小幅的扩张作用；由图 15-4 知该固定效应值大体上与各省份的蔬菜专业合作社数存在反向变化关系，说明初级水平一体化对蔬菜生产收购价存在稳定作用。

表 15-2　蔬菜主产省份生产收购市场价格波动回归结果

变量	回归系数	P 值
蔬菜产量变动对数	－0.591 285***	0.001 1
蔬菜消费价格指数变动对数	0.408 715***	0.007 3

注：***表示在 1% 以上的置信区间水平下显著。

表 15-3　各省份固定效应回归结果

河北	−0.003 979	湖北	0.006 881
辽宁	−0.025 923	湖南	0.004 869
江苏	−0.004 816	广东	0.007 157
山东	−0.013 424	广西	0.031 339
河南	−0.011 196	四川	0.009 093

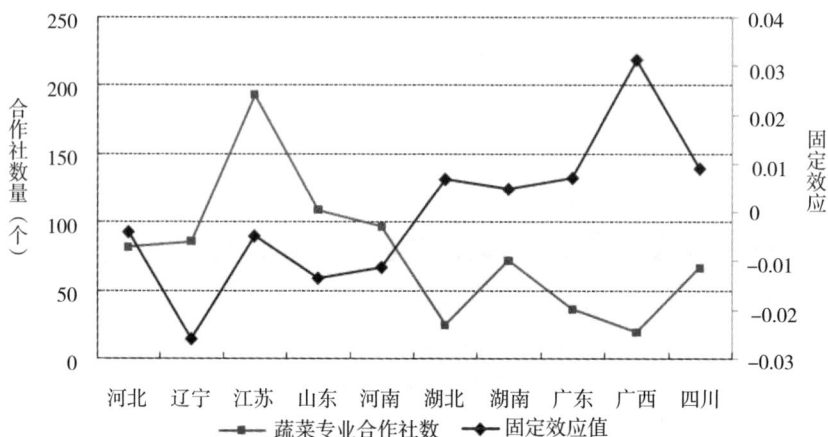

图 15-4　蔬菜专业合作社数与蔬菜价格波动的相关变动

　　中级水平包含的两个作用因素效果分别可以通过已有的纵向关联市场的传导机制研究以及市场供应量的传导理论图进行解释。王秀清（2006）考察了市场力量对农产品在消费与收购市场间的价格传导中的作用，可应用到中级水平一体化主体的市场力量对蔬菜消费市场价格传导中。价格传递弹性偏离完全竞争状态的程度取决于既存的农产品收购环节买方市场力量与食品零售环节卖方市场力量和在外生冲击下两种市场力量的变化程度。如果收购环节买方市场力量的增幅大于零售环节卖方市场力量的增幅，价格传递弹性将会放大，反之则缩小。中级水平一体化企业主体将收购环节内生化，在冲击中使猜测弹性不变，小于零售环节的蔬菜卖方市场力量增幅会使蔬菜生产与消费价格的纵向价格传导弹性相对完全竞争市场小，价格波动受到抑制。

　　图 15-5 是高端蔬菜对于普通蔬菜的潜在竞争性替代趋势过程。图中，最初高端蔬菜供应曲线为 S，居民蔬菜消费市场为 C。随着政策性的相关设备补贴投入、一体化模式经营的技术改进，各环节效率提高，使高端蔬菜供应曲线其受成本下降影响下移为 S'，假定消费市场的需求曲线保持不动，形成新的

总供给曲线下移至折线 C'，在这个过程中消费市场对于高端蔬菜的需求量由原始的 Q_1 上升至 Q_2，而对于普通蔬菜的需求量从 q_1 下降到 q_2，且 $\Delta Q > \Delta q$。这一方面说明高端蔬菜对于普通蔬菜的挤出性竞争替代效应；另一方面说明高端蔬菜通过提高生产到销售间环节效率、降低成本，能实现其自身的市场潜力的挖掘和扩展。

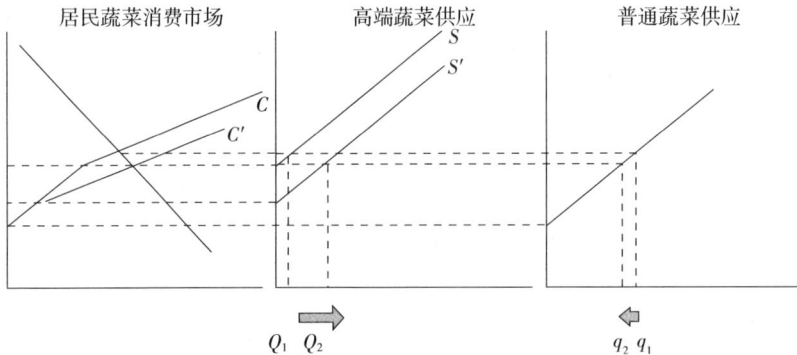

图 15-5　高端蔬菜对普通蔬菜的竞争替代趋势分析

最后通过扩展的线性支出系统（ELES）来考察向高级水平的蔬菜产业一体化模式发展的过程中存在实际市场潜力的扩展程度。ELES 的模型表达式为：

$$p_i q_i = p_i q_i^0 + \beta_i (Y - \sum_{j=1}^{n} p_j q_j^0) + \mu_i \qquad i = 1, 2, \cdots, n$$

其中，基本需求的表达式为：

$$p_i q_i^0 = \alpha_i + \beta_i \sum_{i=1}^{n} \alpha_i / (1 - \sum_{i=1}^{n} \beta_i)$$

式中，p_i 为商品 i 的价格；q_i 为消费者对商品 i 的消费量；q_i^0 为消费者对商品 i 的基本需求量；β_i 为消费者对商品 i 的边际消费倾向；Y 为消费者的收入。

表 15-4　2008 年与 2010 年食品分类的扩展 ELES 模型的结果

年份	2008		2010	
各项需求	基本需求	追加需求	基本需求	追加需求
蔬菜类	305.25	104.06	349.89	151.76
干鲜瓜果类	77.56	215.92	106.32	272.43
粮食	300.06	28.20	276.61	108.90
奶及奶制品	51.34	138.50	34.56	163.91
肉禽及制品	547.75	349.12	539.57	374.65
蛋类	57.056	34.63	46.52	51.50

　　将 2008 年、2010 年的全国各省份的居民对于各项食品消费支出以及其收入数据带入以上的 ELES 模型进行截面数据的回归，再将结果带入上述的公式将基本需求以及追加需求计算整理成表 15-3 进行对比分析。该模型强调对于某种商品的消费可以分为基本消费和追加消费两大类。由于居民对于蔬菜的消费需求具有必需品的稳定性，因此对于蔬菜的基本需求表示了这部分的支出水平，而剩余的追加需求则表现了居民为经过高端蔬菜认证、在可追溯体系中或者存在特定的地理标志的质量安全水平高出普通蔬菜部分的意愿支付。从表 15-3 中，对比其他食品类的支出情况，两年中居民对于蔬菜类的基本需求仅次于肉禽及其制品，其基本需求与追加需求的增量稳定，增幅均较大。一方面说明居民对蔬菜总体消费水平不断提升；另一方面也说明随着人们对高端蔬菜需求稳步提升，高端蔬菜市场存在潜在扩展空间。

15.5　本章小结

　　本章从产业竞争力视角对我国蔬菜产业一体化模式进行了研究。首先提出了蔬菜产业一体化模式，然后逐层分析我国蔬菜产业一体化现状及具体模式，并从产业竞争力角度进行了理论与实证评价分析。得到的主要结论是：我国蔬菜生产集聚程度较高，各主产省份蔬菜产业一体化发展程度不同；蔬菜产业一体化模式的不断推进，对蔬菜稳价收购、蔬菜价格弹性在产销市场的传导抑制、潜在高端蔬菜需求扩张以及对普通蔬菜的竞争性替代等有利于蔬菜产业竞争力提高的因素有确实的积极作用。

　　因此，蔬菜产业一体化模式为蔬菜产业的发展提供组织与制度基础，我国蔬菜产业应该在政策的支持下，逐渐实现模式的外围扩张，提高蔬菜流通效率、稳定蔬菜供应，进一步提升蔬菜质量安全水平，从而扩展高端蔬菜市场，从根本上解决蔬菜稳定供给问题。

主要参考文献

包玉泽.2005.农产品营销渠道的选择：一种基于交易费用经济学的理论解释［J］.华中农业大学学报（社会科学版）（4）：39-42.

董莹，穆月英.2012.蔬菜产业一体化模式及其影响探究——基于产业竞争力视角［M］//农业现代化与农业科技创新——2012 年全国中青年农业经济学者学术年会论文集.南宁：广西人民出版社.

泰勒尔.1998.产业组织理论［M］.北京：人民大学出版社.

王秀清.2007.纵向关联市场间的价格传递［J］.经济学季刊（4）：885-897.

尹成杰.2006.近阶段农业产业集群发展及其思考［J］.农业经济问题（3）：4-7.

郑风田，程郁.2005.从农业产业化到农业产业区——竞争型农业产业化发展的可行性分析
　［J］.管理世界（7）64-71.

第 16 章

我国蔬菜价格的垂直传导关系 *

　　蔬菜从生产者到消费者，中间要经历流通中的批发市场、零售市场等多个环节，近年来我国市场上的蔬菜价格起伏波动频繁，时常出现的一种情景是消费者在因价格高涨而叫苦不迭的同时，生产者的菜价却并未出现相应的上涨。如 2011 年我国蔬菜出现严重滞销，大白菜等常见菜收购价甚至低到每斤几分钱，然而市场上的零售价格并未下降，这样，在蔬菜价格的波动中生产者和消费者的利益同时受损。有的学者指出蔬菜的中间流通机构具有一定的垄断程度，在定价时往往处于优势地位，是价格的主要获利者（高扬，2011）。这种关于商品价格在产业链不同层次市场之间的相互关系，叫做价格的垂直传导关系。那么，我国当前的实际中，蔬菜价格的这种垂直传导关系是否成立，有待进行实证检验和分析。

　　对于蔬菜产业而言，生产资料价格位于产业链上游，生产者价格居于中游，消费者价格则处于链条的下游，当市场因素发挥作用时，会引发产业链的上、中和下游各环节间价格以一定的幅度和方向发生相应变化。研究从生产到消费这一链条上，不同价格指标之间是否存在动态传导效应对宏观政策的动态调整具有重大意义。

　　关于蔬菜价格问题，目前的研究多集中于以下几个方面：第一，关于价格波动特征及原因的研究。潘凤杰等（2011）运用时间序列数据分析了北京市蔬菜总体和四种果类蔬菜价格情况，并认为市场供求、蔬菜自身生产特点、生产成本及流通等因素都会对蔬菜价格变动产生一定的影响。王晶晶和陈永福（2010）认为居民生活水平的提高及城镇化速度加快也是蔬菜价格上涨的原因。孙倩等（2011）结合 VAR 模型对影响因素进行实证分析，得出蔬菜供给量是影响蔬菜价格的直接因素。第二，关于蔬菜价格的传导机制研究。胡华平（2010）运用误差修正模型得到蔬菜在农户—零售商之间具有显著的正的非对称价格传递特征，即在供应链上价格上涨要比价格下降的传递更为迅速和充分。第三，关于蔬菜价格的市场整合的研究。董晓霞等（2011）等运用协整法

---

　　* 本章基于"吴舒，穆月英. 2013. 我国蔬菜价格的垂直传导关系研究. 中国蔬菜（18）"整理而成。

对番茄主产地与其他地区的空间市场整合程度进行了分析，认为近年来我国不同地区生鲜农产品市场之间长期稳定的联系不断增强，市场整合程度逐步提高。

综上所述，关于蔬菜价格的已有研究会对本研究提供重要参考。但已有研究在分析蔬菜价格波动规律时主要是研究产业链上的某一种价格，而忽视了各种价格之间的相互联系，同时对蔬菜的垂直价格传递进行定量分析的文献尚属少见。

基于上述考虑，本章选取了农业生产资料价格指数作为蔬菜产业的上游代表，蔬菜生产价格指数作为中游代表，蔬菜消费价格指数作为下游代表，三种价格共同组成蔬菜产业价格系统，对不同环节的价格的动态关系长期均衡以及垂直价格传导机制进行分析，探究蔬菜产业价格波动的规律。

16.1　蔬菜价格传导机制与研究方法

价格传导机制的研究是建立在市场整合理论基础上，通过对产业链上不同市场价格相互影响进行分析，考察变量间是否存在某种均衡关系。协整检验是描述变量间的均衡关系的常用方法，反映变量间长期均衡与短期变动关系，进而揭示价格传导规律。

16.1.1　蔬菜产业链各价格的波动现状

2004 年第一季度到 2012 年第二季度，我国蔬菜产业三种价格（农业生产资料价格指数、蔬菜生产价格指数、蔬菜消费价格指数）的季度数据所反映的季度价格走势如图 16-1 所示。

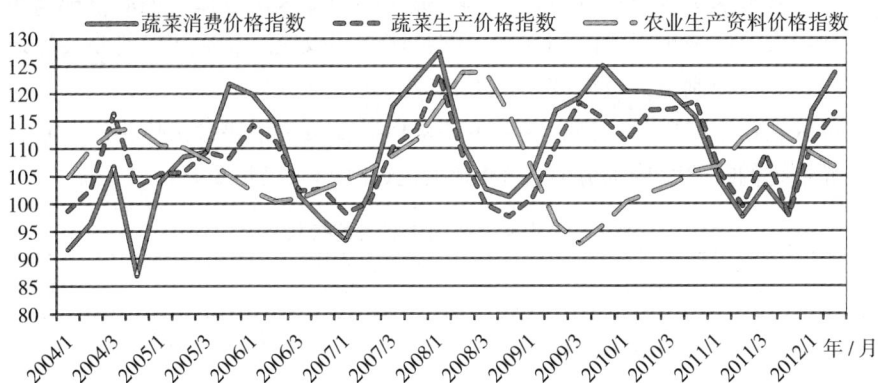

图 16-1　三种价格指数的季度走势
资料来源：《中国经济景气月报》。

由图 16-1 可以看出，从 2004 年第一季度至 2012 年第二季度蔬菜消费价格指数（VCPI）、蔬菜生产价格指数（VPPI）、农业生产资料价格指数（VAPPI）季度变动率。从总体趋势来看，VCPI、VPPI 指数动态演进过程比较相近，几乎同时出现波峰和波谷，而 VAPPI 波动比 VCPI、VPPI 早一期，而且变动方向正好相反；从波动水平来看，VCPI 的波动幅度最大，VAPPI 和 VPPI 波动性相差不大。

16.1.2　价格传导的理论分析

市场整合理论的研究始于 20 世纪 50 年代，指在市场完全竞争的情况下，同类商品在不同市场上的价格的相对变化，是经济资源合理流动的反映，体现着市场运行的效率。市场整合程度越高，该市场效率就越高，从而表明市场机制越能充分发挥调节供需和稳定市场的作用。

早期研究主要是通过计算两市场价格之间的相关系数来衡量价格联系的紧密程度，这种方法简单易用，但是可能会高估价格间的紧密程度。此后研究方法不断地改进，目前协整检验法是市场整合研究的主流方法。协整检验法首先基于协整检验来判断价格间的长期均衡关系，其次通过向量误差修正模型反映偏离长期均衡状态的短期修正机制，同时利用因果关系检验来分析价格传递方向。

16.1.3　本研究的方法选取

对于蔬菜价格的垂直传导机制分析，本研究采用 Johansen 协整检验、向量误差修正模型、格兰杰因果关系检验等分析工具，确定我国蔬菜产业链上长期均衡与短期变动关系，揭示价格系统整体的动态关系，进而通过有限分布滞后模型来反映两两价格之间相互传导的具体时间效应，从而把握价格传导的动态规律，并为控制蔬菜价格波动提出相应的建议。

选取农业生产资料价格、蔬菜生产价格以及蔬菜销售价格作为蔬菜垂直价格传导系统的重要组成部分。各指标的表示和含义见表 16-1。

表 16-1　蔬菜产业链上各价格指数指标

指标符号	指标名称	指标含义	产业链中位置
VAPPI	农业生产资料价格指数	蔬菜生产中所需原料、燃料、动力价格波动情况	上游
VPPI	蔬菜生产价格指数	蔬菜生产者直接出售产品获得价格和收购价格变动情况	中游
VCPI	蔬菜消费价格指数	居民购买蔬菜价格波动程度即蔬菜市场价格水平变化情况	下游

采用的农业生产资料价格指数、蔬菜生产价格指数来自国家统计局《中国经济景气月报》相关月份，蔬菜消费价格指数 2004 年 1 月至 2007 年 11 月数据来自国家统计局网站，2007 年 12 月以后数据来自《中国经济景气月报》，由于蔬菜生产价格指数采用的是季度同比指数，所以本章使用了农业生产资料价格指数、蔬菜生产价格指数和蔬菜消费价格指数上年同期作为基期的季度同比序列，其实这里的价格指数代表着增长率，而不是严格意义上的指数指标。研究时间范围是 2004 年第一季度至 2012 年第二季度，共计 34 个样本。

16.2 蔬菜产业链整体价格互动关系分析

对于不同价格间的动态传导机制分析，首先进行协整分析，检验上中下游价格间是否存在稳定的长期均衡关系，然后通过向量误差修正模型，反映产业链系统偏离长期均衡时的短期波动情况，这也在一定程度上显示着上中下游即产业链价格系统存在着显著动态互动效应，为了理清这种互动效应，需要进一步使用格兰杰因果关系检验，揭示价格间传递关系。

16.2.1 平稳性检验

在对蔬菜产业链价格的协整检验前，需要对价格序列数据平稳性进行检验。只有上中下游价格的单整阶数相同，才可以进行协整检验。本研究采用 ADF 检验进行判断，结果如表 16-2 所示。可以看出，三种价格序列的 ADF 统计量均在 5％显著水平下大于临界值，不能拒绝原假设，所以它们都是非平稳的时间序列；而其一阶差分序列的检验结果都拒绝了原假设，故可以认为农业生产资料价格指数、蔬菜生产价格指数和居民蔬菜消费价格指数的时间序列的数据都是平稳序列，表明三者之间可能存在长期稳定关系，可以进行协整检验。

表 16-2 变量单位根检验结果

变量	ADF 统计量	(c，t，k)	5％临界值	结论
$VAPPI$	-1.823	(c，0，7)	-2.980	不平稳
$VPPI$	-2.822	(c，0，4)	-2.967	不平稳
$VCPI$	-2.915	(c，0，4)	-2.967	不平稳
$\Delta VAPPI$	-4.436	(c，0，4)	-2.980	平稳
$\Delta VPPI$	-4.481	(c，0，1)	-2.959	平稳
$\Delta VCPI$	-5.211	(0，0，0)	-2.956	平稳

注：c 为常数项，t 为趋势项，k 为滞后阶数；滞后期 k 的标准是以 AIC 和 SC 值最小为准则。Δ 表示变量的一阶差分。

16.2.2　长期均衡关系

协整检验的意义在于揭示时间序列变量间长期稳定关系。若存在协整关系，即这一组非平稳的时间序列间存在一个稳定的线性组合，表示一种长期均衡关系。要确认变量间的协整关系，需要进行协整检验。本研究运用 Johansen 协整检验法来把握蔬菜生产资料价格、蔬菜生产价格和居民蔬菜消费价格之间的协整关系，若具有，则说明蔬菜价格系统中存在着长期均衡关系。

表 16-3　蔬菜价格系统的 Johansen 协整检验结果

协整秩（H_0）	特征值	迹统计量	5% 临界值	概率
r＝0	0.653 2	54.468 0	35.192 8	0.000 2
r≤1	0.513 9	23.754 0	20.261 8	0.015 9
r≤2	0.093 1	2.835 0	9.164 5	0.612 0
协整秩（H_0）	特征值	最大特征值统计量	5% 临界值	概率
r＝0	0.653 2	30.714 1	22.299 6	0.002 6
r≤1	0.513 9	20.918 9	15.892 1	0.007 4
r≤2	0.093 1	2.835 0	9.164 5	0.612 0

表 16-3 是 Johansen 协整检验的结果，其中上半部分是迹统计量的检验结果，下半部分是最大特征值统计量检验结果。当原假设为"至多存在一个协整关系"时，迹统计量为23.754 0，大于 5% 临界值20.261 8，拒绝该假设；当原假设为"至多存在两个协整关系"时，迹统计量为2.835 0，小于 5% 临界值9.164 5，接受假设。因此，迹统计量结果显示三种价格之间可能存在两个协整关系。最大特征值统计量检验结果显示，三种价格之间可能存在两个协整关系。因此，蔬菜价格系统内部的确存在着长期稳定的关系。

选择最大特征值的向量的一个长期协整方程为如下（括号内为 t 值）：

$$VAPPI = -320.699\,4 + 5.721\,0VCPI - 3.896\,3VPPI + \varepsilon_t \quad (16\text{-}1)$$
$$(-2.390\,2)\quad(4.753\,3)\qquad\quad(-2.070\,5)$$

公式（16-1）表明在我国蔬菜产业链上中下游价格之间存在一个长期均衡关系。所谓均衡关系是从长期来看，不同价格之间存在一个稳定的替换关系。

为明确产业链上价格间的传导关系，选择生产价格指数作为被解释变量，其长期协整方程表达式如下（括号内为 t 值）：

$$VPPI = 82.309\,6 + 1.468\,3VCPI + 0.256\,7VAPPI + \varepsilon_t \quad (16\text{-}2)$$
$$(2.152\,8)\quad(7.049\,0)\qquad\quad(1.115\,6)$$

以批发市场为核心的农产品物流是现在主要的生鲜蔬果营销渠道，但是目前我国批发市场建设不完善，缺乏价格数据的统计，这不利于进行计量分析。蔬菜生产价格，反映了蔬菜生产和收购价格总水平的变动趋势和程度，一方面受其生产成本（农业生产资料价格指数）的影响，另一方面来自消费者需求（居民消费价格指数）的变动，故本研究选择生产价格作为被解释变量，分析在长期中价格之间的传导关系。从估计结果可以看出，蔬菜消费价格指数和农业生产资料价格指数对蔬菜生产价格指数都有正向影响，其中蔬菜消费价格影响最强。从长期来看，消费者消费价格上涨会带动蔬菜生产价格上涨，得到的显著影响关系不是很准确，因为在消费与生产环节之间还存在着中间商这一市场主体。孙侠和张闯（2008）研究发现目前我国蔬菜流通中，利润在各流通主体之间的分配是不均衡的，与农民相比中间商获取了相对较高的利润，所以在我国蔬菜流通中存在着"两头叫，中间笑"的怪现象，即消费者声称菜价太高，农民抱怨赚不到钱，而中间商收益颇丰；而农业生产资料价格对蔬菜生产价格影响相对较小，回归系数不显著，这可能与样本数量较少、滞后期相对较大从而对自由度造成一定的影响以及农业生产资料价格指数作为蔬菜生产成本的替代存在局限性等因素相关，但是其系数符号为正，也能够在一定程度上说明蔬菜生产成本提高会带动生产价格上涨。

16.2.3 短期变动关系

协整关系体现着价格系统内存在着一种长期稳定的均衡状态，但是短期变化或突发事件的扰动很容易使得市场偏离均衡状态。向量误差修正模型可以衡量价格系统内是否具有短期修正功能，即市场价格间是否存在短期协整。向量误差修正模型的具体结果如下（括号内为 t 值）：

$$\Delta VPPI_t = -0.146 + 0.544\,5\Delta VCPI\,(-1) + 0.527\,9\Delta VCPI\,(-2)$$
$$\quad\quad (0.178\,5) \quad\quad\quad (3.114\,6) \quad\quad\quad\quad (2.453\,5)$$
$$\quad\quad -0.067\,8\Delta VCPI\,(-3)$$
$$\quad\quad\quad (0.294\,2)$$
$$\quad\quad -0.079\,5\Delta VCPI\,(-4) - 0.929\,4\Delta VPPI\,(-1) - 0.739\,6$$
$$\quad\quad\quad (-0.367\,4) \quad\quad\quad\quad (-3.950\,2) \quad\quad\quad\quad (-2.655\,9)$$
$$\quad\quad \Delta VPPI\,(-2) - 0.739\,6\Delta VPPI\,(-3)$$
$$\quad\quad\quad\quad\quad (-0.829\,6)$$
$$\quad\quad -0.516\,8\Delta VPPI\,(-4) + 0.118\Delta VAPPI\,(-1) - 1.129$$
$$\quad\quad\quad (-2.119\,9) \quad\quad\quad\quad (0.283) \quad\quad\quad\quad (-1.866\,8)$$

$$\Delta VAPPI（-2）+1.615\Delta VAPPI（-3）$$

$$（2.516\ 1）$$

$$-1.303\ 5\Delta VAPPI（-4）-0.120\ 1ECM_{t-1}$$

$$（-3.225\ 6）\qquad\qquad（-0.582\ 6）\qquad\qquad（16\text{-}3）$$

$$F=5.176\ 1\qquad\text{调整的 }R^2=0.659\ 7$$

滞后一期、二期的蔬菜消费价格指数，滞后一期、三期的农业生产资料价格指数的估计系数均为正值，说明这些变量在短期内与蔬菜生产价格变动的方向相同。在短期内，蔬菜消费价格变动对蔬菜生产价格影响最大，这与长期均衡中影响关系分析相一致。同时误差修正项系数小于 0，符合反向修正原则，即在长期均衡关系的作用下会减轻价格的偏离,但是每期修正速度为 12.01%,因为本章采用的是季度数据，修正作用很弱，不足以影响价格变化的总体趋势。

考虑到短期时间，通过观察各变量滞后一期的系数，可以得到，系统内短期出现非均衡状态时，$VCPI$、$VAPPI$ 会同向修正，PPI 会反向修正，其中 $VCPI$ 修正幅度最大，而且从协整检验调整系数的估计结果来看，最下游 $VCPI$ 和最上游 $VAPPI$ 修正幅度最为明显，且总为两者修正方向总是相同的，这也从一定程度上暗示出上下游价格之间很可能存在显著的动态互动效应。当然，这种动态互动也可能涉及处于二者之间的其他价格。要进一步把握上、中和下游价格间的动态传导机制，需要在向量误差修正模型的基础上进行格兰杰因果关系检验。

16.2.4　价格序列的格兰杰因果关系检验

通过前述协整检验，可以看出蔬菜价格系统之间具有长期均衡关系，但却不能证明变量间的因果关系。为了分析蔬菜产业链上各价格间的传导规律，采用 Granger 因果关系来进行检验，选择滞后期为 5，检验结果如表 16-4 所示。

表 16-4　蔬菜价格系统的 Granger 因果关系检验结果

原假设	F 统计量	概率	结论
VPPI 不是 VCPI 的 Granger 原因	2.328 7	0.085 0	不拒绝
VCPI 不是 VPPI 的 Granger 原因	4.045 5	0.012 3	拒绝
VAPPI 不是 VCPI 的 Granger 原因	3.677 2	0.018 1	拒绝
VCPI 不是 VAPPI 的 Granger 原因	2.360 6	0.081 8	不拒绝
VAPPI 不是 VPPI 的 Granger 原因	2.307 7	0.087 2	不拒绝
VPPI 不是 VAPPI 的 Granger 原因	3.054 1	0.036 1	拒绝

（1）**农业生产资料价格指数与蔬菜生产价格指数**

可以得到，蔬菜生产价格波动是农业生产资料价格的 Granger 原因，但是农业生产资料价格波动不是蔬菜生产价格波动的 Granger 原因。

（2）**蔬菜生产价格指数与居民蔬菜消费价格指数的关系**

以 8.5％的临界概率保证"VPPI 不是 VCPI 的 Granger 原因"的原假设，临界概率高于 5％，接受原假设；以 1.23％的临界概率保证"VCPI 不是 VPPI 的 Granger 原因"的原假设，临界概率低于 5％，拒绝原假设。因此认为居民蔬菜消费价格是蔬菜生产价格波动的 Granger 原因，但蔬菜生产价格波动不是居民蔬菜消费价格波动 Granger 原因。

（3）**农业生产资料价格指数与居民蔬菜消费价格指数的关系**

通过相应的概率值，可以得到农业生产资料价格波动是居民蔬菜消费价格波动的 Granger 原因，但是居民蔬菜消费价格波动不是农业生产资料价格波动的 Granger 原因。

本研究由于样本量有限，同时根据 VAR 最优滞后期选择为 5，所以格兰杰因果关系会不是很准确。但是，能够在一定程度上说明价格传导情况。通过测算结果可以看出，蔬菜产业链存在一种逆向价格传导机制，即需求因素占主导，从下游 VCPI 影响中游 VPPI 进而到上游 VAPPI，同时 VAPPI 对 VCPI 也有一定的预测作用。另外，接受原假设概率均在 8％左右，其实与 5％较为接近，如果将临界水平取到 10％，蔬菜产业链上、中和下游两两价格间均存在因果关系。

16.3　产业链两两价格传导的时间效应分析

前述揭示了蔬菜价格系统内长期均衡和短期变动关系，分析了价格整体之间的动态互动效应，明确了价格之间的传导关系。但是无法反映价格在上、中和下游两两价格间传导的具体时间效应如何；同时蔬菜某一环节的价格不仅受同期其他环节因素的影响，而且这些因素过去时期的值也会对其带来一定的影响，鉴于此，以下利用有限分布滞后模型进一步对蔬菜产业链价格传导机制进行分析。

16.3.1　模型与估计结果

本研究对产业链两两价格间的传导关系采用有限分布滞后模型进行分析，其表达式如下：

$$Y_t = \alpha_0 + \beta_0 X_t + \sum_{i=1}^{q} \beta_t X_{t-1} + u_t \qquad (16-4)$$

公式（16-4）中，Y_t 为被解释变量；X_t 为解释变量；X_{t-1} 为滞后 i 期的解释变量；α_0 是常数项；β 为变量系数；u_t 为残差。采用阿尔蒙多项式法估计参数，对三种价格两两建立回归方程，并根据 Akaike info criterion，Schwarz criterion 准则，取两者最小的所对应的滞后期为最佳期，已剔除了系数不显著项，同时只保留了价格滞后的最低阶数，一共形成了 6 个方程，方程估计结果如表 16-5 所示。

表 16-5　蔬菜价格传导的有限分布滞后检验结果

变量	VAPPI	VAPPI	VPPI	VPPI	VCPI	VCPI
常数	112.009 5	169.743 2	124.352 3	17.532 8	120.038 6	58.872 2
	(0.003 7)	(4.749 6)	(4.958 3)	(1.067 5)	(2.496 3)	(1.836 1)
VAPPI(-1)	—	—	-1.788 3		-0.220 7	
			(-1.928 4*)		(-1.736 3*)	
VPPI	-0.325 9	—	—	—	—	0.840 8
	(-1.613 4)					(8.648 8***)
VPPI (-4)	—	—	—	—	—	-0.235 2
						(-4.334 6***)
VCPI	—	-0.296 6	—	0.522 2	—	—
		(-2.294 8**)		(8.792 3***)		
VCPI (-5)	—	-0.243 7	—	0.120 4	—	—
		(-1.990 0*)		(2.139 9**)		

注：①***、**、* 分别表示在 1%、5% 和 10% 水平下显著；②变量后括号中的负数代表相应的滞后期，括号内的数字为相应的 t 值。

16.3.2　蔬菜系统价格传导机制分析

从表 16-5 可以看出蔬菜系统价格之间的关系如下：

一是从农业生产资料价格指数与蔬菜生产价格指数相互关系的角度，滞后一期的农业生产资料价格变动对蔬菜生产价格产生了显著负面影响；同时蔬菜当季生产价格变动对农业生产资料价格指数产生了负面影响，而且这个系数并不显著，不过生产价格对农业生产资料价格存在反向倒逼机制与格兰杰因果关系验证结果相一致。

二是从蔬菜生产价格指数与蔬菜消费价格指数相互关系的角度来看，蔬菜生产当季价格变动对蔬菜消费价格指数产生了显著的正面影响，即蔬菜生产价格上涨带动了蔬菜消费价格上涨，而蔬菜生产滞后二期到四期的价格都对蔬菜消费价格指数产生了一定的负面影响，不过当期的系数明显大于其他滞后期系数，即说明生产价格近期波动较远期波动而言更能对销售价格波动产生影响；蔬菜消费价格指数当期以及到滞后五期都对蔬菜生产价格产生了正面影响，消费价格带动了生产价格的上涨，这个与格兰杰因果关系检验一致，当期以及滞后一期的消费价格指数系数相对较大，也说明消费价格近期变动较远期波动更能对生产价格起正面影响。

三是从农业生产资料价格指数与蔬菜消费价格指数相互关系角度来看，滞后一期农业生产资料价格指数对蔬菜消费价格产生了一定的负面影响；蔬菜消费价格指数当期以及滞后五期都对农业生产资料价格产生了负面影响。

滞后模型分析结果表示，上游农业生产资料价格指数与向中、下游蔬菜生产价格指数和蔬菜消费价格指数传导存在 1 个季度的时滞，农业生产资料价格指数变动会导致蔬菜生产价格、蔬菜消费价格指数的反向波动；中游蔬菜生产价格指数向上游、下游传递均不存在时滞，但是蔬菜生产价格变动会引起上、下游价格分别反向、正向变动；下游蔬菜消费价格指数向上、中游价格传递不存在时滞，居民消费价格变动会引起农业生产资料反向波动和蔬菜生产价格的正向波动。蔬菜价格传导机制用图 16-2 表示，数字的选择以相应系数最大为标准。

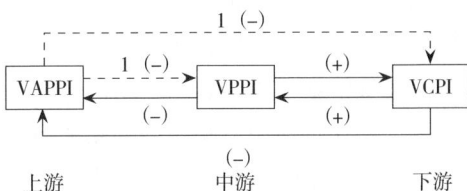

图 16-2　蔬菜产业价格系统传导机制

注：实线表示价格传导不存在时滞，虚线表示价格传导存在时滞，数字代表相应的滞后期括号内的正负号代表价格变动方向。

从图 16-3 可以看出滞后一期 VAPPI 曲线与 VPPI、VCPI 波动正好相反，

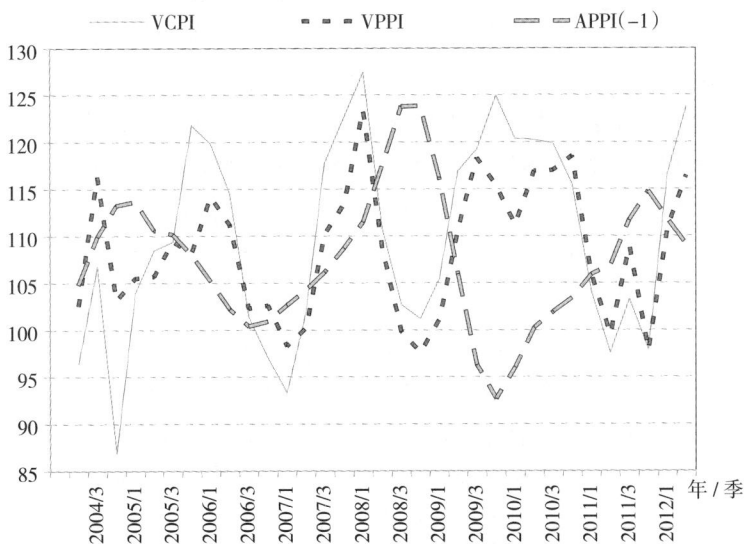

图 16-3　当期 VCPI、VPPI 和滞后一期 APPI 的季度走势

资料来源：《中国经济景气月报》。

即滞后一期的 VAPPI 与 VCPI、VPPI 反向波动，同时当期的 VCPI、VPPI 互相正向影响。

16.4　本章小结

本章在市场整合理论基础上，对蔬菜产业链的产前、产中和产后三种价格间传导关系进行了研究，主要研究结论概括如下：

第一，我国蔬菜产业链各环节价格，即农业生产资料指数、蔬菜生产价格指数和蔬菜销售价格指数之间，存在着长期的均衡关系。在长期中，蔬菜消费价格指数和农业生产资料价格指数都对蔬菜生产价格指数存在正向影响，其中蔬菜消费价格影响最强。

第二，在短期中，系统内短期出现非均衡状态时，蔬菜消费者价格指数、生产资料价格指数会同向修正，生产者价格指数会反向修正，其中蔬菜消费者价格指数修正幅度最大。但是，误差修正项的强度仅为 12.01%，这种误差修正作用很弱，仅仅依靠市场供求系统的自发调节难以实现蔬菜系统各种价格的均衡。

第三，格兰杰因果关系检验显示蔬菜产业链存在逆向价格传导机制，即需求引导下游的蔬菜消费者价格指数波动带动中游的生产者价格指数波动，进而传导到上游的生产资料价格指数，同时生产资料价格指数也会对蔬菜消费者价格指数带来一定的影响，形成一个循环。所以控制蔬菜价格可以考虑从控制农业生产资料价格入手。

第四，蔬菜产业链价格的垂直传导关系分析表明，价格之间存在垂直传导关系，并且上游生产资料价格指数向中下游价格传导都存在一季度的时滞，而中下游之间即生产者价格和消费者价格之间传导不存在时滞，较为迅速，两者波动趋势一致。一般蔬菜生产周期在100天左右，而蔬菜价格传导最长的时滞是 90天，在蔬菜生长期之内，说明蔬菜价格产业链传导比较顺畅。

提出如下政策建议：一是由于蔬菜产业链价格间是一个长期均衡的关系，蔬菜生产者在进行生产决策时，不仅仅需要考虑到蔬菜生产价格和生产资料价格，同时还要把蔬菜消费价格纳入考虑范围内，根据产业链内部变量间动态变化关系进行预测，以增强价格预测的科学性。二是合理制定调控蔬菜价格的方式，价格变动的原因不同需要采取相应不同的措施，如果盲目地控制蔬菜销售价格，可能会降低其生产价格，损害生产者利益，同时应当把生产资料价格也作为监测的重点，因为生产资料价格也会对销售价格带来一定的影响。三是当前我国蔬菜产业流通机制不健全，经常出现"批发价极低，而零售价高涨"的极端现象，这说明我国蔬菜市场整合程度虽然较高，价格传导迅速，但当价格出现波动时，价格传导会受到一定的阻力，所以政府应加大对中间环节的监管，疏通流通体系，减少不必要的成本，深化产销的对接模式。

主要参考文献

董晓霞，许世卫，李哲敏，李干琼.2011.完全竞争条件下的中国生鲜农产品市场价格传递——以西红柿为例[J].中国农村经济（2）：22-32.

董晓霞，许世卫，李哲敏，李干琼.2011.中国肉鸡养殖业的价格传导机制研究——基于FDL模型实证分析[J].农业技术经济（3）：21-30.

高扬.2011.我国蔬菜价格传导非均衡性的原因及对策研究——基于市场竞争理论视角[J].价格理论与实践（5）：30-31.

顾国达.2011.农产品价格波动的国内传导路径及其非对称性研究[J].农业技术经济（3）：12-20.

贺力萍.2008.消费者价格指数与生产者价格指数：谁带动谁[J].经济研究（11）：16-26.

胡冰川.2010.消费者价格指数、农产品价格与货币政策——基于2001—2009经验数据[J].中国农村经济（12）：37-45.

胡华平.2010.农产品垂直价格传递与纵向市场联结[J].农业经济问题（1）：10-17.

李子奈，潘文卿.2010.计量经济学[M].北京：高等教育出版社：261-305.

潘凤杰，穆月英.2011.北京市蔬菜价格变动的特征及影响因素[J].中国蔬菜（22/24）：1-7.

孙倩，穆月英.2011.我国蔬菜价格波动、原因及其影响因素分析[J].农村金融研究（8）：21-26.

孙侠，张闯.2008.我国农产品流通的成本构成与利益分配——基于大连蔬菜流通的案例研究[J].农业经济问题（2）：39-48.

田晓超，聂凤英.2010.我国生猪产销区间的空间市场整合研究[J].畜牧经济（8）：34-38.

王芳.2009.中国养猪业价格波动的传导机制分析[J].中国农村经济（7）：31-41.

王晶晶，陈永福.2010.2010年我国蔬菜市场分析与预测[J].农业展望（4）：21-25.

王秀清，Weldegebriel H T, Rayner A J.2007.纵向关联市场间的价格传递[J].经济学季刊（4）：885-898.

吴舒，穆月英.2013.我国蔬菜价格的垂直传导关系研究[J].中国蔬菜（18）：11-18.

于俊年.2006.计量经济学软件：Eviews的使用[M].北京：对外经济贸易大学出版社：172-177.

张思成.2010.长期均衡、价格倒逼与货币驱动——我国上中下游价格传导机制[J].经济研究（6）：42-52.

第17章

日本蔬菜流通体系的调研*

一直以来，日本的农产品的市场供应稳定、农产品价格较少出现大幅度波动，其中，与日本农产品市场建设中的物流、商流的良好运作有着很大关系。日本以农产品《批发市场法》等基本的法律基础，依靠其原有的以中央批发市场为主、地方批发市场，以及辅助的其他批发市场的交易场所，以农产品竞价拍卖等为主要交易方式，对于我国农产品市场流通体系的完善有着重要的借鉴意义。本章基于笔者于2010年8月对日本东京大田批发市场和茨城县农户的走访调研，对日本的蔬菜流通体系进行分析。

17.1 日本的蔬菜批发市场及其运营

目前，日本农产品的流通市场主要可以分为中央批发市场、地方批发市场以及其他批发市场。中央批发市场是在人口达到20万人以上的城市，经过农林水产大臣批准之后设立的大型批发市场，全日本有90个这样的大型农产品批发市场，在农产品的流通和消费环节中起着重要的作用；地方批发市场则是达到政府要求的柜台面积规模以上，所在城市的人口数量在20万人以下的城市，经都道府县知事批准之后设立的批发市场，这样的批发市场在日本大约有1 000个；其他批发市场则是达不到一定的规模标准的，并不在《批发市场法》管制范围之内的批发市场。

日本蔬菜批发市场的运营是按照《批发市场法》来进行的。在《批发市场法》中，对批发市场内各经营业主有着具体规定。2004年以前的规定是，批发业者一般只能以接受委托销售的方式开展业务。在《批发市场法》中规定，除去个别例外情况，不允许批发业者从生产者那里进行订购。也就是说，一般是以接受委托的形式。批发业者的盈利是通过收取手续费获得的，因此，对批发业者有"手续费商人"的别称。手续费约占批发业者总收入的80％左右。手续费占卖出商品价格的比率随地方不同而有差异，2004年以前全国平均水

---

* 本章基于"穆月英.2013.日本蔬菜流通体系的启示——基于对批发市场与农户的调研.中国蔬菜（1）"整理而成。

平为 7.5％～8％。由于产品出售价格越高，批发业者所得利益越大，从这个意义上讲，在批发市场内的商品交易中，批发业者与生产者在产品价格上有着一致的目标，即追求以较高价格将蔬菜出售。过去，批发业者收取手续费一直是按固定比率进行的，但从 2004 年 9 月开始实施的新修订了的《批发市场法》中，将收取手续费的比率改为自由化，即批发业者有了决定手续费比率的自由权。此外，对过去规定的批发业者原则上不可以直接收购商品方面也作了修订，生产者和批发业者的选择范围扩大了。这样进一步促进农产品的市场流通，提高流通效率。

在批发市场内，传统的交易方式是通过拍卖定价。从 1999 年开始，引入了商议定价交易方式。要实现拍卖，必须具备的一个条件是许多的买方在一定的时间内聚集在一起。在拍卖形式上，有固定拍卖和移动拍卖（穆月英，笠原浩三，2006）。所谓固定拍卖，就是在拍卖开始前，购买者先去货物所在场所去看货，然后买卖双方集中在一个地方对所有货物进行交易。这样买卖过程中买卖两方所处的位置是固定的，一旦买卖成交，发生移动的是物品，这种拍卖方式实行的是样品交易，可以实现大批量批发交易。此种拍卖方式一般是在中央批发市场被采用，其优点是可以使批发时场内的场所得到立体性利用，在短时间内实现大量交易；其缺陷是小商人较难参加，还易导致使货物从中央批发市场转送到地方批发市场。移动拍卖方式是，货物所在场所是固定的，买卖双方需要移动到相应的货物所在的场所，在货物的周围，一边看货一边进行交易。这种拍卖方式实行的是所有实际物品的交易（而不是样品交易，这一点也不同于固定拍卖），此种拍卖方式一般是在地方批发市场被采用，其优点是小型商人也较易参加；其缺陷是对场所只能平面利用，另外，实行交易所花时间较长。在批发市场中，还有一种交易方式是投标。其优点是不需要让许多买方在一定时间集中到一定场所，也就是说具有较大灵活性，并可以同时对应多数投标。

17.2　日本的蔬菜的流通渠道和流通网络

2010 年 8 月笔者赴日本东京大田批发市场进行了调研。东京都共有 9 个中央批发市场，中央批发市场的建立、运营以及设施的管理、业务许可，大部分由东京都政府来进行。大田市场是东京都的中央批发市场，市场上交易的有蔬菜水果、水产品和花卉。2009 年，平均每天交易的蔬菜数量为 2 397 吨、水果为 881 吨。大田市场是全日本最大的批发市场，交易数量占到东京都全部中央批发市场合计交易量的 42.3％，交易金额的比重为 45.2％。用图 17-1 表示日本蔬菜流通渠道及流通网络。

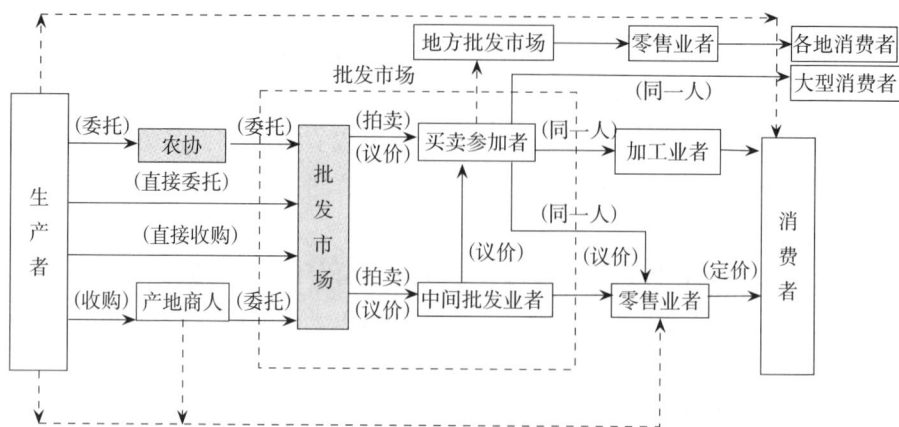

图 17-1　东京都中央批发市场蔬菜流通系统
资料来源：根据笔者的实地调研整理。
注："同一人"表示如"买卖参加者"与"零售业者"等有时是同一人。

　　首先，生产者的产品通过四个途径进入批发市场：一是由上市业者（主要是农业协同组合）以委托的形式从生产者那里购买蔬菜，然后再以委托销售的形式进入批发市场；二是由产地商人从生产者手里收购，然后由产地商人通过委托销售的形式进入批发市场；三是由生产者直接委托批发业者；四是批发业者从生产者手中直接收购。目前仍然以第一种途径为主，也就是说农产品进入批发市场的主要途径是通过农协等上市业者。从中也体现了农协在日本农产品流通中所发挥的作用。近年来，随着主产地种植规模的扩大、大型零售店的增加，批发业者直接收购的流通比重在提高。

　　其次，在蔬菜批发市场内，蔬菜通过批发业者之后，又有两个去向：一是批发业者通过拍卖或议价形式向中间批发业者出售。二是批发业者通过拍卖或议价形式向买卖参加者出售（日本农业市场学会，1999）。同时，中间批发业者还以商议价格的形式向买卖参加者出售产品。买卖参加者是大型需求者和加工业者等，大型需求者具体地包括饭店、学校饮食供给中心、宾馆、医院、超市等。买卖参加者还向地方批发市场转送蔬菜。

　　此外，中间批发业者是通过议价形式向零售业者和买卖参加者出售。零售业者从批发业者及中间批发业者中购买的蔬菜是以定价的形式直接向消费者出售。

　　最后，零售业者从中间批发业购买的蔬菜以定价的交易方式向消费者出售。

在蔬菜的流通中，中央批发市场的功能及效果主要体现为：一是商品的聚集功能。从国内外大量地多种多样地将蔬菜集中起来。二是价格形成功能。根据市场供求状况、在批发市场这一公开场所、以公平交易的方式决定市场价格。三是进行公平交易（小林康平等，1995）。四是结算货款功能。在当初设立批发市场时，结算货款是第一目的。五是提供信息功能。《批发市场法》规定，批发市场内，价格要公开（在报纸上及通过农林水产省公开）、进货量要公开（在市场内的揭示版上公开），为了达到公平性市场竞争，对市场内有若干非常细致的市场交易规则。六是卫生管理功能。通过不断地检查，对商品的安全性、设备等的卫生性进行管理。七是节约运输等费用。

17.3 东京中央批发市场的蔬菜产地来源

图 17-2 表示的是以 2009 年的数据做成的东京大田批发市场的蔬菜产地来源结构。从图中可以看出，若按照蔬菜重量看产地来源结构，比重最大的是千

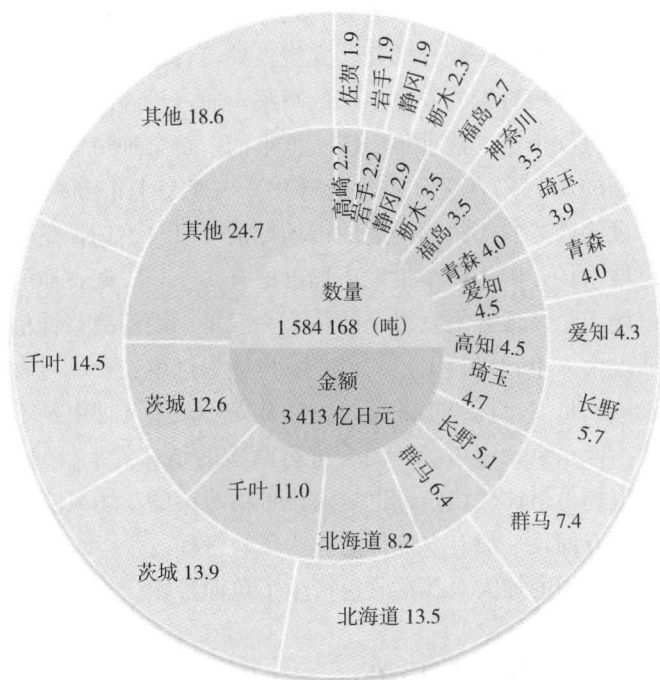

图 17-2 东京中央批发市场的蔬菜产地来源

资料来源：東京青果株式会社《東京都中央卸壳市場大田市場ガイド》2010.

注：最外边一圈表示的是按蔬菜重量计算的产地比重，相邻的内侧一圈表示的是按蔬菜金额计算的产地比重，单位：%。

叶县，第二是茨城县，第三是北海道。若按照蔬菜销售额的产地来源结构看，比重最大的是茨城县，第二是千叶县，第三是北海道。通过调研了解到，过去千叶县曾经是东京最大的蔬菜产地来源，近年来，茨城县正在超过千叶县，成为第一大产地。茨城县和千叶县是紧邻东京的两个县，蔬菜生产的条件较好，运输上也具有地理优势。北海道虽然距离东京较远·但是北海道有着发展农业生产的优良条件，在东京市场上，来自北海道的是一些优势品种，比如土豆和洋葱。

此外，就所调研的大田批发市场而言，来自茨城县的蔬菜占到 30％，第二大产地来源也是千叶县，第三大来源是北海道。大田市场的蔬菜，80％在东京周边销售，20％销往其他地区。大田市场上的蔬菜是 85％对应于超市销售，2009 年大田批发市场的蔬菜以委托型交易为主，生产者委托批发市场业者进行交易。

为了更好地把握东京主要蔬菜产地的情况，笔者对茨城县神栖市的蔬菜种植农户进行了走访调研。调查中了解到，蔬菜主要产地在蔬菜品种上体现为专业化种植和生产，所调研的地区，进行的是专业化种植青椒。调查地的青椒种植全部是在温室进行的，一年种两茬。大规模种植青椒的农户，往往加入设施园艺农协。大规模种植青椒的农户生产的蔬菜，通过设施园艺农协统一集中上市到东京都中央批发市场，这种集中统一上市的，蔬菜种植户可以得到上市奖励金（占销售额的 1.7％），资金来源是财政。一般是上市到东京的大田市场或筑地市场，设施园艺农协根据当地的市场行情可以自由选择是给销往大田市场还是销往筑地市场，因为两个批发市场价格有些差异。调查地的那个城市也有地方批发市场，销往地方批发市场的蔬菜一般是小规模蔬菜种植者生产的蔬菜，并且是通过个人单独进行上市。调查农户认为订单农业，对农业生产者来说不如通过农协到批发市场销售蔬菜，更让其安心，主要理由是不会有收不回售货款的风险。像东京大田市场一周会进行两次的结算货款。通过调查得知，多年来青椒的市场价格比较稳定，这样农民种植蔬菜的市场风险不大。在自然灾害等自然风险方面，一般有农业保险作为风险管理的手段。但是蔬菜生产者也因为蔬菜投入费用的加大对蔬菜收益产生了负面影响。

17.4　日本蔬菜流通的新趋势

近年来日本蔬菜流通出现了许多新的变化，主要表现在如下几个方面：

第一，蔬菜的市场外流通在增加。蔬菜的市场外流通也就是不经由批发市场进行流通。从 1985—1999 年，各种蔬菜的流通中经由批发市场的流通量占流通总量的比重，从 87.4% 减少到 80.3%（日本农林水产省，2001）。2010 年走访调查了解到，65% 的蔬菜经由批发市场，35% 的蔬菜不经由批发市场。可见，日本蔬菜的市场外流通在增加。

市场外流通增加的主要原因表现为：一是进口蔬菜的增加。国内生产的蔬菜 90% 经由批发市场。由于国内生产力下降，进口蔬菜在不断增加。进口蔬菜大部分不经由批发市场。二是蔬菜流通渠道的多样化，比如地产地销、直销、网络交易等流通渠道的出现和增加，也是市场外流通增加的原因。在蔬菜需求方面所出现的大型销售店及大型消费者的增加，还有消费者需求的多样化。三是情报信息系统及保鲜技术的发展，因高速运输网络的形成所带来的流通范围的扩大，种种因素使得日本蔬菜流通发生着新变化。此次的调研中了解到，订单形式的交易存在一定风险，最多不能超过 30%。若超过 30%，有风险。

第二，蔬菜的商议定价在增加。过去批发市场上价格的定价和交易主要是通过拍卖进行的。1999 年开始引入商议定价和交易形式。最初，全国平均看，拍卖方式占 80% 左右，商议定价占 20% 左右，到 2004 年，拍卖方式已经降到 50%；2010 年的走访调研了解到，80% 是商议定价（20% 是订单）、20% 为拍卖交易。这样保证了蔬菜价格的安定。通过调研了解到，虽然拍卖交易的份额在减少，但不会被取消，因为拍卖较能反映供需对价格的影响。以拍卖价格为参照，进行商议定价交易。东京大田市场的价格影响全日本。在拍卖之前，会举行期货交易。商议定价交易的增加，除了法律的影响之外，还有两个因素的影响：一是商品可以很好地规格化，在尺寸上分 L、M、S；在品质上有优、良、中等规格。二是超市在蔬菜流通中的地位提高，促进交易方式的自由化。

17.5 本章小结

促进我国蔬菜产业发展，需要进一步完善蔬菜流通体系（穆月英等，2010）。考察日本蔬菜流通体系可以得到以下启示：

（1）农产品批发市场由公立经营，避免为了谋取私人利益流通环节利益过大，造成农产品的终端价格过高，也保证了农产品生产者的利益。

（2）农业生产者与批发商的委托关系，使得批发商与农业生产者在农产品价格取向上的一致性。

（3）农业生产者通过农业协同组合与批发市场之间进行交涉交流，避免了一家一户农户在价格等信息获取上的限制而造成的利益损失。

（4）农业生产者通过委托运输公司将农产品运送到批发市场。一家一户购买具有空调设备的运输车在成本上不合算，并且也需要有时间上的花费，所以日本农户一般委托运输业者将农产品运送出去。

（5）蔬菜生产的专业化水平较高。所调查的几个村一般都是某一种蔬菜的专业种植，比如青椒种植农户，已经种植青椒 20 多年，并且所在的村是青椒生产的专业村，这样便于种植技术的掌握，便于设施设备的配置，便于蔬菜的销售。具有一定规模的蔬菜种植户，可以将蔬菜销往大型批发市场，销售价格也高些，销路也稳定。

（6）中央政府在全国培育蔬菜主产地，为的是保障蔬菜的供应。日本农林水产省分品种、甚至分季节，比如夏黄瓜、秋黄瓜等进行主产地的培育和支持。

主要参考文献

穆月英 . 2013. 日本蔬菜流通体系的启示——基于对批发市场与农户的调研［J］. 中国蔬菜（1）：9-12.

穆月英，笠原浩三 . 2006. 日本的蔬菜水果流通及其赢利率的调查研究［J］. 世界农业（2）：31-34.

穆月英，赵霞，段碧华，马骥，乔娟 . 2010. 北京市蔬菜产业的地位及面临的问题分析［J］. 中国蔬菜（21）：7-12.

日本农林水产省 . 2001. 农业白书［M］. 东京：农林统计协会 .

日本农业市场学会 . 1999. 现代批发市场论［M］. 东京：筑波书房 .

小林康平，甲斐谕，诸冈庆升，福井清一，浅见淳之，菅沼圭辅 . 1995. 变化中的农产品流通系统：批发市场的国际比较［M］. 东京：农山渔村文化协会 .

第 18 章

借鉴日本经验完善我国蔬菜市场信息服务体系

一直以来，日本蔬菜市场供应稳定，蔬菜价格较少出现大幅度波动。其中，除了日本蔬菜市场建设中的物流、商流的良好运作外，日本对于蔬菜市场信息服务体系的建设所促进产生的通畅信息流也是其蔬菜市场实现高效流通的关键。日本在蔬菜市场信息服务体系的建设中，以《批发市场法》等基本的法律基础，依靠其原有的以中央批发市场为主、地方批发市场其次以及辅助的其他批发市场的交易场所，以农协为市场中介进行蔬菜竞价拍卖等交易方式，并对蔬菜在市场上的交易量、交易金额以及交易价格等信息进行及时、月度、年度的发布，以应对日本的"小生产，大流通"过程中的问题，而这对于我国在开展蔬菜市场的信息服务体系的建设提供了宝贵的启示，并对我国蔬菜市场流通体制改革有着重要的借鉴意义。

日本蔬菜的信息服务的主要信息内容不但包括一般意义的批发与零售市场的交易量、交易额与交易价格，还包括蔬菜生产的生产资料信息与生产技术以及蔬菜质量安全的可追溯信息等。对于日本蔬菜市场的信息服务体系的研究需要从其信息的来源和渠道、信息的发布与传递形式、信息如何为政府以及蔬菜的生产者服务三个方面着手。

18.1　日本蔬菜市场体系与信息来源

日本的蔬菜流通运行的模式决定了日本蔬菜市场的信息流的模式，所以研究日本蔬菜市场的运行模式是研究其蔬菜市场信息服务体系的基础。2010 年 8 月笔者赴日本进行蔬菜流通和市场调研中了解到，日本 65％的蔬菜水果是经由批发市场进行流通。在经由批发市场的流通中，农业协同组织、批发市场的各主体、零售市场的各主体，对日本的蔬菜销售发挥着重要作用。蔬菜生产者将蔬菜委托给农协或产地商人，蔬菜进入批发市场，通过拍卖方式交易给批发市场买家，批发市场的买家直接定价销售给最终消费者或中间批发商、零售商及最终消费者。信息主要来源于技术交流与市场交易的过程中。

此外，正如第 17 章分析的那样，近年来日本蔬菜流通发生着新的变化，市场外流通在增加，也就是不经由批发市场进行流通的部分在增加。主要与大型超市的发展、居民消费需求的变化、各地方致力于发展本地蔬菜产业等因素有关。近年来提倡的农产品"地产地消"，既为了满足居民对蔬菜的质量安全性需求，也为了促进各地蔬菜产业发展。

市场外流通中的一种形式是农产品直销市场，图 18-1 反映的是日本一个蔬菜直销市场上反映本地产蔬菜的上市季节的有关信息。具体地，分品种在一年中不同月份的上市情况，这种市场信息主要是面向消费者发布的。

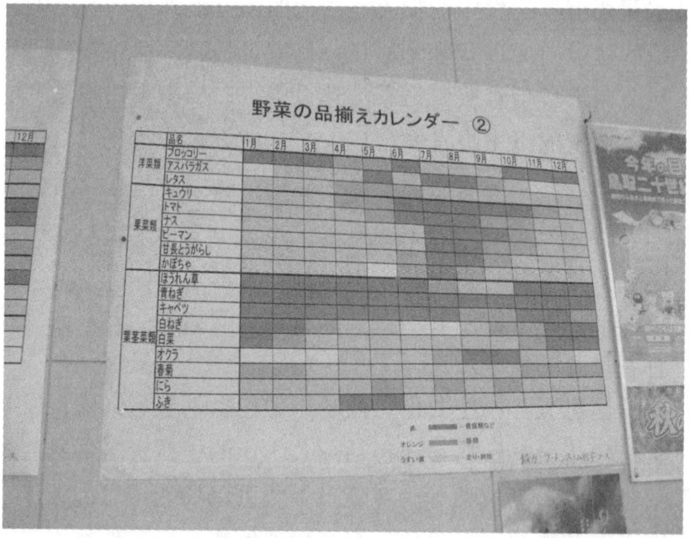

图 18-1　日本直销市场上提供给消费者的上市信息

像地产地消、直销市场这样的蔬菜流通形式，在市场信息的传递方面更为直接，也相应地促使交易成本大大缩小。

18.2　日本蔬菜市场信息发布形式

日本蔬菜市场的信息流是在上述的运行模式的基础上，从各环节主体之间的交流过程中产生，并依托各主体进行对外的信息发布。从具体的信息发布形式来看，则根据发布信息的机构以及所发布数据的载体不同有不同的分类。

18.2.1　按照信息发布机构分类

按蔬菜信息发布的机构，日本蔬菜市场信息的发布主体可分为五大类：一是农林水产省、财务省等官方机构；二是东京都中央批发市场、大阪府中央批发市场等；三是农林水产省（社团法人）食品供需研究中心、独立行政法人日本贸易振兴机构（JETRO）等事业单位；四是株式会社流通系统研究中心等企业研究部门；五是大学等学术研究机构，比如九州大学伊东正一教授研究室世界食品数据网站（http：//worldfood. apionet. or. jp/graph/index. html）等。

18.2.2　按照信息数据的载体分类

按信息数据载体可分为纸质版的研究报告，批发市场的数据年报、月报、日报等，一些报纸（像《日本农业新闻》报纸）登载每一天农产品价格信息；电子版的数据有数据年报、月报、日报，以及网上免费与收费下载的日度、月度与年度数据。

18.2.3　蔬菜市场信息系统结构

日本政府也对信息服务体系的建设有制度上的保障与促进措施。全国由农林水产省信息系统、农协信息系统、农林统计协会信息系统和经济新闻信息系统等四大信息系统形成一个自上而下、纵横交错、相互配套的蔬菜产销信息网络，为蔬菜产销的宏观和微观经济决策提供了重要依据。比如，日本从中央到地方普遍实行一体化的蔬菜管理体制，其管理机构全部设在农业系统。中央在农林水产省食品流通局设有蔬菜振兴科和蔬菜计划科。前者负责蔬菜生产、流通的宏观调控和科研与推广的协调等工作，后者负责蔬菜统计年报、计划安排、安定基金发放工作等。各县则要根据蔬菜种植面积大小，在农林水产部或农政部内设置蔬菜科或蔬菜系，负责管理本地区的蔬菜产销工作。政府对蔬菜产销的宏观管理主要是通过调查研究，信息交流，制定法律、法规和生产、流通计划等来指导蔬菜的生产与流通。宏观管理手段主要有法律、法规，产销计划及配套的安定基金和对产销硬件设施的投资等。

日本农林水产省官方网站（http：//www. maff. go. jp/index. html）作为日本全国主要的发布蔬菜市场信息的官方网站，设有统计数据信息发布网页，发布包括年报与月报以及调研的目的、时间、方法以及系统调查制度安排等的具体事项。其中月度数据包括蔬菜市场的基本情况，农业与财政价格指数，蔬菜的生产、流通、消费价格，农业生产资料的生产价格，蔬菜的进出口情况；年度数据则在月度数据的基础上增加了更多细化的宏观趋势等统计分析信息。

大阪农业信息网（http：//www. pref. osaka. jp/life/list3. php？ctg03 _ id＝8）

作为地方性的农业信息发布网站，主要提供了大阪中央批发市场的详细统计信息。包括中央批发市场的组建历史与基本概况、运行的制度与规定、实际交易的规则与农产品流通过程、当地市场运营商信息、市场年度财务状况、市场日度、月度与年度的报告。其中，日度信息包括各种主要的农产品的销售量、最高价与平均价，以及主要产地，并注释出与上一交易日价格波动较大的农产品以及市场行情状态；月度信息包括月度的主要品目的交易概况，分大类农产品的交易量与金额、平均价格以及与上月和与上年同期的比较，各批发商的交易量与交易额、平均价格以及与上月和与上年同期的比较，排行前15位的农产品交易量与交易额结构以及与上年同期的比较，排行前15位的农产品产地的交易量与交易额结构以及与上年同期的比较，所有品目农产品的交易量、交易额和平均价格以及各自与上月和上年同月的比较，所有产地农产品的交易量、交易额和平均价格以及各自与上月和上年同月的比较，分产地与小类划分的农产品交易量、交易额和平均价格；年度信息又在月度信息的基础上汇总，并增加了对于交易量、交易额以及平均价的走势变动分析图。

18.3　日本蔬菜市场信息服务方式

从生产到最终的消费环节的方向看，生产者将收获的农产品的质量与数量进行初步的采收加工后告知并委托给农协，按照蔬菜的品质、包装与新鲜程度对其生产者价格进行最低批发价的制定；而农协蔬菜的样品（固定拍卖可使"商物分离"）或者实物（移动拍卖等其他交易方式）信息提供并委托进入批发市场，与批发市场的诸多买家进行竞价拍卖；批发买家再将农产品按照不同的品质、包装与新鲜程度与相应价格信息提供给零售商，或直接一起定价提供给最终消费者。从逆方向上看，消费者将其对农产品的偏好传递给零售商，零售商再将这种抽象的偏好信息转化为在与批发市场买家议价时的合理购买价格范围，而批发市场的买家会将参照价格范围水平确定下一次的竞拍价格与竞拍量，而综合所有买卖成交情况的批发市场再将成交信息发布出来以供农协等批发市场卖家对于不同批发市场进行选择，而农协会将市场信息传递给农产品生产者，通过技术指导帮助农民更好地适应市场的需要。

如前所述，日本蔬菜市场进行信息服务的主要是相关网站。其对于蔬菜市场信息的传递不仅仅在交易本身产生的交易量、交易额以及平均价格，而且发布的信息更为全面，将蔬菜市场的法规制定信息、蔬菜生产成本费用信息、农业基金融资信息、批发市场财务状况信息、蔬菜质量安全标准信息等都进行发布，并将正在提倡的农产品"六次产业化"（农产品生产＋加工＋流通服务）的各个环节的流通价格进行了汇总比较分析后的信息进行适当发布，且允许进行所需信息披露的申请、对于未来绿色农业化的建议。比如农林水产省官方网站，下设有部长秘书处、统计部、国际部、检查部、消费安全局、食品工业局、生产局、经营局、农村振兴局，农林水产技术大会、林业厅、水产厅等机构。网页设有农林水产省的基本情况介绍；组织与政策，包括农林水产省的组织结构以及各自负责的部分；新闻媒体对于时事公众关注问题的报道（政府公共关系）；统计数据信息（包括年报与月报、调研的目的、调查时间、研究方法以及系统调查制度安排等的具体事项）；意见及查询，包括公众的意见、地方政府的政策建议、举报监督处、信息发布、采购与招标网（公共采购信息、电子招投标中心＜外部链接＞）等几个部分。大阪农业信息作为大阪官方网站的一个主要的组成部分，信息服务更加具体并富有针对性，尤其体现在中央批发市场的数据，分品种分产区分市场批发商的进行月度信息发布，对于每日的数据也有主要农产品的销售量、最高价与平均价及主要产地，并注释出与上一交易日价格波动较大的农产品以及市场行情状态等信息的网站及时发布。

而从实现蔬菜市场交易信息化的基础设施保障上看，日本依靠发达的计算机与信息技术，能够更好地确保信息服务的实现。以加工食品为中心的 POS 系统，在日本已经以方便连锁店和大型零售店为中心迅速普及开来。利用 POS 系统的零售店，能迅速掌握每种商店的畅销、滞销情况，每种商品的需求对象和需求时间段，从而大大提高了进货、库存周转的效率。目前，日本的大规模零售店都已引进了 EOS 系统（自动订货系统），与交易对方联机，并有 VAN（附加值通讯网）将食品工业和批发业连接起来，从而大大提高了流通效率。同时，日本的批发市场也已装备了完善的信息系统，实现了全国乃至世界主要批发市场的联网。批发市场已能发挥集中市场信息的功能，不必实行现场看货、实物交易，实物则由产地直接向超级市场等集配中心运送，做到商物分离。在农产品的零售服务上日本多采用电子网络销售方式。消费者只需发送电子邮件，运输公司就能保证质量地及时送货上门。另外，日本发达的全国交通运输网以及先进的冷链运输系统，能够在保证农产品新鲜的前提下，有效快速进行信息网络服务。为日本农产品实现货畅其流创造了良好的条件。

18.4　本章小结

日本的蔬菜市场信息服务体系基本稳定，体系中无论是信息建设所需的软件，即政府政策及制度保障等方面较为稳定，还是硬件上的信息化设施、流通运输冷链设备的完善，都是稳定提升服务质量的有力保障。并且，在长期有效的市场信息服务体系的运作下，日本蔬菜生产的专业化程度与生产技术水平不断提高，都将带来专业生产的规模化效应，这些对于我国都有着重要的借鉴意义。我国幅员辽阔，各地蔬菜生产条件和环境的差异较大，需要加快推进"一村一品"的专业化生产，做好不同区域之间的生产规划和技术指导，进而建立良好的蔬菜市场流通秩序与高效的运行制度。目前，我国需要尽快加大投资，实现全冷链的蔬菜运输体系、有效的市场电子化交易结算、及时完全的市场信息的统计与发布工作。这样，我国才能从根本上向农产品市场的参与者提供系统性的信息服务，并进一步提升蔬菜市场的效率。

主要参考文献

穆月英，笠原浩三 . 2006. 日本的蔬菜水果流通及其赢利率的调查研究［J］. 世界农业
    （2）：31-34.
穆月英，赵霞，段碧华，马骥，乔娟 . 2010. 北京市蔬菜产业的地位及面临的问题分析
    ［J］. 中国蔬菜（21）：7-12.
穆月英 . 2013. 日本蔬菜流通体系的启示——基于对批发市场与农户的调研［J］. 中国蔬
    菜，（1）：9-12.

第19章

结 论 与 展 望

19.1 主要研究结论

本书分四大部分，共 19 章，对北京市蔬菜产业，蔬菜生产、流通和消费，以及全国乃至国外蔬菜产业相关问题进行分析。按照各章的顺序，将主要研究结论概述如下：

第 1 章对北京市蔬菜产业的地位和面临的问题进行分析。通过对北京市果类蔬菜产业的地位分析结果表明，果类蔬菜在北京农业、农民收入、市场供应、居民消费等方面均具有重要作用。对北京市果类蔬菜产业发展面临的问题的研究结果表明，蔬菜产业的发展，有待提升产业的市场竞争力、发挥农业合作组织的作用、完善蔬菜流通体系、提高蔬菜的产业化经营水平。根据果类蔬菜产业的地位以及发展中所面临的问题，有必要探寻北京市果类蔬菜产业的发展战略和发展对策。

第 2 章对北京市自产蔬菜供给与需求及市场上的供应力进行了分析。通过调研蔬菜和北京市各大农产品批发市场的数据进行测算得出的主要研究结论是，从年度数据来看，近年来北京市蔬菜的供应自给率和应急供应力偏低；从分季节的数据来看，北京市夏秋两季的蔬菜供应自给率普遍要好于春冬两季，表现出蔬菜供给的季节性特征；从分品种看，黄瓜、茄子和番茄这三种果类蔬菜，各自的供应自给率较北京市蔬菜总体的供应自给率偏低，尽管 2009—2010 年供应自给率水平有所提高，但仍然处于低水平。

第 3 章关于北京市蔬菜产业发展的 SWOT 分析。运用 SWOT 分析法，从与北京市内部其他产业对比的角度，以及北京市蔬菜产业与外地蔬菜产业对比的角度，分析北京市蔬菜产业发展的内部条件因素，即优势因素（S）和劣势因素（W），外部环境因素，即机会因素（O）和威胁因素（T），在此基础上得出蔬菜产业发展的两种战略（SO 主动进攻式战略和 ST 防御式战略）、两种对策（WO 渐进式对策和 WT 防守式对策）。

第 4 章对北京市蔬菜生产的优势区域布局进行分析。制约蔬菜生产的因素很多,如自然条件、种植习惯、生产基础条件、市场流通条件等。以区县为单位,分析了北京市 13 个区县蔬菜生产的地区比较优势,进行了地区划分,并据此确定了 6 大类蔬菜生产具有比较优势的区县。主要研究结论概括如下:①根据蔬菜播种面积和产量可以判断出北京市蔬菜生产具有地域性。②根据灰色系统评估法的计算结果,蔬菜总体和 6 大类蔬菜的生产的比较优势,将北京市 13 个区县划分为 3 种类型地区,即高类地区、中类地区和低类地区。从蔬菜总体上看,大兴区、通州区和顺义区属于高类地区,房山区、密云县和平谷区属于中类地区,怀柔等 7 个区县属于低类地区。③根据灰色系统评估法的计算结果,明确了区县具有比较优势的蔬菜类型,即 6 大类蔬菜作物处于第一位优势的区县分别是:顺义区→果菜类,通州区→叶菜类,葱蒜类→大兴区,平谷区→根茎菜类、菜用豆类和食用菌类。

第 5 章对北京市农户蔬菜种植的影响因素进行分析。通过对北京郊区农户果类蔬菜生产的调研,并对 196 户有效样本进行了描述性统计分析,可以看出北京市果类蔬菜农户生产经营有以下特点。第一,北京市农村果类蔬菜以家庭经营为主,68％的农户蔬菜种植规模在 5 亩以下。第二,果类蔬菜生产设施以温室和大棚为主、以露地为辅。第三,农户对影响蔬菜产量和质量的种植技术的需求较高,且获得技术的途径较多,对认知程度也较高。第四,农户从事蔬菜生产的稳定性较高,影响种植决策的主要因素为经济收益。第五,政府对蔬菜生产中支出较大的项目的补贴力度较强。第六,蔬菜的病虫害防治措施从以往单纯的喷洒农药到现在考虑环境和食品安全的病虫害综合防治措施,防治模式发生了转变。第七,蔬菜销售方式较单一且没有形成规范的流通渠道。

第 6 章对北京市蔬菜生产效率进行分析。首先对比分析北京市和全国平均的蔬菜主栽品种投入产出情况,在此基础上运用 DEA 的方法对 2010 年北京市和全国其他地区设施和露地蔬菜生产的技术效率和环境效率进行了测算,并基于地区间比较的视角,分析北京市蔬菜生产效率情况。主要结论如下:第一,从投入产出现状看,北京市设施蔬菜生产与全国平均水平相比存在比较优势;而露地蔬菜生产无明显优势,仅大白菜一个品种领先于全国平均水平,另两个主栽品种则较全国差距显著。第二,DEA 模型测算结果表明,北京市设施蔬菜生产的技术效率和环境效率与全国其他地区相比都具有一定的比较优势,而露地蔬菜生产在这两方面皆不具有比较优势。第三,从各投入产出要素优化路径的投影分析角度观察,北京市露地蔬菜生产在要素投入上存在较多冗余情况。第四,在规模报酬方面,北京市设施蔬菜生产处于规模报酬递增的阶段,而露地蔬菜生产则处于规模报酬递减阶段。

第 7 章基于两个视角对北京市果类蔬菜高产高效示范户的作用进行分析。一个是基于农民田间学校的示范户作用分析；另一个是基于农户调研的示范户作用分析。基于农民田间学校的视角对示范户作用的分析表明，示范户是果类蔬菜技术试验的载体，示范户是蔬菜技术观摩和培训的样本，以示范户为介是技术示范和推广的新模式，示范户培育是农村人才的培养方式，通过示范户提高农业现代化水平和农民收入水平。本研究 2012 年对北京市蔬菜种植户调研的有效样本中，示范户 81 户、非示范户 115 户，通过调研数据的分析可以看出，示范户在农技推广中发挥了示范作用，示范户是农业新技术试验的载体（一方面可以通过示范户做出示范技术推广至全村的可能性判断，另一方面可以展示推广示范技术采取措施的有效性），示范户促进提高蔬菜生产的专业化水平。此外，示范户促进探索土地流转，提高蔬菜种植规模效益和集约化水平。

第 8 章对北京市蔬菜政策性保险进行研究。以 Von Neumann—Morgenstern 效用理论为基础，通过对实际调研数据进行 Logit 模型的实证分析。主要研究结论是，影响温室、大棚保险购买意愿的主要因素有是否有外出务工人员、设施蔬菜生产的年限、农业风险对农户生产生活的影响、农户对温室和大棚保险的了解程度以及风险规避手段的数量。其中，前两个因素对购买意愿的影响是反向的，后三个因素则起正向作用。在调研中发现，未购买政策性蔬菜保险农户所反映的主要原因是：未设置想选的险种、赔付比例低、理赔麻烦索赔难、对保险公司不信任等。

第 9 章对北京市与周边省份蔬菜生产进行比较分析。基于 2012 年实施的对北京蔬菜供应圈的北京、天津、山东、河北和辽宁的县（区、市）访谈调研数据、农户的问卷调研数据，对以下几个问题进行了分析：首先，对五省份蔬菜生产的基本情况比较分析；其次，对蔬菜种植户的基本特征分析；第三，对四种果类蔬菜进行分品种分地区的成本收益比较分析；第四，对蔬菜流通方式及农民专业合作社进行比较分析；第五，基于五省份比较的北京市蔬菜产业发展的 SWOT 分析。通过与其他四省份的比较分析，明确了北京市蔬菜种植户的基本特征，北京市果类蔬菜成本收益、蔬菜流通方式与其他省份相比较的特点。此外，基于 SWOT 分析法对北京市蔬菜产业发展的内部因素和外部条件进行了分析，提出了北京市蔬菜产业发展的对策建议。

第 10 章对北京市自产蔬菜流通体系进行研究。主要依据对农户、合作社、蔬菜生产园区、各级批发市场、零售市场等的实地调研和问卷调研数据，分析北京市自产蔬菜的流通模式和流通渠道。主要的研究内容包括：首先，将北京市自产蔬菜分为分散型蔬菜生产的流通模式和规模型蔬菜生产的流通模式。在对分散型流通模式的分析中，侧重于对各级农产品批发市场、中间商收购、农民专业合作社等进行分析。规模型蔬菜流通模式是近些年来蔬菜产业不断发展演变出的新型模式。其次，对分散型流通模式和规模性流通模式的不同类型流通渠道进行了比较分析。第三，对典型蔬菜不同流通环节的利益分配和价格进行了比较分析。第四，分析了蔬菜流通存在的问题和对策建议。

第 11 章对蔬菜价格变动的特征、原因及影响因素进行分析。在对近年来北京市蔬菜价格变动的特征和变动原因进行研究的基础上，对北京市蔬菜价格变动的影响因素进行了理论和实证分析。主要研究结论归纳如下：一是北京市蔬菜价格变动的特征。从长期趋势看，蔬菜价格呈现上涨趋势；年度内蔬菜价格有季节性波动，因此一定幅度范围的蔬菜价格波动属于正常波动。但是，历年蔬菜价格变动中，在一些时期，出现的蔬菜价格的突发性上涨或者下跌，是蔬菜价格的超常波动。二是北京市蔬菜价格发生超常波动的主要原因在于蔬菜生产以及流通环节的特殊性。在生产环节，主要是由于我国蔬菜生产较分散，而且蔬菜生产的规模小、专业化水平低，再加上我国地区之间蔬菜种植的差异性较大，容易造成北京市蔬菜供应的不稳定；在流通环节，主要是因为流通环节较复杂、流通渠道不规范，而且批发市场功能建设不完善，中间商收购为主的形式损害了菜农的利益，影响了蔬菜生产的稳定性。三是北京市蔬菜价格的影响因素。从理论上分析了影响蔬菜价格的因素，主要有供给因素、需求因素和其他因素。供给方面的因素主要有生产资料价格、上期蔬菜价格、自然灾害、蔬菜供给量、技术进步等，需求方面的因素有居民人均可支配收入、人口数量、替代品价格、消费者偏好等。此外，还受到政府政策、流通体系和投机行为等其他因素的影响。四是北京市蔬菜价格变动影响因素的实证检验。通过实证分析，验证了蔬菜价格受到蔬菜上市量、农用生产资料价格、季节因素、自然灾害等因素的影响，并且这些因素有的对蔬菜价格的影响有滞后期，比如当期蔬菜上市量、农业生产资料价格的变动会影响到下一期的蔬菜价格。其中，蔬菜上期价格、当期农业生产资料价格、上期蔬菜上市量、上期自然灾害与北京市蔬菜价格是同方向变动。上期农业生产资料价格、5 月和 6 月的季节因素对北京市蔬菜价格有负向影响。

第 12 章对北京市蔬菜价格的时间序列进行分析。在对蔬菜价格的年度间变动以及年度内各季节间变动的时间序列进行分析的基础上，分析了季节因素、蔬菜上市量对蔬菜价格的影响，根据对蔬菜时间序列的季节指数的测算，将季节因素剔除后的时间序列进行价格预测和分析。主要研究结论如下：第一，蔬菜价格的变动在年度之间呈现上涨趋势，在年内呈现明显的季节性波动，不同品种蔬菜的价格有各自变动的特点。第二，季节因素是蔬菜价格变动的一个主要影响因素，通过对蔬菜价格季节指数的测算可以看出，每年夏季时蔬菜价格下降到最低点，每年冬季时蔬菜价格上涨到最高点。第三，蔬菜的供给量和蔬菜的上市成本是影响蔬菜价格的又一重要因素，蔬菜供给的减少以及上市成本的增加，都会导致蔬菜价格的上涨。第四，通过对蔬菜价格的预测可以看出，12个月的蔬菜价格仍将在季节性波动中继续呈现逐年上涨趋势，2个月的蔬菜价格仍会继续上涨，随后价格会出现回落。而2010年10—12月份蔬菜价格显著波动的部分原因是由于季节性减产造成的，与此同时，还有蔬菜供求关系、上市蔬菜的成本提高等一些随机因素的作用。

第13章对北京市居民的蔬菜消费特点及消费需求系统进行分析。在对北京市居民蔬菜消费特点进行分析的基础上，运用ELES模型对居民蔬菜消费的影响因素进行了分析。主要研究结论如下：第一，北京市城镇居民蔬菜消费量有所增加，农村居民蔬菜消费量有所下降，城乡差距显著。造成这种差距的原因一是由于城乡间收入水平的差距，二是城乡居民生活饮食观念的差别。第二，北京市居民的蔬菜消费支出占食品总支出比重较低，且逐年减少。第三，依据问卷调研数据进行分析可以看出，北京市城镇居民偏好消费新鲜蔬菜。在鲜菜、干菜、菜制品三类蔬菜中，城镇居民对鲜菜的偏好逐渐显现出来。第四，蔬菜的边际消费倾向较小，属于生活必需品。通过ELES模型的分析，发现蔬菜的边际消费倾向是最小的，而肉类的边际消费倾向最大。这表明蔬菜属于人们日常生活的必需品，受收入的影响较小。而肉类属于价值高、营养丰富的食品，随着收入的增加，人们会增加对这类食品的消费，以追求更高的生活质量。

第14章对构建我国蔬菜生产政策体系进行研究。首先对我国蔬菜生产补贴政策实施的必要性进行了分析，然后对日本蔬菜生产补贴政策进行了较为系统的分析，在此基础上提出了构建我国蔬菜生产补贴政策的建议。在构建我国蔬菜生产补贴政策的研究中，确立了我国蔬菜生产补贴的政策目标，分析了我国的现行蔬菜生产补贴政策有待完善之处，提出建立和完善我国蔬菜生产综合性支持政策体系。提出的具体政策建议是，对蔬菜生产实行政策支持的"四基"，即科学排序，确立补贴蔬菜的基本品种，建立蔬菜的大型生产基地，建立调剂蔬菜生产的补贴基金，完善农产品批发市场的基点；完善我国蔬菜补贴政策的"三化"，即对所补贴的蔬菜类别细化、补贴方式要有利于蔬菜生产的专业化、蔬菜生产补贴政策条款的法制化。

第15章基于产业竞争力视角对蔬菜产业一体化模式进行研究。首先提出了蔬菜产业一体化模式,然后逐层分析我国蔬菜产业一体化现状及具体模式,并从产业竞争力角度进行了理论与实证评价分析。得到的主要结论是:我国蔬菜生产集聚程度较高,各主产省蔬菜产业一体化发展程度不同;蔬菜产业一体化模式的不断推进,对蔬菜稳定收购、蔬菜价格弹性在产销市场的传导抑制、潜在高端蔬菜需求扩张以及对普通蔬菜的竞争性替代等有利于蔬菜产业竞争力提高的因素有确实的积极作用。因此,蔬菜产业一体化模式为蔬菜产业的发展提供组织与制度基础,我国蔬菜产业应该在政策的支持下,逐渐实现模式的外围扩张,提高蔬菜流通效率、稳定蔬菜供应,进一步提升蔬菜质量安全水平、从而扩展高端蔬菜市场,从根本上解决蔬菜稳定供给问题。

第16章对蔬菜产业链各环节的价格传导(垂直传导)关系进行研究。首先是基于市场整合理论构建了蔬菜价格垂直传导关系分析模型,然后对蔬菜产业链的产前、产中和产后三种价格间传导关系进行了研究。主要研究结论概括如下:第一,我国蔬菜产业链各环节价格存在着长期的均衡关系。在长期中,蔬菜消费价格和农业生产资料价格都对蔬菜生产者价格产生正向影响,其中蔬菜消费者价格影响最强。第二,在短期中,系统内短期出现非均衡状态时,蔬菜消费者价格和农业生产资料价格会同向修正,蔬菜生产者价格会反向修正,其中消费价格会修正幅度最大。但是,误差修正项的强度仅为 12.01%,这种误差修正作用很弱,仅仅依靠市场供求系统的自发调节难以实现蔬菜系统各种价格的均衡。第三,格兰杰因果关系检验显示蔬菜产业链存在逆向价格传导机制,即需求引导下游的消费者价格波动带动中游的生产者价格波动,进而传导到上游的生产资料价格,同时生产资料价格也会对消费者价格带来一定的影响,形成一个循环。所以控制蔬菜价格可以考虑从控制农业生产资料价格入手。第四,蔬菜产业链价格的垂直传导关系分析表明,价格之间存在垂直传导关系,并且上游的生产资料价格向中下游价格传导都存在一季度的时滞,而中下游之间即蔬菜生产者价格和蔬菜消费者价格之间传导不存在时滞,较为迅速,两者波动趋势一致。一般蔬菜生产周期在 100 多天,而蔬菜价格传导最长的时滞是 90 天,在蔬菜生长期之内,说明蔬菜价格产业链传导比较顺畅。

第17章对日本蔬菜流通体系进行研究。基于的数据资料是来自笔者对日本农户和农产品流通的实地调研,并结合日本有关政策法规进行了系统的分析。通过考察日本蔬菜流通体系可以得到以下启示:第一,农产品批发市场由公立经营,避免为了谋取私人利益流通环节利益过大,造成农产品的终端价格过高,也保证农产品生产者的利益。第二,农业生产者与批发商的委托关系,使得批发商与农业生产者在农产品价格取向上一致。第三，农业生产者通过农业协同组合与批发市场之间进行交涉交流，避免了一家一户农户在价格等信息获取上的限制而造成的利益损失。第四，农业生产者通过委托运输公司将农产品运送到批发市场。一家一户购买具有空调设备的运输车在成本上不合算，并且也需要有时间上的花费，所以日本农户一般委托运输业者将农产品运送出去。第五，蔬菜生产的专业化水平较高。所调查的几个村一般都是某一种蔬菜的专业种植，比如青椒种植农户，已经种植青椒20多年，并且所在的村是青椒生产的专业村，这样便于种植技术的掌握，便于设施设备的配置，便于蔬菜的销售。具有一定规模的蔬菜种植户，可以将蔬菜销往大型批发市场，销售价格也高些，销路也稳定。第六，中央政府在全国培育蔬菜主产地，为的是保障蔬菜的供应。日本农林水产省分品种、甚至分季节，比如夏黄瓜、秋黄瓜等进行主产地的培育和支持。

第18章对日本蔬菜市场信息服务体系进行研究。主要结论及对完善我国蔬菜市场信息服务体系的借鉴意义表现为：日本的蔬菜市场信息服务体系基本稳定，体系中无论是信息建设所需的软件，即政府政策及制度保障等方面较为稳定，还是硬件上的信息化设施、流通运输冷链设备的完善，都是稳定提升服务质量的有力保障。并且，在长期有效的市场信息服务体系的运作下，日本蔬菜生产专业化程度与生产技术水平的不断提高，都将带来专业生产的规模化效应，这些对于我国都有着重要的借鉴意义。我国幅员辽阔，各地蔬菜生产条件和环境差异较大，需要加快推进"一村一品"的专业化生产，做好不同区域之间的生产规划和技术指导，进而建立良好的农产品市场流通秩序与高效的运行制度。目前，我国需要尽快加大投资，实现全冷链蔬菜运输体系、有效的市场电子化交易结算、及时完全的市场信息的统计与发布工作。这样，我国才能从根本上向蔬菜市场的参与者提供系统性的信息服务，并进一步提升蔬菜市场的效率。

19.2　展望

本书对北京市蔬菜产业经济问题进行了研究，根据研究中遇到的具体问题以及模型的构建和估计，今后在以下几个方面有必要进行进一步研究。

对蔬菜产业的一体化模式及作用的深化分析。虽然实践中当前蔬菜产业的产业链条仍然比较短，但是像日本提出了农产品的"六次化产业"模式，以及我国一些地方发展的蔬菜产业的一体化，说明有必要探讨北京市蔬菜产业的一体化的模式、一体化对蔬菜产业发展的作用机制等问题。

几年来，进行了蔬菜产业相关的大量调研，目前为止，根据某一项调研进行的研究居多，应该将这些调研数据结合起来，进行综合性研究。这样，既是数据的综合性利用，又能进行各类数据的相互补充以及产业经济问题的比较研究，从而在同一研究领域多出成果。

参 考 文 献

安玉发 .1996. 蔬菜产地批发市场价格波动分析 [J]. 农业经济问题, (11): 51-53.

包玉泽 .2005. 农产品营销渠道的选择: 一种基于交易费用经济学的理论解释 [J]. 华中农业大学学报 (社会科学版)(4): 39-42.

陈明海, 王秀清, 司龙亭 .2000. 我国蔬菜批发市场价格的变化规律及其影响因素 [J]. 中国农业大学学报, 5(6): 18-22.

陈晓莉 .2009. 油菜产品价格波动的因素分析及对策 [D]. 武汉: 华中农业大学 .

陈妍, 凌远云, 陈泽育, 郑亚丽 .2007. 农业保险购买意愿影响因素的实证研究 [J]. 农业技术经济 (2): 26-30.

陈彦峰 .2008. 近年蔬菜价格上涨原因分析及蔬菜价格中长期走势预测 [J]. 中国瓜菜 (1): 47-48.

陈月英 .2005. 我国居民蔬菜消费需求现状及前景 [J]. 中国食物与营养 (7): 38-39.

陈云, 顾海英 .2006. 上海市城乡居民蔬菜消费结构变化及其影响因素探析 [J]. 上海农业学报, 22(3): 95-98.

戴化勇, 王凯 .2007. 农业产业链管理与企业质量安全管理效率的关系研究——以蔬菜产业链管理为例 [J], 南京农业大学学报 (社会科学版), 7(1): 43-47.

邓聚龙 .2002. 灰理论基础 [M]. 武汉: 华中科技大学出版社 .

董晓霞, 许世卫, 李哲敏, 李干琼 .2011. 完全竞争条件下的中国生鲜农产品市场价格传递——以西红柿为例 [J]. 中国农村经济 (2): 22-32.

董晓霞, 许世卫, 李哲敏, 李干琼 .2011. 中国肉鸡养殖业的价格传导机制研究——基于 FDL 模型实证分析 [J]. 农业技术经济 (3): 21-30.

董莹, 穆月英 .2012. 蔬菜产业一体化模式及其影响探究——基于产业竞争力视角 [M] // 农业现代化与农业科技创新——2012 年全国中青年农业经济学者学术年会论文集 . 南宁: 广西人民出版社 .

杜栋, 庞庆华, 吴炎 .2008. 现代综合评价方法与案例精选 [M].2 版 . 北京: 清华大学出版社 .

杜俊 .2008. 基于小波分析的蔬菜价格波动及与气候关系研究 [D]. 南京: 南京农业大学 .

范垄基, 穆月英, 付文革 .2012. 大城市蔬菜生产影响因素分析——基于对北京市 196 个蔬菜种植户的调研 [J]. 调研世界 (12): 17-20.

方宏斌, 郑业军, 姜志德 .2011. 基于 DEA 的汉中市蔬菜生产效率研究 [J]. 现代经济信息 (13): 282-283.

方伶俐, 李文芳 .2008. 不同地区农作物保险购买影响因素的比较实证研究 [J]. 生态经济 (7): 28-32.

高扬 . 2011. 我国蔬菜价格传导非均衡性的原因及对策研究——基于市场竞争理论视角 [J] . 价格理论与实践 (5)：30-31.

顾国达 . 2011. 农产品价格波动的国内传导路径及其非对称性研究 [J] . 农业技术经济 (3)：12-20.

韩松 . 2004. 几种技术效率测量方法的比较研究 [J] . 中国软科学 (4)：147-151.

何德华，等 . 2007. 对武汉市民无公害蔬菜消费行为的研究 [J] . 统计与决策 (3)：114-116.

贺力萍 . 2008. 消费者价格指数与生产者价格指数：谁带动谁 [J] . 经济研究 (11)：16-26.

侯玲玲，穆月英，曾玉珍 . 2010. 农业保险补贴政策及其对农户购买保险影响的实证分析 [J] . 农业经济问题 (4)：19-25.

胡冰川 . 2010. 消费者价格指数、农产品价格与货币政策——基于 2001—2009 经验数据 [J] . 中国农村经济 (12)：37-45.

胡华平 . 2010. 农产品垂直价格传递与纵向市场联结 [J] . 农业经济问题 (1)：10-17.

胡启山 . 2010. "蒜你狠""豆你玩"背后的思考 [J] . 农家顾问 (9)：19-20.

黄季琨 . 2010. 六十年中国农业的发展和三十年改革奇迹—制度创新、技术进步和市场改革 [J] . 农业技术经济 (1)：4-17.

李崇光，包玉泽 . 2012. 我国蔬菜价格波动特征与原因分析 [J]，中国蔬菜 (9)：1-7.

李春成，等 . 2005. 居民消费品购买地点的选择及其特征识别 [J] . 商业经济与管理 (2)：58-64.

李连英，李崇光 . 2011. 蔬菜纵向渠道关系整合研究——基于 270 份调查问卷分析 [J] . 农业经济问题 (11)：54-59.

李锁平，王利农 . 2006. 我国蔬菜供给对价格的反应程度分析 [J] . 农业技术经济 (5)：59-62.

李彧挥，孙娟，高晓屹 . 2007. 影响林农对林业保险需求的因素分析——基于福建省永安市林农调查的实证研究 [J] . 管理世界 (11)：71-75.

李子奈，潘文卿 . 2010. 计量经济学 [M] . 北京：高等教育出版社：261-305.

刘瑞涵，绍连生，王艳霞 . 1998. 北京消费地批发市场蔬菜价格与成交量波动分析 [J] . 中国农村经济 (10)：54-57.

刘振江 . 2010. 关于蔬菜价格高位运行的思考与破解之策——以大连为例提出保障蔬菜供应稳定价格的建议 [J] . 决策咨询通讯 (5)：75-77.

柳萍，姜爱芹，霍学喜，石建平 . 2011. 基于 DEA 分析的中国绿茶生产效率实证研究 [J] . 中国农学通报 27 (04)：296-300.

卢中华 . 2008. 蔬菜生产效益及其影响因素研究 [D] . 南京：南京农业大学：2-30.

吕美晔，王凯 . 2008. 菜农资源禀赋对其种植方式和种植规模选择行为的影响研究—基于江苏省菜农的实证分析 [J] . 农业技术经济 (2)：64-71.

马成文，司金銮．1997．中国农村居民消费结构研究［J］．中国农村经济（11）：61-64．

孟令杰，张红梅．2004．中国小麦生产的技术效率地区差异［J］．南京农业大学学报（社会科学版），4（2）：13-16．

孟阳，穆月英．2012．基于地区比较视角的北京市蔬菜生产效率分析［J］．中国农学通报，28（34）：244-251．

孟阳，穆月英．2013．北京市政策性蔬菜保险需求的影响因素分析—基于对蔬菜种植户的调研［J］，中国蔬菜（20）．

穆月英，2007．中国农作物地区布局的灰色局势决策分析［J］．中国农学通报（10）：15-19．

穆月英，笠原浩三．2006．日本的蔬菜水果流通及其赢利率的调查研究［J］．世界农业（2）：31-34．

穆月英，沈辰，郭卫东，赵亮．2010．北京市蔬菜产业发展的 SWOT 分析［J］．中国蔬菜（21）：13-26．

穆月英，赵双双，赵霞．2011．北京市蔬菜生产的优势区域布局与比较［J］．中国蔬菜（22/24）：8-12．

穆月英，赵霞，段碧华，马骥，乔娟．2010．北京市蔬菜产业的地位及面临的问题分析［J］．中国蔬菜（21）：7-12．

穆月英，朱志宏．1994．我国乡镇企业发展的地区比较研究［J］．农业技术经济（3）：56-59．

穆月英．2008．中国农业补贴政策的理论及实证分析［M］．北京：中国农业出版社．

穆月英．2012．关于蔬菜生产补贴政策的探讨——基于稳定蔬菜价格视角［J］．中国蔬菜（19）：1-7．

穆月英．2013．日本蔬菜流通体系的启示——基于对批发市场与农户的调研［J］．中国蔬菜（1）：9-12．

宁满秀，邢郦，钟甫宁．2005．影响农户购买农业保险决策因素的实证分析——以新疆玛纳斯河流域为例［J］．农业经济问题（6）：38-44．

农业部市场与经济信息司．2010．主要农产品国际价格周报［J］．农产品市场周刊（34）．

潘凤杰，穆月英．2010．北京市蔬菜价格变动趋势及影响因素分析［J］．农业展望（8）：24-28．

潘凤杰，穆月英．2011．北京市蔬菜价格变动的特征及影响因素［J］．中国蔬菜（22/24）：1-7．

潘国言，龙方，周发明．2011．我国区域生猪生产效率的综合评价［J］．农业技术经济（3）：58-66．

钱加荣，穆月英，陈阜，邓祥宏．2011．我国农业技术补贴政策及其实施效果研究——以秸秆还田补贴为例［J］．中国农业大学学报，16（2）：165-171．

钱智，康芳华，张晔．2011．上海市蔬菜价格持续上涨的成因及对策［J］．科学发展（1）：53-59．

乔娟，穆月英，王可山，等.2010.北京市果类蔬菜产业经济需求调研报告［J］.北京农业（增刊）：49-68.

青平，等.2006.消费者绿色蔬菜消费行为的实证研究［J］.农业经济问题（6）：73-78.

日本农林水产省.2001.农业白书［M］.东京：农林统计协会.

日本农林水产省.2010.平成22年度：日本食料—農業—農村白書［OL］.http：//www.maff.go.jp/j/wpaper/w_maff/h22/index.html.

日本农业市场学会.1999.现代批发市场论［M］.东京：筑波书房.

日本全国農業会議所.2007.平成19年度農政改革関連施策のあらまし，早分かり！農政改革［M］.全国農業会議所発行.

闰晓军，赵友森，等.2002.北京市三大蔬菜批发市场行情研究［J］.中国农学通报（2）：58-66.

孙倩，穆月英.2011.蔬菜价格变动、影响因素及价格预测——以北京市批发市场为例［J］.中国蔬菜（9）：9-14.

孙倩，穆月英.2011.我国蔬菜价格波动、原因及其影响因素分析［J］.农村金融研究（8）：21-26.

孙倩，穆月英.2012.北京市居民蔬菜消费特点及消费需求系统分析［J］.中国农学通报，28（12）：257-263.

孙侠，张闯.2008.我国农产品流通的成本构成与利益分配——基于大连蔬菜流通的案例研究［J］.农业经济问题（2）：39-48.

泰勒尔.1998.产业组织理论［M］.北京：人民大学出版社.

谭向勇，辛贤.2001.中国主要农产品市场分析［M］.北京：中国农业出版社.

唐妍.1999.我国蔬菜市场供求特点分析［J］.长江蔬菜（7）：4-6.

田维明.2005.计量经济学［M］.北京：中国农业大学出版社.

田晓超，聂凤英.2010.我国生猪产销区间的空间市场整合研究［J］.畜牧经济（8）：34-38.

万元坤.2011.建设好蔬菜批发市场促进流通稳定蔬菜价格［J］.时代经贸（5）：131.

汪洪琼，何震.2010.南充市蔬菜价格高的原因及对策［J］.长江蔬菜（6）：5-7.

汪晓银，等.2006.城乡居民年人均蔬菜消费量长期趋势分析［J］.湖北农业科学，45（2）：135-137，193.

王芳.2009.中国养猪业价格波动的传导机制分析［J］.中国农村经济（7）：31-41.

王晶晶，陈永福.2010.2010年我国蔬菜市场分析与预测［J］.农业展望（4）：21-25.

王鹏云，何永喜.2007.以宁波市为个案浅析城市蔬菜供应安全问题［J］.长江蔬菜（5）：61-62.

王秀清，Weldegebriel H T，Rayner A J.2007.纵向关联市场间的价格传递［J］.经济学季刊（4）：885-898.

王秀清.1996.大都市郊区蔬菜产地的竞争策略问题［J］.中国农村经济（9）：52-54.

吴舒，穆月英 . 2013. 我国蔬菜价格的垂直传导关系研究［J］. 中国蔬菜（18）：11-18.

吴先忠，刘瑞涵 . 2009. 北京都市型蔬菜产业发展之路的现实选择［M］//北京新农村建设
　　研究报告 2008. 北京：中国农业出版社：255-263.

小林康平，甲斐谕，诸冈庆升，福井清一，浅见淳之，菅沼圭辅 . 1995. 变化中的农产品流
　　通系统：批发市场的国际比较［M］. 东京：农山渔村文化协会 .

肖长坤，项诚，胡瑞法，陈阜，张涛 . 2011. 农民田间学校活动对农户设施番茄生产投入和
　　产出的影响［J］. 中国农村经济（3）：15-25.

辛佳琳，陈永福 . 2009. 近期蔬菜类农产品市场分析与预测［J］. 农业展望（5）：8-11.

徐家鹏，李崇光，闫振宇 . 2010. 中国蔬菜产业生产技术效率及其提高途径分析［J］. 科
　　技与经济（6）：51-54.

杨金深 . 2004. 我国无公害蔬菜的市场价格与消费意愿分析［J］. 中国农村经济（9）：43-
　　48.

杨顺，彭鹰 . 2004. 中国蔬菜流通模式构建：一个比较分析的启示［J］. 中国农村经济
　　（4）：52-57.

尹成杰 . 2006. 近阶段农业产业集群发展及其思考［J］. 农业经济问题（3）：4-7.

于俊年 . 2006. 计量经济学软件：Eviews 的使用［M］. 北京：对外经济贸易大学出版社：
　　172-177.

于仁竹 . 2005. 山东蔬菜产业的组织研究［D］. 泰安：山东农业大学：2-11.

曾玉珍 . 2011. 《中国政策性农业保险的发展评价与可持续性研究》［D］. 中国农业大学 .

张峭 . 2006. 中国蔬菜消费现状分析与预测［J］. 农业展望（10）：28-31.

张思成 . 2010. 长期均衡、价格倒逼与货币驱动——我国上中下游价格传导机制［J］. 经
　　济研究（6）：42-52.

张涛 . 2004. 中日蔬菜生产效率比较分析［J］. 现代经济探讨（6）：37-40.

张文爱 . 2007. 基于 ELES 模型的四川省农村居民消费结构实证研究［J］. 农业技术经济
　　（5）：49-53.

张玉玺 . 2011. 北京 2011 年 3 月蔬菜价格走势分析［J］. 中国蔬菜（9）：15-16.

张跃华，顾海英，史清华 . 2005. 农业保险需求不足效用层面的一个解释及实证研究［J］.
　　数量经济技术经济研究（4）：83-91.

张跃华 . 2007. 农业保险政策性运作的经济学分析——以上海市青浦区南美白对虾保险为例
　　［J］. 上海保险（1）：6-9.

赵安平，曹向红，张帅，李固，彭春 . 2010. 蔬菜价格近期明显回落［J］. 农产品市场周
　　刊（47）：38-39.

赵蕾，王怀明 . 2007. 中国农业生产率的增长及收敛性分析［J］. 《农业技术经济》.（2）：
　　93-98.

赵睿 . 2009. 《北京市蔬菜供应安全研究》［D］. 北方交通大学，9-20.

赵双双 . 2011. 北京市蔬菜生产及其技术经济评价［D］. 北京：中国农业大学 .

赵霞，穆月英，李小林．2011．2000 年以来北京市蔬菜产业发展趋势研究［J］．中国蔬菜（5）：7-10.

赵霞，穆月英，潘凤杰，孙倩，李小林．2011．北京市自产蔬菜供需平衡分析——基于批发市场层面的初步测算［J］．中国蔬菜（21）：12-17.

赵友森，赵安平．2010．北京市蔬菜批发市场行情变动分析［J］．中国食物与营养（4）：39-42.

郑风田，程郁．2005b．从农业产业化到农业产业区——竞争型农业产业化发展的可行性分析［J］．管理世界（7）64-71.

周应恒，吕超，周德．2012．我国蔬菜主产地形成的影响因素——以山东寿光为例［J］．地理研究，31（4）：687-700.

朱爱萍．2001．我国蔬菜市场需求分析［J］．华中农业大学学报（3）：26-31.

朱万红．2010．新的生产模式下稳定蔬菜合理价格的对策研究［J］．中国商贸（27）：60-61.

左飞龙，穆月英．2013．我国露地番茄生产效率的区域比较分析［J］．中国农业资源与区划，34（4）：70-74.

Banker，R. D，A. Charnse，W. W. Cooper. 1984. Some Models for Estimating Technical and Scale Inefficiency in Data Envelopment Analysis. Management Science（30）：1078-1092.

Bongiwe G. Xaba，Micah B. Masuku. 2013. An Analysis of the Vegetables Supply Chain in Swaziland. Sustainable Agriculture Research，2（2）：1-10.

Cadilhon J. J.，Moustier P.，Poole N. D.，Giac Tam P. T.，Fearne A. P. 2006. Traditional vs. Modern Food Systems? Insights from Vegetable Supply Chains to Ho Chi Minh City（Vietnam），Development Policy Review，24（1）：31-49.

Coble，Keith H.，Thomas O. Knight，Rulon D. Pope，JefferyR. Williams. 1996. Modeling Farm-level Crop Insurance Demand with Pannel Date［J］. American Journal of Agricultural Economics，78（2）：439-447.

Fare. R，Grosskopf. S，Norris. M and Zhang. 1994. Productivity Growth and Technical Progress and Efficiency Changes in Industrialized Countries［J］. The American Economic Reviews，84（1）：66-83.

Lovell，C. A. K. 1993. The Measurement of Efficiency［M］. Oxford University Press：11-23.

Meeusen，W，J. van de Broeck. 1977. Efficiency estimation from Cobb-Douglas function with composed error. International Economics Review，（18）：435-444.

Serra，T.，B. K. Goodwin，A. M. Featherstone. 2003. Modeling Changes in the U. S. Demand for Crop Insurance during the 1990s［J］. Agricultural Finance Review，63（2）：109-125.

后　记

　　《北京市蔬菜产业经济研究》一书完稿了。本书的主要内容是从产业整体、生产、流通、消费等视角分析北京市蔬菜产业经济和产业发展。其中既有关于蔬菜产业发展的基础研究，也有关于蔬菜产业发展的政策研究；有的研究从微观视角（农户或市场）考察蔬菜产业，有的研究从中观（区县）视角考察蔬菜产业，有的研究从宏观（政府）视角考察蔬菜产业。

　　本书是现代农业产业技术体系北京市果类蔬菜产业创新团队项目的阶段性成果。北京市果类蔬菜产业创新团队包括6个功能研究室，分别是育种与繁育功能研究室，栽培技术功能研究室，土肥水调控功能研究室，病虫害防控功能研究室，设施设备功能研究室，加工、流通与经济功能研究室，每个功能研究室由多名岗位专家组成。笔者属于北京市果类蔬菜产业创新团队加工、流通与经济功能研究室的产业经济岗位专家，承担果类蔬菜产业经济岗位的工作。

　　果类蔬菜产业创新团队涉及的蔬菜品种是四种果类蔬菜，即番茄、黄瓜、青椒和茄子。现代农业产业技术体系岗位专家所承担的工作，主要包括三个大的部分：一是关于蔬菜产业发展的学术研究；二是对蔬菜产业发展的实际指导和对政府的政策建议；三是与产业体系岗位专家、综合试验站站长、田间学校工作站站长等的团队合作。结合以上工作内容，几年来本研究进行了大量的实际调研，这些实际调研为本研究提供了大量丰富的第一手数据资料，为本研究进行实证分析提供了重要的数据支撑和统计推断依据。本书也是果类蔬菜创新团队工作中研究成果的集合，北京市果类蔬菜团队项目为本研究提供了支撑。值此本书出版之际，对首席专家、各岗位专家、各综合试验站站长、各田间学校工作站站长以及团队所有成员对果类蔬菜产业经济岗位的支持和帮助，致以深深的谢意。

　　几年来，在产业经济研究过程中，也得到了果类蔬菜创新团队产业经济岗位主要成员的支持和帮助，他们是中国农业大学经济管理学院赵霞老师、翟留栓老师、马骥老师、刘宏曼老师以及天津农学院的曾玉珍老师。

特别是在对北京、山东、河北、天津、辽宁等地的实地调研中，各位分别承担了几个地区的调研工作，为本研究做出了很大的贡献，在此表示衷心的感谢。

本研究在调研过程中，得到了各级政府领导的支持和帮助。特别是北京市农业局及相关直属单位、北京市农委、北京市相关区县农业部门。此外，还有辽宁省农委贾国强主任，辽宁省相关 6 个县市农业部门的领导，天津市、山东省、河北省等相关领导和机构。在此致以深深的谢意。

值得一提的是，本书的出版，是在我与以下几位合作研究的基础上完成的，他们分别是：中国农业大学经济管理学院赵霞老师，中国农业大学经济管理学院毕业博士研究生沈辰、赵亮、郭卫东，毕业硕士研究生孙倩、赵双双、潘凤杰、左飞龙、孟阳，在读博士生李想、范垄基、董莹、吴舒等同学。此外，本研究在调研过程中，得到中国农业大学经济管理学院毕业硕士生李小林、张雪，在读博士生李想、范垄基、乔金杰、陈晓娟、董莹、吴舒、宋博，在读硕士生张荣驹、王欢、韩婷等同学以及许多本科生同学的大力支持。本研究也得到中国农业大学经济管理学院领导、农业经济系团队以及乔娟教授、李秉龙教授和安玉发教授的支持和帮助。由于篇幅所限，无法将所有给予帮助的人一一列出，在此一并致以诚挚的谢意！

穆月英

中国农业大学经济管理学院

2013 年 8 月

图书在版编目（CIP）数据

北京市蔬菜产业经济研究/穆月英著 . —北京：
中国农业出版社，2013.11
　ISBN 978-7-109-18449-7

　Ⅰ.①北…　Ⅱ.①穆…　Ⅲ.①蔬菜产业－产业经济－
研究－北京市　Ⅳ.①F326.13

中国版本图书馆 CIP 数据核字（2013）第 242330 号

中国农业出版社出版
（北京市朝阳区农展馆北路 2 号）
（邮政编码 100125）
责任编辑　刘明昌

北京中科印刷有限公司印刷　新华书店北京发行所发行
2013 年 11 月第 1 版　2013 年 11 月北京第 1 次印刷

开本：700mm×1000mm 1/16　印张：17.75
字数：322 千字
定价：42.00 元
（凡本版图书出现印刷、装订错误，请向出版社发行部调换）